최고의 풍수 인테리어 전문가 이상인 박사의 특별한 제안 1

나만의 별자리 풍수 인테리어

새우와 고래가 함께 숨 쉬는 바다

나만의 별자리 풍수 인테리어

지은이 | 이상인
펴낸이 | 전형배
펴낸곳 | 도서출판 창해
출판등록 | 제9-281호(1993년 11월 17일)

초판 1쇄 인쇄 | 2008년 4월 21일
초판 1쇄 발행 | 2008년 4월 25일

주소 | 121-846 서울시 마포구 성산1동 209-5(진영빌딩 6층)
전화 | (02) 333-5678(代), (02) 3142-0057
팩시밀리 | (02) 322-3333
홈페이지 | www.changhae.net
E-mail | chpco@chol.com
  * chpco는 Changhae Publishing Co.를 뜻합니다.

ISBN 978-89-7919-901-7   14590
     978-89-7919-900-0   (세트)

값 15,000원

ⓒ 이상인, 2008, Printed in Korea

※ 잘못된 책은 구입하신 곳에서 바꾸어드립니다.

이 도서의 국립중앙도서관 출판시도서목록(CIP)은 e-CIP 홈페이지
(http://www.nl.go.kr/cip.php)에서 이용하실 수 있습니다.
(CIP제어번호 : CIP2008001247)

Prologue

맞춤 풍수 인테리어로 당신의 삶이 달라진다

인생이라는 것은 앞이 보이지 않는 칠흑 같은 어둠 속에서 끝없이 변화가 펼쳐지는 기나긴 여정이다. 그런 불확실한 상황에서 뜻대로 되는 일이 하나도 없다고 생각하면서 '나에겐 불행한 날만 계속될 거야' 라고 체념하면 결국 실패한 인생이 된다. 그렇지만 눈앞에 펼쳐지는 운명을 좋으면 좋은 대로, 싫으면 싫은 대로 피하지 않고 정면 승부를 건다고 생각하면 이미 절반의 성공은 이룬 셈이다.

성공이란, 세상을 바라보는 시각이 조화롭게 균형 잡혀 있을 때 가능하다. 조화라는 것 자체가 이미 주변의 환경 요인을 이해하고 변화의 물결 속에서 적절하게 대응할 수 있는 힘이 되는 것이다. 피할 수 없는 그 무엇이 눈앞에 닥치는 결정적 순간에는 자신의 모든 것을 걸고 한판 승부를 걸어야 한다.

그렇듯 성공이라는 것은 자신의 목표를 이루기 위한 쉼 없는 행동, 끝없는 도전, 거침없는 욕망의 분출이 가능할 때 이루어진다. 다시 말해서 인간의 행복은 처해진 환경에서 최선을 다하고, 주어진 생명의 에너지를 송두리째 불사르며 행동할 수 있을 때 비로소 얻어지는 것이라고 할 수 있을 것이다.

신은 인간에게 생긴 만큼, 처해진 상황만큼, 열려진 생각만큼만 행복 지수를 정해 주었다. 그리고는 자신에게 주어진 틀을 깨려는 긍정적인 사고방식을 가지고 도전하는 사람에게만 조심스럽게, 아주 조심스럽게 주어진 여건보다 조금 더 커다란 행복을 허락한다.

긍정적인 도전 정신을 갖추기 위해서 반드시 우선되어야 할 선결 과제가 있는데, 그것은 자신이 처한 환경을 제대로 관리해야 한다는 점이다. 인간이란 환경의 동물이며 자신을 둘러싸고 있는 주변 환경에 큰 영향을 받기 때문이다.

　인간이 주어진 환경 속에서 적절한 조화를 찾는 방법을 풍수라고 한다. 그리고 풍수의 기본적인 법칙을 자신이 거주하는 공간에 적용하여 시각적으로 좀 더 보기 좋고 아름답게 꾸미는 것을 풍수 인테리어라고 한다. 그러므로 주어진 운명 속에서 더 큰 행복을 누리기 위해서는 풍수 인테리어에 관심을 가져야 한다.

　나아가 여기서 좀 더 중요하게 생각해야 할 것은 자신의 정체성에 맞는 맞춤형 풍수 인테리어를 실행해야 한다는 점이다. 남들에게 좋다고 해서 자신에게도 똑같이 좋은 것은 아니며, 누군가에게 가치 있는 것이라고 해서 자신에게도 그와 똑같이 가치 있는 것이 되지는 않기 때문이다.

　이것은 예를 들어 1급수에 사는 쉬리는 3급수에서 살 수 없으며, 반대로 3급수에 사는 물고기가 1급수에 적응하면서 살기 어려운 것과 같다. 인간 역시 마찬가지다. 차이점이 있다면 단세포적인 물고기의 경우는 환경의 변화에 따른 결과가 빨리 나타나고, 인간의 경우는 스스로 의식하지 못할 정도로 아주 천천히 나타난다는 점이다.

　그런 이유로 필자는 이 책을 기획하였다. 즉, 『나만의 별자리 풍수 인테리어』는 시중에 출판되어 있는 기존의 책자처럼 모든 사람들에게 천편일률적으로 똑같이 적용시키려는 풍수 인테리어 지침서가 아니다. 자신이 태어난 시기의 별자리를 통하여 각 개개인의 고유한 기질에 맞는 맞춤식 풍수 인테리어를 제시한 것이다.

　이 같은 시도와 계획은 주변 환경을 자신의 기질과 꼭 맞게 만들어 그 안에서 새로운 에너지를 받아 자신에게 주어진 운명을 긍정적으로 개척하려는 사람을 위한 것이다. 즉, 자신의 삶을 좀 더 아름답고 활기차게 리모델링하려는 적극적인 사람들에게 구체적인 도움을 줄 수 있을 것이다.

Prologue

  이 책은 각각의 별자리가 가진 고유한 특성 분류를 그 성향이 가장 잘 발휘되는 집 안의 공간들에 대비시켜, 자신의 별자리별 맞춤 풍수 인테리어를 제시한다. 하지만 이 방법은 혼자 사는 사람들에겐 적용이 가능하지만, 각기 다른 별자리를 가진 배우자나 동거인이 있다면 다소 무리가 있다는 생각이 들 수도 있다. 그럴 경우엔 좋은 기운을 좀 더 많이 필요로 하는 사람을 기준으로 환경을 개선해준다.

  예를 들어 현관의 경우, 배우자보다 자신의 평판이나 대인 관계가 더 나쁘다고 생각이 든다면 배우자의 기운에 큰 해가 되지 않는 범위에서 자신에게 가장 잘 맞게 인테리어를 바꾸면 된다. 또 침실의 경우, 자신보다는 배우자에게 좀 더 활력이 필요하다면 배우자의 별자리를 기준으로 풍수 인테리어를 실천하면 된다.

  이처럼 이 책을 펼치는 순간, 당신은 희망을 찾을 수 있을 것이다. 해도 해도 좋아지지 않을 것 같은 당신의 고단한 삶에 희망의 불꽃이 타오를 것이다.

  영롱하게 빛나는 12사인의 독특한 기운을 받은 당신. 지금부터 당신만을 위한 『나만의 별자리 풍수 인테리어』의 세계로 떠나보자.

2008년 4월

石波 이 상 인

나의 별자리 찾기

* 모든 별자리는 자신이 태어난 해의 양력 생일을 기준으로 봅니다.

양자리 aries 3/21~4/20

4/21~5/20 **황소자리** taurus

쌍둥이자리 gemini 5/21~6/21

6/22~7/22 **게자리** cancer

사자자리 leo 7/23~8/22

8/23~9/23 **처녀자리** virgo

천칭자리 libra 9/24~10/22

10/23~11/22 **전갈자리** scorpio

사수자리 sagittarius 11/23~12/24

12/25~1/19 **염소자리** capricorn

물병자리 aquarius 1/20~2/18

2/19~3/20 **물고기자리** pisces

Contents

Prologue
맞춤 풍수 인테리어로 당신의 삶이 달라진다 ············· 4
　나의 별자리 찾기 ············· 7

Part 1
맞춤 풍수 인테리어의 첫걸음
　풍수 인테리어란 무엇인가 ············· 14
　꼭 알아두어야 하는 풍수의 기본 원리 ············· 15

Part 2
운명을 좌우하는 공간 현관
　길흉화복의 시작점, 현관의 풍수 인테리어 ············· 24
　불의 기운을 가진 별자리 ············· 28
　땅의 기운을 가진 별자리 ············· 31
　바람의 기운을 가진 별자리 ············· 34
　물의 기운을 가진 별자리 ············· 37
　　Tip 생기가 흐르는 현관의 방위별 인테리어 포인트 ············· 40

Part 3
성공을 좌우하는 공간 거실
- 삶의 활력을 부르는 거실 풍수 인테리어 ············· 44
- 카디날 | 활동적인 별자리 ············· 50
- 픽스드 | 정적인 별자리 ············· 54
- 뮤터블 | 감성적 별자리 ············· 58

  Tip 행운을 부르는 거실의 방위별 인테리어 포인트 ············· 62

Part 4
인생을 설계하는 공간 침실
- 사랑을 쌓는 침실의 풍수 인테리어 ············· 66
- **양자리** aries : 3/21~4/20 ············· 70
  때론 파도처럼, 때론 이슬처럼

- **황소자리** taurus : 4/21~5/20 ············· 78
  방파제처럼 혹은 등대처럼

- **쌍둥이자리** gemini : 5/21~6/21 ············· 86
  때론 구름처럼, 때론 바람처럼

Contents

게자리 cancer : 6/22~7/22 94
솜사탕처럼 혹은 촛불처럼

사자자리 leo : 7/23~8/22 102
때론 태양처럼, 때론 황제처럼

처녀자리 virgo : 8/23~9/23 110
거울처럼 혹은 저울처럼

천칭자리 libra : 9/24~10/22 118
때론 예술적으로, 때론 외설적으로

전갈자리 scorpio : 10/23~11/22 126
장미처럼 혹은 백합처럼

사수자리 sagittarius : 11/23~12/24 134
때론 바다처럼, 때론 냇물처럼

염소자리 capricorn : 12/25~1/19 142
바위처럼 혹은 태산처럼

물병자리 aquarius : 1/20~2/18 150
때론 봄바람처럼, 때론 폭풍우처럼

물고기자리 pisces : 2/19~3/20 158
신기루처럼 혹은 무지개처럼

Part 5
건강을 좌우하는 공간 욕실·화장실

행복의 완성인 욕실·화장실 풍수 인테리어 168
봄의 별자리 172
여름의 별자리 174
가을의 별자리 176
겨울의 별자리 178

Tip 컬러로 건강을 지키는 욕실·화장실의 방위별 인테리어 180

Part 6
목적별 풍수 컨설팅

낯선 곳에서 행운을 낚는 소품 풍수 컨설팅 ············· 184
Tip 사랑을 찾는 당신, 떠나라 ············· 188

아름답고 날씬해지기 위한 풍수 컨설팅 ············· 189
Tip 색상으로 질병을 치료하는 방법 ············· 193

이사운을 좋게 하는 풍수 컨설팅 ············· 194
Tip 쉽게 보는 이사 방향 ············· 197

마음의 안정을 찾게 해주는 풍수 인테리어 ············· 198
교제운을 높이는 풍수 인테리어 비법 ············· 203
결혼운을 좋게 만드는 풍수 인테리어 노하우 ············· 206
횡재운을 높이는 풍수 인테리어 테크닉 ············· 209
당첨운과 시험운을 좋게 하는 풍수 인테리어 ············· 213
사고를 예방하는 풍수 컨설팅 ············· 218
Tip 자신의 별자리와 자동차 색상 ············· 220

직장운이 좋아지는 풍수 인테리어 노하우 ············· 222
기의 흐름을 좋게 하는 풍수 인테리어 테크닉 ············· 228
액운을 물리치는 풍수 인테리어 비법 ············· 232

부록 1 - 알쏭달쏭 풍수 인테리어 Q&A 40
꼭 알아야 하는 풍수 인테리어 활용법, Q&A 10 ············· 236
연애운에 관한 궁금증, Q&A 10 ············· 239
재물운에 관한 궁금증, Q&A 10 ············· 242
건강운에 관한 궁금증, Q&A 10 ············· 245

부록 2 - 별자리별 궁합 관계표 ············· 248

모든 사물에는 저마다의 에너지가 있고, 이 에너지들은 우리에게 많은 영향을 미친다. 공간 역시 마찬가지다. 때문에 대자연에 흐르는 기의 흐름을 찾아내어 나쁜 기운은 차단하고 좋은 기운은 살려서 몸과 마음이 건강하고 풍요로울 수 있는 최적의 조건을 만들어야 한다. 풍수란 바로 이 최적의 조건을 찾아주는 생활과학이라 할 수 있다. 그럼 이제 불행을 부르는 흉한 기운은 차단하고 행복과 기쁨을 가져다주는 풍수 인테리어의 세계 속으로 들어가보자.

맞춤 풍수 인테리어의 **첫걸음**

Part 1

풍수 인테리어란 무엇인가

　　현대를 사는 우리는 많은 시간을 건물 안에서 보낸다. 실내에 있는 동안 우리는 사물에서 발생하는 기운과 부속물의 배치에서 나타나는 기氣의 영향을 받게 된다. 기에 영향을 주는 요인은 건물의 방위·규모·배치·형태와 주변의 도로, 다른 건물과의 관계, 건축물의 재료와 색상, 건물 내부 부속물의 형태와 방위, 가구의 종류와 장식 등등 여러 가지가 있을 수 있다. 그리고 같은 방위에 있는 공간과 가구 및 소품이라 할지라도 사람에 따라 다르게 작용할 수가 있다. 이와 같이 항상 우리 곁에 존재하는 풍수의 힘을 내게 좋은 방향으로 바꾸고 우리의 삶을 보다 풍요롭고 건강하게 영위할 수 있도록 도와주는 것이 바로 풍수 인테리어다.

　　풍수 인테리어는 누구든지 약간의 노력만으로 충분히 자신의 체질에 맞게 조정할 수 있는 생활과학이다. 실제로 집 안에 있는 작은 액자 하나, 커튼의 색상만 바꿔도 기분이 확 달라지는 것을 누구나 경험했을 터이니 말이다.

　　풍수 인테리어란 바로 그렇게 피부에 닿는 느낌을 연구하는 학문이다. 또 풍수 인테리어는 조물주의 권위에 대항하는 학문이 아니며 종교적인 교리를 대신하려는 학문은 더더욱 아니다. 풍수 인테리어는 간단히 말해서 행복하게 살고 싶은 인간들의 목적에 좀 더 쉽게 도달하는 방법을 알려주는 생활 안내서라고 할 수 있다. 여기서 주의할 점은 생활의 불편함을 감수하는 풍수 인테리어는 옳지 않다는 것이다. 생활하는 모든 곳이 살기에 진정으로 편해야 풍수 인테리어 정신에 맞아 떨어진다고 할 수 있다.

　　현대 풍수의 올바른 생각은 첫째, 주어진 환경에서 최선을 다하는 것이고 둘째, 자신의 상황에 맞게 부분적으로 변형해서 적용하는 것이다. 현실적으로 본다면 방위가 지니고 있는 속성을 활용하여 가구 및 소품을 적절한 곳에 배치하는 것만으로도 사랑이 넘치는 행복한 인생을 만들 수 있다. 그래서 현대에서는 풍수 인테리어를 '환경개운학' 이라고도 한다.

꼭 알아두어야 하는 풍수의 기본 원리

풍수지리학의 기본 사상은 인간이 자연의 일부라는 것에서 시작된다. 인간들이 살고 있는 집陽宅이나 죽은 뒤에 묻힐 집陰宅은 풍수 이론에 따라 자연과 적절한 조화造化를 이루어야 한다.

풍수의 원리는 음의 기본이 되는 땅과 양의 기본이 되는 하늘의 생성 변화 과정에서 발생하는 기氣 에너지의 흐름이 인간에게 직접적인 영향을 미친다는 것이다. 다시 말해 기는 세상의 모든 생명체를 구성하고, 또 변화를 일으키는 원동력이 된다.

인간은 기의 영향에 의해 행복한 삶을 영위할 수 있으며 반대로 불행하게 살아갈 수도 있다. 그것은 인간이 하늘의 기운과 땅의 지세에 영향을 받는 천지인天地人 삼재三才임을 의미하고, 나아가 인간을 만물의 근원인 영적 생명력이 결합된 생명체로 보기 때문이다.

풍수의 또 하나의 원리는 천문 사상에서 발생한 오행론五行論이다. 오행론은 우주를 운행하는 원기元氣이자 만물을 상징하는 목·화·토·금·수木·火·土·金·水의 다섯 가지 기운을 이르는 말이다.

오행론에 따르면 우주의 별의 흐름은 인간에게 큰 영향을 미치고 인간의 운명과 관계가 있다고 설명한다. 태양계의 행성들과 지구의 자연환경 등 눈으로 볼 수 있는 물체와, 이러한 물체에서 발산되는 자력·인력·전자파 등 눈으로 볼 수 없는 것들의 직·간접적인 영향을 받으면서 살고 있다는 것이다. 때문에 인간은 별의 흐름에 따른 직·간접적인 영향에서 벗어날 수 없는 삶을 산다.

예를 들면 같은 식물을 환경이 다른 곳에 놓고 일정 기간이 지난 후 살펴봤을 때 성장 상태가 다르다거나, 라디오나 휴대폰을 사용할 때 장소와 방향에 따라 반응이 다른 것, 또는 어떤 낯선 공간에 들어섰을 때 왠지 편안하거나 친숙한 느낌을 받았던 경험이 있을 것이다. 이 모든 것이 무형의 기가 우리에게 전달되기 때문에 생겨나는 현상이다.

　풍수는 이러한 유무형의 기의 흐름을 신체 에너지와 적절하게 조화를 찾게 하여 보다 안락하고 편안한 삶을 살아갈 수 있도록 도와주는 데 그 목적이 있다. 운이 좋고 나쁨은 사람이 생활하는 환경에 달려 있기 때문이다. 누구나 가구의 배치나 소품을 바꾸는 것만으로도 기분이 달라지는 것을 느낄 수 있었던 것처럼, 우주 만물의 좋은 기운을 가정에 불러들여 행복해질 수 있다는 것이 풍수 인테리어의 기본 이론이다.

　현대적 의미에서 풍수 인테리어는 운명을 바꿀 수도 있는 환경개운학이다. 행운이 가득한 행복한 인생을 만들기 위해서는 무엇보다도 가장 가까운 환경, 즉 주거 공간의 기운을 좋은 기운으로 바꿔야 한다. 주어진 여건에서 최선을 다하는 것, 그것이 바로 풍수 인테리어다. 더욱이 자신의 기질과 특성에 맞는 풍수 인테리어를 적용한다면 보다 안락하고 여유로운 삶을 살아갈 수 있을 것이다.

★ 집 안의 중심은 집 안의 기를 좌우하는 심장과 같은 곳이다

　일반적으로 집의 중심에서 보았을 때, 거실의 창문이 동쪽에 있으면 동향집, 남쪽에 있으면 남향집이라고 부른다.

　그렇다면 집의 중심과 방위가 필요한 이유가 무엇일까? 그 이유를 살펴보자. 일테면 사자자리는 열정적이면서도 뜨거운 기운을 가졌는데, 그 열기를 조금이라도 식혀주려면 아무래도 찬 기운이 흐르는 북쪽의 기운이 필요하다.

　그렇듯 집 안의 방위를 알려면 먼저 집의 중심을 찾아야 한다. 집의 중심은 그 집의 모든 기운이 모이는 곳으로 집 안에서 혈穴에 해당하는 소중한 곳이기도 하다. 혈은 인체에 비유하면 심장에 해당할 정도로 상당히 중요한 곳이므로, 평상시에도 무거운 것이나 더러운 것, 부정한 물건을 놓지 않는 등 잘 살피고 관리해야 한다.

★ 집의 방위를 찾는 방법

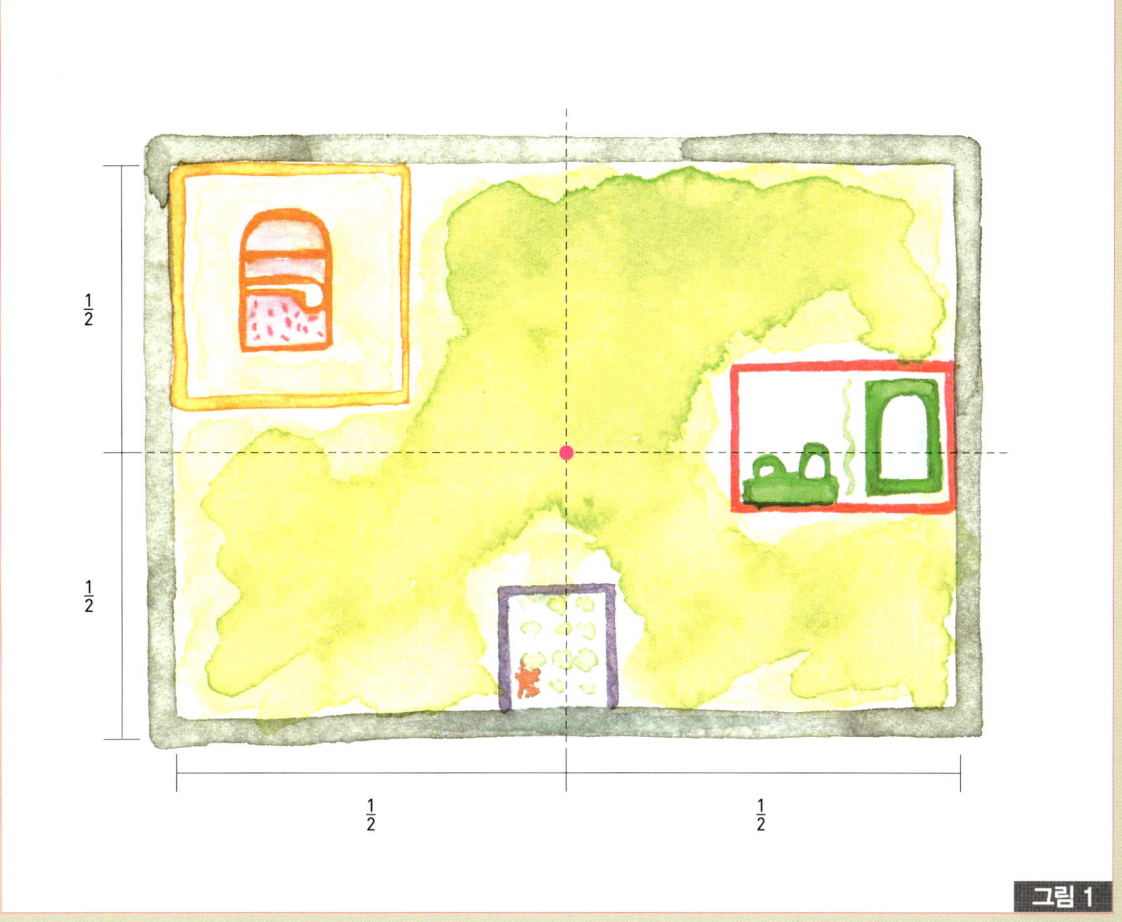

그림 1

1. 나침반과 줄자, 각도기 등을 준비한다.
2. 집의 평면도를 구한다. 평면도를 구할 수 없으면 현관, 거실, 침실, 부엌 등의 공간을 그린다. 아파트와 같은 공동주택은 거주하는 실내 공간을 모두 포함한다. 그러나 단독주택은 마당과 외부 창고, 차고 등을 제외한 공간만 해당된다.
3. 사각형의 경우에는 〈그림 1〉과 같이 평면도의 중간 부분을 동-서, 남-북으로 연결하여 직각으로 만나는 점이 중심점 및 행운의 공간이 된다. 사각형이 아닌 경우에는 두꺼운 종이에 평면도를 그린 후에 송곳, 연필 등 끝이 뾰족한 것 위에 평면도를 올려놓고 균형이 잡히는 지점이 집의 중심점이다.

● 일반적으로 집의 방향은 거실 창문의 위치에 따라 결정된다.

4. 평면도에서 집이나 방의 중심을 찾았으면 실제의 집의 중심점 위치에 평면도의 중심점을 일치되게 놓는다. 그리고 평면도의 중심점 위에 나침반을 놓는다.

5. 집의 중심에 나침반을 놓고 붉은 침이 가리키는 방향, 혹은 N을 가리키는 방향이 북쪽이다. 북쪽을 표시하고 중심을 통과하는 정반대 방향에 남쪽을 표시한다. 평면도에 남과 북을 연결하는 선을 그린 후에 중심점에서 오른쪽으로 직각을 이루는 방향은 동쪽, 왼쪽으로 직각을 이루는 방향은 서쪽이다. 북쪽과 남쪽, 동쪽과 서쪽의 방향에서 중심점을 통과하게 선을 그린다.

6. 동, 서, 남, 북의 위치에서 4방위 사이에 있는 공간이 각각 북동, 동남, 남서, 서북의 범위가 된다. 이때 동북쪽, 남서쪽을 이귀문 裏鬼門 방위라고 한다. 말 그대로 귀신이 출입하는 방위로 풍수에서는 중요한 의미를 지닌다.

7. 집의 방위를 알려면 거실의 창문이 어느 방향에 있는가를 살펴보면 된다. 거실의 창이 남쪽이면 남향집, 동쪽이면 동향집 등으로 부르는 것이 일반적이다.

★ 침실의 방위 찾기

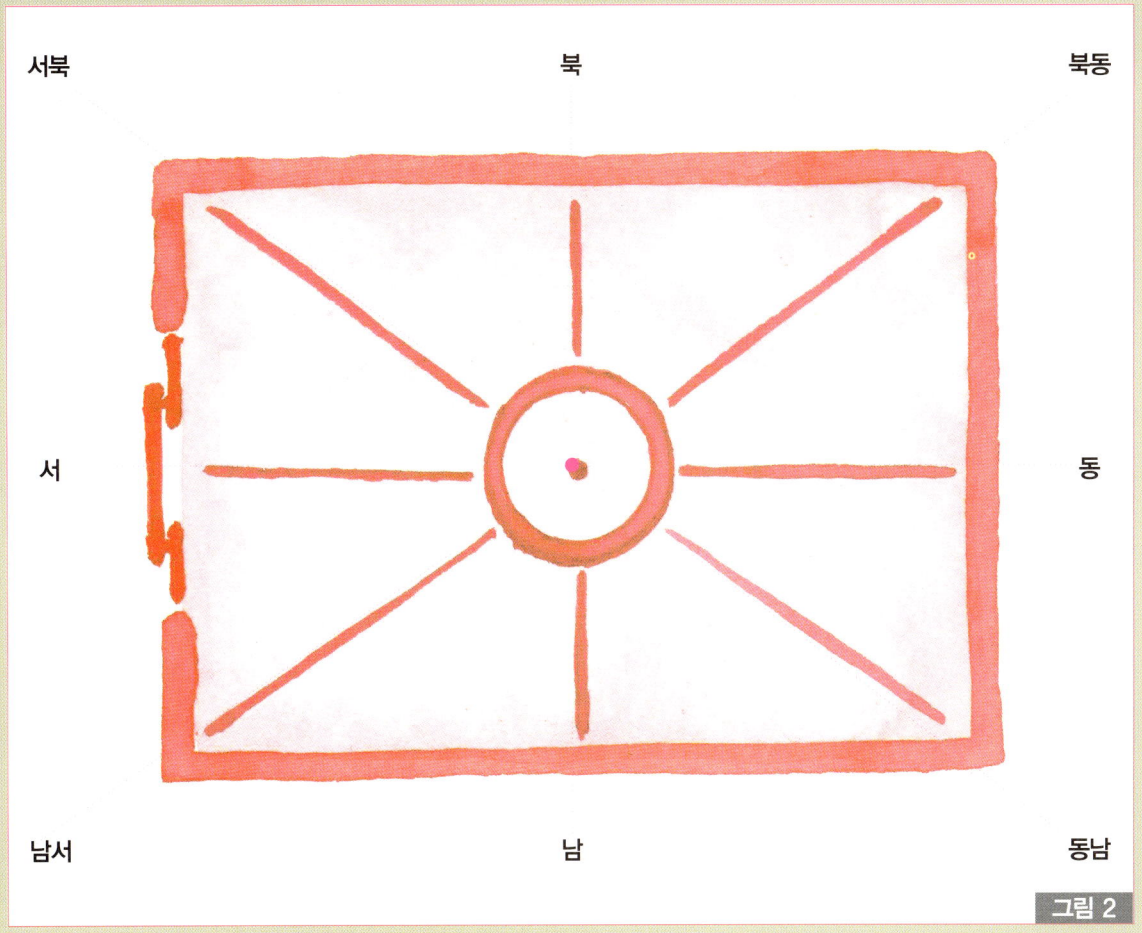

그림 2

본문에 나오는 풍수의 처치 방법에서 침실 혹은 각각의 공간의 방위를 찾는 방법이다.

　가구나 소품을 적절하게 배치하기 위해서는 각각의 공간에서의 방위도 찾아야 한다. 방위를 찾는 방법은 〈그림 2〉와 같이 각각의 공간 중심에서 나침반을 들고 동, 서, 남, 북을 확인한다. 평면도를 그린 종이에 방향 표시를 하고 현재 가구의 위치를 그린 후, 가구나 소품을 내게 행운을 부르는 이상적인 곳으로 옮긴다.

★ **방위의 속성과 특징**

자연계의 힘 중에서도 태양의 움직임을 중시하는 풍수 인테리어에서는 중앙의 1궁宮을 기점으로 방위를 8개로 나눈다. 1궁+8방위 즉, 9방위는 각각의 방향마다 고유한 특성이 있으며 서로 다른 기운들을 지배하는 것이다.

예를 들면 해가 뜨는 동쪽은 모든 일의 시작을 상징하고 젊음의 기상과 도전 정신을 의미한다. 반대로 해가 지는 서쪽은 낭만적인 분위기 탓에 대화나 연애를 상징한다. 또 태양의 기운이 왕성한 남쪽은 정오 무렵을 상징하기에 많은 사람들을 만날 수 있는 사교성과 열정을 의미한다. 볕이 들지 않는 북쪽은 은밀하게 숨기고 싶은 일과 관련이 되기 때문에 저축이나 신뢰 관계 등을 좌우하는 방위다.

다음의 표는 각 방위가 지배하는 기운과 행운의 색상, 건강 상태 등을 정리한 것이다. 표를 보면서 내게 맞는 것들 혹은 필요한 것들, 이를테면 금전운·건강운 등 관심 사항을 체크한 다음, 자신의 별자리 기질과 방위와 맞는 색상을 사용하면 원하는 기운을 더욱 상승시켜 이루고자 하는 목표에 좀 더 쉽고 빠르게 접근할 수 있을 것이다.

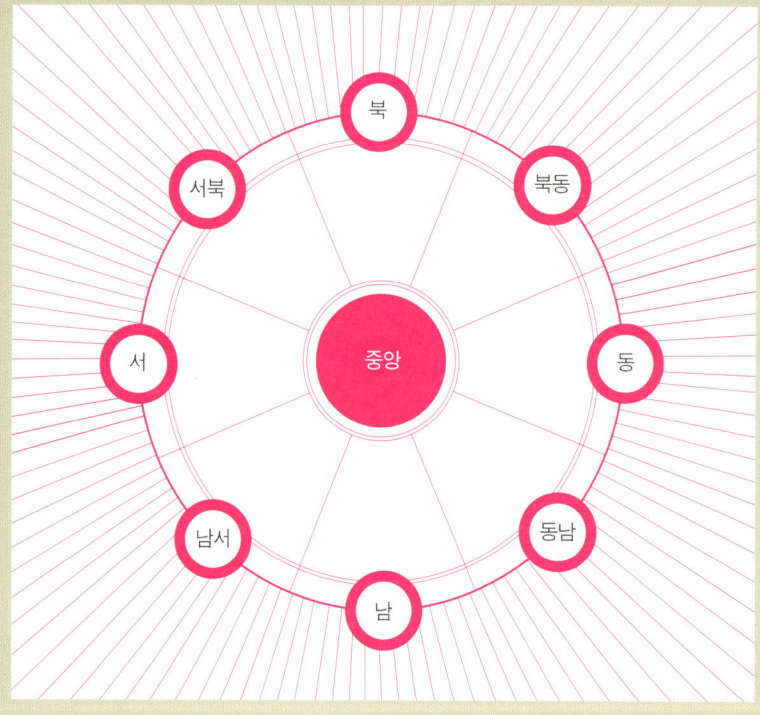

방위	구분	내용
동쪽	긍정적 기능	발전, 젊음, 정보, 창조, 개척
	부정적 기능	쇠퇴, 허약, 재난, 화재
	건강	우울증, 공포심, 간·쓸개 질환
	행운의 색	연두, 파랑, 핑크, 보라
동남쪽	긍정적 기능	결혼, 상담, 인간관계, 재판의 승소
	부정적 기능	파혼, 결렬, 재판의 패소
	건강	감기, 신경통, 디스크, 뇌일혈
	행운의 색	베이지, 오렌지, 초록, 빨강
남쪽	긍정적 기능	영전, 명예, 학문, 직감력, 사교성
	부정적 기능	감봉, 이별, 범죄, 충돌
	건강	불면증, 심장병, 전염병, 식욕부진
	행운의 색	빨강, 오렌지, 초록, 흰색
남서쪽	긍정적 기능	근면, 관용, 안정, 순종, 모성애
	부정적 기능	욕망, 망신, 유혹, 자기비하
	건강	위장병, 백치, 정신병, 치매, 정력부진
	행운의 색	갈색, 연보라, 회색, 노랑
서쪽	긍정적 기능	수확, 재물, 대화, 연애
	부정적 기능	은퇴, 타락, 좌절, 낭비, 구설수
	건강	폐·호흡기 질환, 두통, 성병, 변비
	행운의 색	흰색, 노랑, 갈색, 핑크, 빨강
서북쪽	긍정적 기능	정의, 결단, 투자, 주인, 승부
	부정적 기능	분노, 과욕, 망상, 교통사고
	건강	신경과민, 두통, 혈액순환 질환, 뇌일혈
	행운의 색	흰색, 노랑, 초록, 갈색
북쪽	긍정적 기능	출발, 연구, 신뢰 관계, 저축, 사상
	부정적 기능	번뇌, 갈등, 고독, 음란, 빈곤
	건강	불면증, 우울증, 성병, 신장염
	행운의 색	검정, 흰색, 빨강, 갈색
북동쪽	긍정적 기능	변화, 개혁, 전직, 저축, 부동산
	부정적 기능	정지, 중지, 탐욕, 사기
	건강	소화불량, 위장염, 허리관절, 식욕부진
	행운의 색	황토색, 흰색, 연녹색, 노랑
중앙	긍정적 기능	중화, 타협, 원만, 주체성
	부정적 기능	모사, 거절, 천재지변
	건강	반신불수, 뇌일혈, 당뇨
	행운의 색	검정, 보라, 노랑, 황토색

풍수에서 현관의 인테리어는 상당히 중요하다. 집을 인체에 비유하자면 현관은 얼굴에 해당한다. 첫인상이 때로는 한 인간의 운명을 좌우할 수도 있는 것처럼 현관 인테리어는 실내의 모든 기운에 크고 작은 여러 가지의 길흉 작용을 한다. 가족의 건강, 재물, 사회적 성공 등 삶의 모든 기운에 영향을 미치기 때문이다. 그럼 가족의 좋은 기운을 형성하는 출발점, 현관의 풍수 인테리어에 대하여 알아보자.

운명을 좌우하는 공간 현관

Part 2

길흉화복의 시작점, 현관의 풍수 인테리어

현관 풍수 인테리어에서 눈여겨보아야 할 첫 번째 포인트는 정리 정돈이다. 현관은 내·외부를 연결시켜주는 연결 고리이다. 현관이 더럽고 복잡하면 외부의 흉한 기운을 부르기 때문에 집 안에 좋지 않은 기운이 들어오게 된다. 그렇지만 현관이 잘 정리 정돈되어 있다면 외부의 좋은 기운을 자연스럽게 집 안으로 끌어들이는 역할을 하게 된다. 따라서 현관을 깨끗하게 정리 정돈하는 것만으로도 기본적 인테리어는 해결되었다고 할 수 있다.

두 번째 포인트는 조명이다. 현관은 집을 출입할 때 처음 만나는 공간이며 양陽의 기운에 해당되기 때문에 무조건 밝아야 한다. 아파트나 공동주택의 경우 주변에 큰 건물이 있다거나 열악한 입지 조건 등의 영향으로 어두침침하다면 음陰의 기운이 감돌게 되므로 좋지 않다. 음의 기운은 음습하고 칙칙한 기운을 형성하므로 사람들을 불쾌하게 만드는 등 좋지 않은 영향을 끼친다. 그럴 때는 밝고 온화한 느낌의 백열등을 사용하여 현관을 밝게 만들어주면 흉한 기운이 물러가고 좋은 기운이 머물게 된다.

세 번째 포인트는 통풍이다. 현관은 다른 곳에 비하여 좁은 공간이다. 좁은 공간을 효율적으로 사용한다고 가벽을 만드는 경우가 있는데 이것은 매우 흉하다. 신발장 등으로 현관의 정면을 막는 것도 좋지 않다. 특히 골프가방, 자전거 등을 현관에 두는 것은 기의 흐름을 막기 때문에 상당히 흉하다.

현관에 들어서는데 정면이 막혀 있는 듯한 답답한 느낌이 들면 조명을 밝게 하고, 싱싱한 화초, 풍경화, 풍경 등의 소품을 이용하여 현관에 생기를 주면 부정한 기운이 물러가고 밝은 기운이 찾아오게 된다.

★ 현관 관리 포인트 - 정리 · 조명 · 통풍

★ 정면으로 보이는 거울은 흉하다

현관에 섰을 때 정면에 거울이 보이는 것은 흉하다. 안으로 들어오는 좋은 기운이 반사되어서 밖으로 나가기 때문이다. 일반적으로 콘솔 위에 걸린 거울 등이 여기에 해당된다.

현관 정면의 벽에 액자를 걸어놓았다면 잘 살펴보아야 한다. 만약 유리로 만든 액자라면 유리가 거울과 같은 역할을 하기 때문에 좋지 않다. 유리를 떼어내거나 유리가 없는 액자를 걸도록 한다.

현관의 왼쪽 벽에 거울을 걸면 재물운이 좋아지고 오른쪽에 걸어두면 명예와 대인 관계의 기운이 상승한다. 그러나 재물과 명예의 두 마리 토끼를 잡겠다고 좌우 양쪽으로 거울을 걸면 거울이 서로 다투기 때문에 흉하다.

현관 거울의 디자인은 팔각형이 좋으며 프레임의 재질은 나무가 좋다. 프레임의 색상은 너무 튀지 않는 제품으로 한다. 프레임이 없이 달랑 유리만 있는 거울은 좋지 않으므로 프레임이 있는 것을 사용하도록 한다.

★ 좋지 않은 기운은 화분으로 차단하라

현관에 화분을 두면 집 안의 행운을 지키는 파수꾼 역할을 한다. 외부에서 들어오는 흉한 기운을 정화시켜주기 때문이다. 특히 현관 근처에 날카로운 기운이 느껴지는 물건이나 구조물 등이 있다면 화분이 흉한 기운을 억제시켜준다.

현관이 좁은 경우에는 구태여 화분을 놓지 않아도 된다. 신발장에 작은 화병을 두고 싱싱한 꽃으로 장식하는 것만으로도 충분하다. 화병 밑에 받침대를 두는 것이 음양의 조화를 이루는 풍수 처치법이다.

현관이 좁아 물건의 수납이 여의치 않을 때에는 키 큰 신발장을 사용하도록 한다. 다용도 목적으로 활용할 수 있기 때문에 현관을 깔끔하게 정리할 수 있으며 그런 노력을 할 때 좋은 기운이 찾아온다.

신발장에 신발을 수납할 때는 밝은 색상을 위에 두고 어두운 색은 아래로 수납하는 것이 좋다. 계절에 따라 사용하는 신발을 바꿔서 수납하고 신지 않는 신발은 없애버리는 것이 좋다.

현관 바닥에 화분을 나란히 놓고 액자를 걸어 갤러리처럼 꾸민 인테리어. 자칫 정면으로 보일 수 있는 거울을 발란스로 가려준 센스가 돋보인다.

현관에 기분 좋은 소리를 내는 종이나 풍경을 두고 사람들이 출입할 때 소리가 나도록 하면 좋다. 종을 달아둘 곳이 마땅치 않다면 신발장 위에 올려두고 출입할 때 건드려 일부러 맑은 소리를 내도록 한다.

★ 맑은 소리는 좋은 기운을 부른다

현관에 들어섰을 때 벽이나 칸막이 등이 정면을 가로막고 있으면 좋지 않다. 안팎을 관통하는 기나 운의 흐름을 막기 때문이다. 이럴 때는 조명을 밝게 하는 것이 가장 간단하게 액을 물리치는 풍수 처치법이다.

가족 중에 시험의 결과나 승진 등 좋은 소식을 기다리는 사람들이 있다면 지체 없이 현관문에 맑은 소리가 나는 종이나 풍경을 달아두도록 하자. 머지않아 좋은 소식을 들을 수 있을 것이다.

집의 크기에 어울리지 않게 지나치게 크거나 고급스러운 현관 매트는 좋지 않다. 시각적으로도 부담이 되어 흉하지만, 도난이나 분실 등의 경제적인 손해를 입을 수 있으므로 피하도록 한다.

현관을 출입하면서 뭔가 답답한 기분이 들면 조명을 밝게 하고, 향이 좋은 화초를 두고, 느낌이 좋은 그림을 걸고 맑은 소리가 나는 종이나 풍경을 두면 집안이 평화로워지며 가족들에게도 행운이 찾아오게 된다.

내 별자리에 맞는 현관의 풍수 인테리어

4원소와 삶의 형태 : 불 Fire 땅 Earth 바람 Air 물 Water

★ 예로부터 우주의 기운은 일정한 법칙과 패턴을 지니고 움직이고 있다고 믿었다. 인간의 삶도 자연계의 그것과 같이 순환기적 변화를 한다고 생각했다. 다시 말해서 인간을 소우주로 생각했었기에 인간의 삶의 형태 역시 우주적인 변화 현상과 같다고 본 것이다.

★ 그런 결과 인간의 신체적 반응과 질서에 대한 인식은 우주적 변화 현상과 같은 것이라고 하였다. 즉, 인간의 신체적 반응과 행태는 우주로 통칭되는 별자리의 움직임과 동일하게 움직인다는 '보편적 질서로 이해할 수 있는 것이다.

★ 동·서양의 문화권에서는 그와 같은 행태의 변화를 사시四時, 사방四方 등의 네 가지 원소로 구분하였다. 그리고 이를 다시 구분하여 우주의 에너지와 인간의 에너지는 지地, 수水, 화火, 풍風의 네 가지 원소로 이루어져 있다고 구분하였다.

★ 점성학에서는 사시, 사방 등의 네 가지 원소에서 파생된 지, 수, 화, 풍의 네 가지 원소를 불 Fire, 땅 Earth, 바람 Air, 물 Water의 기운으로 전제하였다. 물론 이는 화학적으로 분석할 수 있는 물리적인 요소가 아니라, 네 가지 기운이 의미하는 각각의 특징이나 기질과 관련이 있는 성질로 이해해야 한다.

★ 네 가지 기운은 불 사인 Fire Sign인 양자리, 사자자리, 사수자리, 땅 사인 Earth Sign인 황소자리, 처녀자리, 염소자리, 바람 사인 Air Sign인 쌍둥이자리, 천칭자리, 물병자리, 물 사인 Water Sign인 게자리, 전갈자리, 물고기자리 등으로 나눌 수 있다.

★ 불, 땅, 바람, 물은 그 모습이 각각 다르듯이 이에 해당하는 별자리를 가진 인간의 행동 반응도 저마다의 고유한 특징이 있다. 그에 대하여 하늘의 움직임과 세상의 이치를 조화롭게 만드는 풍수 인테리어식 접근 방법으로 살펴보자.

불의 기운을 가진 별자리 | Fire Sign

양자리
(aries: 3/21~4/20)

사자자리
(leo: 7/23~8/22)

사수자리
(sagittarius: 11/23~12/24)

불의 원소를 가진 별자리의 대표적 성향은 열정이다. 톡톡 튀는 생동감, 지칠 줄 모르는 왕성한 행동력은 끝없이 타오르는 불꽃을 연상시킬 정도이다. 잠시도 가만히 있지 못할 정도로 에너지가 넘친다.

이들은 직선적이며 충동적이고 솔직하다. 무언가를 할 때 현실적인 이해타산을 따지면서 움직이기보다는 직감에 따라서 행동한다. 늘 자신만만하고 자신감이 넘친다. 자신을 표현할 때 주저하거나 망설이지 않는다. 대체로 외향적 특성을 보이며 자기과시적인 리더십을 가지고 있다.

불의 기운을 가진 별자리는 불의 특성처럼 정열적이다. 싱싱한 젊은 기운이 넘친다. 변화를 두려워하지 않는 도전 정신은 현대인에게 꼭 필요한 요소일 수도 있다. 그러나 다른 시각으로 보면 신중함과 안정감이 부족하다고도 할 수 있다. 그래서 주변 환경 즉, 주거 공간의 풍수 인테리어가 잘못되어 있다면 대인 관계에서 흉한 작용으로 나타난다. 불같은 성격에 물을 끼얹은 것처럼 좌충우돌적인 충돌이 많아지며 공연히 급히 서두르다가 문제가 꼬이게 되는 현상이 많이 나타난다.

몸이 불편할 때나 컨디션이 침체되는 시기라면 문제는 더욱 심각해진다. 평상시 혈압이 높은 편이거나, 혈액순환이 좋지 않고 심장병으로 고생한다면 건강에 대한 각별한 주의가 필요하다. 이러한 약점들을 극복할 수 있도록 불의 별자리에 어울리는 풍수 인테리어 처치법을 살펴보겠다.

★ 키워드 - 독립적, 외향적, 감성적

★ 장점

　　리더십 | 독립적 | 인간적 | 행동적 | 자신감 | 지성적 | 낙천적

★ 단점

　　다혈질 | 충동적 | 독단적 | 무모함 | 오만함 | 피상적 | 무책임

★ 불의 기운을 가진 별자리를 위한 현관 풍수 컨설팅

불의 별자리에 태어난 당신의 장점을 살려주고 약점은 보완하는 풍수 인테리어 교정법은 우선 거울을 적극적으로 활용하는 것이다.

삶의 모습이 다른 별자리 태생에 비하여 유별날 정도로 열정적인 당신은 가끔씩 자신의 삶을 돌이켜보는 시간을 가져야 한다. 즉, 틈나는 대로 자신의 뒷모습을 살펴보아야 한다. 외출할 때나 귀가할 때마다 거울을 보면서 자신을 살펴보고 돌아볼 수 있도록 커다란 거울을 활용하는 것이 당신의 기운을 조정하는 풍수적 포인트다.

거울을 선택할 때는 화려함을 좋아하는 기질에 맞춰 테두리 장식이 스테인리스로 되어 있는 금속성의 반짝거리는 제품을 고르도록 한다. 이때 색상은 골드나 실버 등의 화려한 색이 좋다.

신발장은 광택이 있는 제품을 선택하도록 한다. 개성이 강한 당신은 금속 재질의 독특한 디자인도 무난하게 소화할 수 있을 것이다. 신발장에 빈 공간이 있다면 금속 재질로 된 깔끔한 디자인의 장식품을 설치하는 것도 당신의 운을 상승시키는 훌륭한 방법이 될 수 있다.

다혈질적이며 충동적인 기운을 억제시킬 수 있는 인테리어 교정법으로 물과 관련된 제품을 사용하는 것도 좋은 방법이다. 물과 직접적인 관련이 있는 화병이나 화분을 장식하거나, 작은 어항이나 인공 수족관을 놓는 것도 훌륭한 교정법이다.

현관 매트는 단순하고 깨끗한 색상을 고르도록 한다. 가장 무난한 것으로는 아이보리색 계열의 제품을 사용하는 것이 좋다. 화려한 꽃이나 복잡한 문양의 디자인은 좋지 않다.

실내 슬리퍼는 요란하지 않은 단색 제품을 사용하는 것이 좋다. 조명은 형광등이나 할로겐램프가 적합하다.

화려하고 반짝이는 테두리를 가진 거울이 운을 상승시켜주는 불의 별자리.

Entrance

불의 별자리

Consulting

1. 거울을 보면서 자신을 살펴볼 수 있도록 커다란 거울을 적극 활용하고 테두리 장식은 스테인리스의 반짝거리는 제품으로 한다.
2. 신발장에 빈 공간이 있다면 금속 재질의 단조로운 장식품을 설치한다.
3. 화병이나 화분을 장식하는 것이 좋다.
4. 조명은 형광등이나 할로겐램프가 적합하다.
5. 신발장은 광택이 있는 제품을 선택한다.
6. 현관 매트는 아이보리색 계열의 단순하고 깨끗한 색상을 고른다.
7. 실내 슬리퍼는 요란하지 않은 단색 제품을 사용한다.

땅의 기운을 가진 별자리 | Earth Sign

땅의 원소를 가진 별자리의 대표적 성향은 신중함이다. 아무리 힘들고 어려운 상황에 처해도 결코 감정에 휩쓸려 일을 그르치지 않는다. 냉정하고 차분하게 사태를 분석하면서 문제를 해결한다. 위험하거나 비현실적인 것에는 아예 관심조차 두지 않는다.

성격의 특징은 실질적이다. 현실적이고 부지런하다. 어떠한 일을 하게 될 때 감성보다는 현실적 이익을 따지며 인내심이 강하고 안정적이기에 실수가 적다. 의지력이 강해서 어려운 상황에 놓여도 쉽게 좌절하지 않고 대체적으로 믿음직스러우면서도 고집스런 리더십을 보여준다.

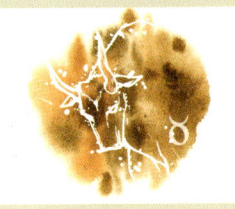
황소자리
(taurus: 4/21~5/20)

처녀자리
(virgo: 8/23~9/23)

땅의 기운을 가진 별자리는 땅의 특징처럼 늘 그렇듯 변함없는 모습이다. 세상 모든 생명체에게 보금자리를 제공하는 것처럼 마음도 따뜻하다. 한번 결심한 것은 웬만해서는 바꾸지 않는다. 차분하고 안정된 자세로 함께 있는 사람들에게 신뢰감을 준다.

염소자리
(capricorn: 12/25~1/19)

그러나 다른 각도로 보면 변화에 재빠르게 적응하지 못하는 것이 약점이 될 수 있다. 특히 심은 대로 거둔다는 땅의 특징처럼 고지식하고 고루할 정도의 완벽주의를 지향하는 점이 큰 문제로 나타날 수 있다. 소유욕이 너무 강하고 질투심이 많은 점은 대인 관계에서 문제점으로 작용할 수도 있다. 이러한 약점들을 극복할 수 있는 땅의 별자리에 어울리는 풍수 인테리어 처치법을 살펴보자.

★ 키워드 – 차분함, 현실적, 조심성

★ 장점

　성실함 | 정확성 | 분석력 | 야심적 | 신중함 | 완벽성 | 인내력

★ 단점

　완고함 | 편협함 | 질투심 | 외골수 | 비관적 | 결벽증 | 비판적

• 대체적으로 화려한 분위기의 소품이 행운으로 연결되는 땅의 별자리.

★ 땅의 기운을 가진 별자리를 위한 현관 풍수 컨설팅

당신에게 가장 중요한 풍수 인테리어 교정법은 녹색식물의 효과적인 사용이라고 할 수 있다.

다른 별자리 태생에 비하여 고지식하고 완고한 당신, 그 고집을 누그러뜨릴 수 있도록 부드러운 꽃나무 등의 소품을 활용하는 것이 좋다. 또한 출입할 때마다 새로운 자극을 받을 수 있도록 붉은색의 꽃무늬 소품을 활용하는 것도 도움이 된다.

실내에 맑고 청아한 소리로 생동감을 주는 것도 좋다. 문을 여닫을 때마다 좋은 소리가 들리도록 현관에 종이나 풍경을 매달아 두는 것은 매우 훌륭한 풍수 교정법이다.

신발장은 목재 제품으로 한다. 키가 작은 것보다는 천장까지 닿을 수 있는 커다란 것이 좋다. 색상은 밝은 나무색으로 하고 만약 키가 작은 신발장을 사용한다면 반드시 향기가 좋은 꽃이나 방향제를 두도록 한다.

화병은 화려한 디자인의 제품에 튤립이나 붉은 장미 등 빨간색 꽃을 꽂는다. 화병 밑에는 반드시 레이스로 만든 깔개를 깔아야 한다. 소리가 나는 장식용 시계도 훌륭한 소품이 될 수 있다. 그림을 걸 때는 꽃 그림이나 울창한 숲의 그림이 좋다. 거울은 테두리 색이 산뜻한 게 좋다. 평범한 디자인보다 고급스럽고 우아한 디자인을 선택하는 것이 당신의 고루한 분위기를 세련되게 만들어준다.

현관 매트는 따뜻한 색이든 차가운 색이든 관계없지만 디자인은 화려한 꽃무늬가 좋다. 직업의 종류에 따라 색상을 바꾸는 게 좋은데 영업직은 붉은색, 전문직은 청색 계열을 사용하는 것이 좋다. 일반적으로 화려한 무늬를 선택하는 것이 매트를 밟을 때마다 좋은 기운을 받을 수 있으며 그로 인하여 사회적으로 크게 성공할 수 있다.

Entrance

땅의 별자리

Consulting

1. 부드러운 꽃나무 등의 소품을 활용하는 것이 좋다.
2. 좋은 소리가 들리도록 종이나 풍경을 매달아 두도록 한다.
3. 신발장은 목재 제품으로 키가 천장까지 닿는 커다란 제품을 설치하는 것이 좋다.
4. 화병은 화려한 디자인의 제품에 튤립이나 붉은 장미 등 빨간색의 꽃을 꽂는다.
5. 그림을 걸 때는 꽃 그림이나 울창한 숲의 그림이 좋다.
6. 현관 매트는 난색이든 한색이든 관계없지만 디자인은 화려한 꽃무늬가 좋다.
7. 소리가 나는 장식용 시계도 훌륭한 소품이 된다.

바람의 기운을 가진 별자리 | Air Sign

쌍둥이자리
(gemini: 5/21~6/21)

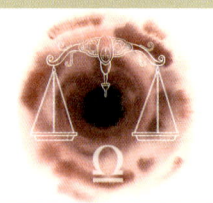
천칭자리
(libra: 9/24~10/22)

물병자리
(aquarius: 1/20~2/18)

바람의 원소를 가진 별자리의 대표적 성향은 융통성이다. 다재다능하면서 재치가 넘친다. 발랄하고 생기가 있으며 지적이다. 말을 할 때도 상당히 조리 있으며 설득력이 좋다.

성격의 특징은 독립적인 성향이다. 구속받는 것을 무엇보다 싫어한다. 독창성이 강하고 창의적이며 매사에 형식과 틀에 얽매이지 않고 자유분방하게 행동한다. 지적이면서도 공정하기 때문에 대인 관계에서도 사사로운 감정에 얽매이지 않는다. 전반적으로 조화를 중시하며 상대방을 배려하는 사교적인 리더십이 돋보인다.

바람의 기운을 가진 별자리는 바람의 특성처럼 진보적이다. 근심걱정을 하지 않는 이상론자이며 평화를 사랑한다. 그러나 매사에 우유부단하고 생각이 자주 변하여 진지하지 않은 모습으로 나타날 수도 있다. 주관적이지 못해서 다른 사람의 영향을 쉽게 받을 수 있다는 것도 약점이다.

유연하면서도 적응력이 강한 행동 양식은 때로 경박하게 보일 수 있다. 그런 점은 대인 관계에서 신뢰를 잃는 문제점으로 작용하기도 한다. 또한 예술적이면서 감상적이고 조화를 지향하는 성향이 문제가 될 수도 있다. 자신에게 지나치게 관대하면 자칫 삶이 무질서해질 수 있기 때문이다. 이러한 약점들을 극복할 수 있는 바람의 별자리에 어울리는 풍수 인테리어 처치법을 살펴보자.

★ 키워드 – 융통성, 지성적, 설득력

★ 장점

　　사교성 | 순발력 | 민첩성 | 적응력 | 평화적 | 웅변적 | 독창적

★ 단점

　　피상적 | 다변성 | 무신경 | 경박함 | 비능률 | 나른함 | 무질서

★ 바람의 기운을 가진 별자리를 위한 현관 풍수 컨설팅

바람의 별자리에 태어난 당신의 장점을 더욱 개발해주고 약점은 보완해줄 수 있는 풍수 인테리어 교정법은 청결함을 유지하는 것이다. 다른 별자리 태생에 비하여 융통성이 좋고 사교적인 당신, 운이 좋지 않을 때는 외부의 흉한 기운에 무방비 상태로 노출될 수 있다.

현관을 오갈 때마다 외부의 탁한 기운을 현관에서 털어버리고 집 안까지 들어가지 못하게 청결에 관심을 가져야 하는 것이 풍수 인테리어 포인트다. 흉한 기운을 좋은 기운으로 바꾸기 위해서는 틈나는 대로 자주 청소하는 것이 좋고 청결함을 강조하기 위하여 현관의 색상을 흰색으로 하여 청결함을 강조하는 것도 좋은 방법이다.

신발장은 복잡하고 어수선한 디자인보다 단순하면서도 심플한 디자인이 좋다. 꽃을 꽂아 두려면 화병은 하얗고 목이 긴 제품을 택한다. 꽃 역시 흰색이나 아이보리색 등 깔끔하고 단아한 색상이 좋다.

거울을 걸 때는 단순한 디자인의 제품을 선택한다. 조명은 에너지 절약형의 밝은 조명기구를 설치하는데, 차가운 느낌의 할로겐램프나 형광등이 좋다.

현관 매트는 아이보리 색상의 단조로운 문양의 제품으로 두세 개 준비하여 때가 타면 즉시 교환하도록 한다. 만약 관리가 어렵다면 차라리 매트를 사용하지 않는 게 좋다.

바람의 별자리인 당신에게 가장 금기되는 점은 현관에 불필요한 물건을 많이 내놓는 것이다. 현관이 신발이나 우산, 자전거 등으로 가득 채워져 있다면 불필요한 오해를 사거나 구설수에 시달리게 된다. 또한 관리를 잘못하여 현관이 지저분하다면 집 안으로 들어오려던 행운이 입구에서 되돌아간다는 것을 유념하자.

● 무엇보다 깔끔하고 심플함을 강조하는 것이 좋은 바람의 별자리.

Entrance

바람의 별자리

Consulting

1. 내부 색상을 흰색이나 단색으로 통일해서 청결함을 강조하는 것이 좋다.
2. 신발장은 복잡하고 어수선한 디자인보다 단순하면서도 심플한 디자인을 사용한다.
3. 꽃을 꽂아 두려면 화병은 하얗고 목이 긴 제품을 택한다.
4. 거울을 걸 때는 단순한 디자인의 제품을 선택한다.
5. 현관 매트는 단조로운 문양의 제품으로 두세 개 준비하여 때가 타면 즉시 교환하도록 한다.
6. 현관이 우산, 자전거 등의 잡다한 물건으로 가득 채워져 있다면 구설수에 시달리게 된다.
7. 조명은 에너지 절약형의 밝은 조명기구를 설치한다.

물의 기운을 가진 별자리 | Water Sign

물의 원소를 가진 별자리의 대표적 성향은 직관력이다. 이들은 신비스러울 정도로 예민한 통찰력을 가지고 있다. 상상력이 풍부하며 새로운 상황에 놓이면 논리나 이성보다는 느낌과 직관에 의지하여 상황을 판단한다.

성격의 특징은 감정적이다. 기본적으로 애정이 많으며 친절하고 동정심이 많다. 게다가 보호 본능이 뛰어나기 때문에 어려운 사람을 보면 그냥 지나치지 못한다. 새로운 상황이 발생하면 현실적인 방향에서 생각하지 않는다.

게자리
(cancer: 6/22~7/22)

이들은 물질에 대한 집착이 없는 낭만주의자이다. 간혹 경계의 구분이 모호하여 공과 사를 잘 구별하지 못하는 점은 수정되어야겠지만 대체로 어렵고 힘든 이웃을 보호하고 감싸주려는 박애주의적인 리더십을 가졌다.

물의 기운을 가진 별자리의 특성은 다양한 형체를 가진 물처럼 가변적이다. 깊은 물속처럼 그 속을 알 수 없으며 스스로도 비밀을 많이 간직한다. 또한 집요하면서도 강박관념이 강하다. 화가 나면 단호하고 강렬하면서도 감정적으로 행동한다. 그래서 감정의 폭이 복잡하고 격렬하게 나타날 수 있다.

전갈자리
(scorpio: 10/23~11/22)

다른 별자리보다 활동이 뜸해서 집에 있는 시간이 많다. 에너지의 비중이 가정에 모여 있기에 주거 공간의 인테리어에 각별한 신경을 써야 한다. 또 생각이 많아 자주 침울한 상태에 빠지기도 하여 주변 사람을 안타깝게 만든다. 그런 이유로 실내 인테리어에 특히 더 관심과 주의를 기울여야 한다.

물고기자리
(pisces: 2/19~3/20)

★ 키워드 - 직관력, 상상력, 낭만적

★ 장점

   다정함 | 정서적 | 성실함 | 동정심 | 조심성 | 통찰력 | 예리함

★ 단점

   가변성 | 이타적 | 복수심 | 도피성 | 감정적 | 집요함 | 질투심

● 물의 별자리에겐 자신을 드러낼 수 있게 현관을 꾸미는 것이 포인트다. 빈티지한 소품으로 감성적으로 꾸민 현관 모습.

★ 물의 기운을 가진 별자리를 위한 현관 풍수 컨설팅

당신의 운을 상승시키는 풍수 인테리어 교정법은 현관의 공간을 넓게 확보하는 것이다.

다른 별자리 태생에 비하여 감정적이며 상상력이 풍부한 당신에게 주거 공간은 세상 어느 곳보다 편하고 아늑해야 한다. 시작하는 것을 중요하게 생각하는 당신이기에 집의 얼굴이라고 할 수 있는 현관의 인테리어에 특히 더 신경을 써야 한다. 과민할 정도로 감상적인 당신의 감정을 좌우할 수 있는 소중한 공간이기 때문이다.

현관의 인테리어는 독특한 디자인으로 포인트를 주는 것이 좋고 가능하면 넓게 사용하도록 한다. 현관 확장이 어려울 때는 거울을 이용하여 실내를 넓어 보이게 연출하도록 한다. 인테리어는 고급스럽게 꾸미는 것이 좋다. 피곤에 지친 당신의 자신감 회복을 위해서 입구에는 반드시 자신을 표현할 수 있는 장식물을 두는 것이 행운을 부르는 비결이다.

신발장의 소재는 나무가 좋다. 색상은 중후하면서도 차분한 느낌의 색상이 적합하다. 신발장에 공간이 있다면 중세 유럽풍의 장식물을 놓는 것이 좋다. 시계나 스탠드를 놓는다면 흰색이 좋다.

신발장에 유리문이나 코팅 처리된 거울을 다는 것도 좋은 방법이다. 목이 긴 화병은 여린 당신의 기운을 닮아 중간에서 운이 꺾이게 되므로 금물이다. 화병을 고를 때는 금장의 고급스럽고 납작한 제품을 선택한다.

현관 매트는 우아하고 고급스러운 질감의 아이보리색이나 연두색 계열의 제품을 사용하도록 한다. 거울은 클래식한 디자인이 좋은데 테두리는 튼튼해 보이는 나무로 만든 제품이 좋다. 그림을 걸 때는 중후하면서도 고급스러워 보이는 것으로 선택하면 당신의 자존심을 충분히 채워줄 수 있을 것이다.

Entrance

물의 별자리

Consulting

1. 거울을 이용하여 실내를 넓어 보이도록 연출한다.
2. 인테리어는 고급스럽게 꾸미는 것이 좋다.
3. 자신감 회복을 위해서 입구에는 반드시 자신을 표현할 수 있는 장식물을 두도록 한다.
4. 신발장은 중후하면서도 차분한 느낌이 좋다.
5. 화병은 금장의 고급스럽고 납작한 제품을 선택하는 것이 좋다.
6. 현관 매트는 우아하고 고급스러운 질감의 아이보리색이나 연두색 계열의 제품을 사용한다.
7. 그림을 걸 때도 중후하면서도 고급스러워 보이는 것으로 선택한다.

tip

생기가 흐르는 현관의 방위별 인테리어 포인트

동쪽 현관 ★

동쪽 현관의 행운을 높이기 위해서는 붉은색 인테리어가 알맞다. 신발장 위를 붉은 꽃으로 장식하면 새롭고도 싱그러운 기운이 생긴다. 또 소리와 잘 어울리는 방위이므로 현관문에 방울이나 풍경을 달아두는 것이 좋다.

동남쪽 현관 ★

대인 관계에 좋은 방위인 동남쪽의 운을 상승시키려면 꽃과 향기를 사용해야 한다. 싱싱한 꽃으로 장식하거나 은은한 향의 포푸리나 방향제를 두어 늘 향기가 감돌게 하면 어려움을 물리치고 좋은 기운을 유지할 수 있다.

남쪽 현관 ★

남쪽은 유리나 금속과는 성질이 잘 맞는 반면 물과는 어울리지 않는 방위이다. 어항이나 화병 등은 두지 않는 것이 좋다. 또 현관문을 사이에 두고 좌우대칭으로 녹색식물을 놓으면 애정운이 상승한다.

남서쪽 현관 ★

남서쪽 현관은 정결한 게 좋다. 때문에 지나치게 많은 소품으로 장식하는 것은 금물이다. 되도록 심플하고 깔끔하게 꾸미는 것이 좋다. 현관을 꽃으로 장식한다면 노란색이 좋고 용기는 토기를 사용하는 것이 좋다.

서쪽 현관 ★
서쪽 현관에는 노란색이 좋은 기운을 불러들인다. 현관 전체를 크림 컬러나 화이트 톤으로 꾸미고 노란색 소품으로 장식하면 더욱 효과적이다. 노란색 꽃을 화병에 꽂을 때는 대를 낮게 꽂는 것이 행운을 부르는 포인트이다.

서북쪽 현관 ★
서북쪽 현관의 인테리어 포인트는 고급스럽게 꾸미는 것이다. 소품이나 장식을 이용할 때는 나무 소재를 선택하여 차분한 분위기를 연출한다. 꽃을 꽂을 때는 둥근 형태의 동양적 분위기의 화병을 사용하는 것이 좋다.

북쪽 현관 ★
북쪽 현관은 햇빛이 들어오기 어렵다. 음기가 강하기 때문에 밝고 따뜻한 분위기로 흉한 기운을 없애는 것이 좋다. 현관의 색상을 노란색이나 분홍색처럼 따뜻한 느낌으로 꾸미는 것이 행운을 부르는 비결이다.

북동쪽 현관 ★
북동쪽 현관은 인테리어를 흰색 톤으로 통일하면 재물운이 상승한다. 흰색 현관 매트나 눈 덮인 산이 그려진 그림 등 흰색과 관련이 있는 소품을 사용하는 것이 재물운이 좋아지는 풍수적 아이템이다.

사회라는 집단의 구성체에서 가정은 기본이 되는 요소이다. 가정이 불안하면 사회도 그만큼 어려워지게 된다. 그러므로 가정의 중심이 되는 거실의 기능이 좋지 못하면 사회생활도 힘들어지게 된다. 결국 거실 인테리어의 좋고 나쁨은 가족, 나아가 사회에도 영향을 미치게 되므로 더욱 중요하다고 할 수 있다. 가족의 사회생활에 큰 영향을 끼치며 성공을 좌우하는 거실의 풍수 인테리어는 어떻게 하는 것이 좋은지 알아보기로 하자.

Part 3

성공을 좌우하는 공간 거실

삶의 활력을 부르는 거실 풍수 인테리어

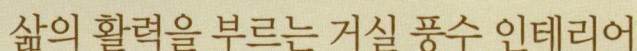

거실은 어느 한 개인의 사생활이 보장된 공간이 아니다. 가족 구성원 누구라도 오고 싶을 때는 오고 머물고 싶으면 머물고 떠나고 싶으면 떠나는 공간이다. 가족이 더불어서 함께 생활하는 공간으로 가족 모두의 공간이 되며 집에서 가장 중심이 되는 곳이 바로 거실이다. 따라서 거실은 가족 모두를 위하는 공간이 되어야 한다.

거실 풍수 인테리어에서 눈여겨보아야 할 첫 번째 포인트는 기의 흐름이다. 거실에는 TV, 에어컨, 오디오 등의 가전제품뿐 아니라 소파, 장식장 등 부피가 큰 물건들이 많이 모여 있어서 기의 흐름이 막히거나 탁해질 수 있다. 따라서 햇빛이 잘 들어오고 통풍이 잘 되게 하여 기의 흐름을 순조롭게 만들어야 한다.

두 번째 포인트는 장식물의 올바른 진열이다. 가족이 편안한 마음으로 자연스럽게 모이기 위해서는 가족 모두를 배려하는 인테리어가 우선되어야 한다. 가장의 취향이라고 해서 맹수의 박제를 놓는다거나, 일본도같이 섬뜩한 물건을 진열하는 것은 가족을 밖으로 몰아내는 것과 같다. 물건을 장식할 때는 가족들을 배려하는 마음으로 가족들 모두를 위한 인테리어를 해야 한다.

세 번째 포인트는 생동감이다. 거실을 밝고 편안하게 만들려면 녹색식물을 적극적으로 활용해야 한다. 화분이나 꽃 등 살아 있는 식물이 없으면 삭막하고 생동감이 떨어진다. 특히 벽에 걸려 있는 드라이플라워는 생기를 빼앗아가는 몹시 흉한 아이템이다. 만약 햇빛이 잘 들지 않으면 잎이 무성한 높이 150센티미터 정도의 식물을 한 그루 이상 놓거나 작은 화분을 3~5개 정도 놓는 것이 좋다. TV 옆에는 반드시 한두 개의 식물 화분을 놓아두는 것이 가족의 건강을 지키는 비결이다.

★ 거실 관리 포인트 – 기의 흐름 · 장식물 · 생동감

★ 큰 것보다는 작은 것이 아름답다

소파는 현관을 등진 형태로 배치하는 것이 좋다. 소파와 현관이 대각선을 이루는 것이 이상적인 배열이다. 지나치게 크고 거창한 소파나 탁자를 사용하면 인간관계가 편협해질 수 있으므로 주의해야 한다.

소파나 의자는 창을 가리지 않도록 한다. 소파가 거실에 비해서 너무 크거나 지나치게 고급품이면 소파가 집의 주인이 되고 사람은 들러리가 되어, 주인이 자신의 능력을 발휘하지 못하고 사사건건 일이 꼬이게 된다.

삼각형 형태의 탁자는 코너가 날카로워서 흉하다. 다리가 넷인 사각형이나 타원형을 사용하는 것이 좋다. 돌이나 유리로 만든 테이블은 음기가 강하다. 가족들이 함께 노력해서 열심히 살아가려는 의욕을 빼앗으므로 목재 테이블을 놓는 것이 가장 무난하다. 이럴 경우엔 테이블의 나뭇결이 보이도록 천을 씌우지 않는 것이 좋다.

소파 옆에 싱싱한 화초를 두거나 키 큰 스탠드를 두면 가족 간의 불화를 예방할 수 있다. 또한 새로운 일을 시작하는 사람이 있다면 화초의 싱싱한 기운이 긍정적인 효과를 주므로 결과가 좋아진다.

● 단정한 소파 옆에 큰 화분을 두면 가족 간의 불화를 예방하는 데 효과가 있다.

★ 공간에는 여백의 미를 살려라

복잡한 장식물은 기의 흐름을 탁하게 만든다. 현관을 통해서 들어오는 기운과 내부의 기운이 자연스럽게 조화를 이룰 수 있도록 불필요한 물건들은 외부로 치운다.

꽃이 그려진 그림을 걸어두면 가족이 화목해진다. 밝은 기운을 지닌 꽃 그림, 험하지 않은 느낌의 산 그림 액자 등이 좋다. 이때 액자에 부분적으로 조명으로 비춰주면 더 좋다. 어린아이들이 밝게 뛰어노는 그림은 자녀에게 건강하고 활기찬 기운을 준다. 난해해 보이는 추상화나 어두운 색조의 그림은 가족 간 마찰의 원인이 되므로 치우도록 한다.

여백의 미를 살리는 것이 좋다. 벽면 가득히 그림을 거는 것보다는 차라리 그림을 걸지 않는 것이 좋다. 직업을 바꾸고 싶거나 뭔가 색다른 일을 하고 싶은 사람은 거실에 풍경화나 판화를 걸어두면 좋다.

가장 좋은 액자는 가족사진이다. 가족사진을 거는 장소는 현관에서 보이는 쪽으로 하고 사진 밑에 싱싱한 화분을 놓아두면 가족이 대외적으로

강렬한 색의 대비로 화려하게 꾸민 거실. 언뜻 보기엔 멋있어 보이지만 너무 산만하고 복잡한 벽 장식물들은 풍수 인테리어적으로 봤을 때 좋지 않다.

이름을 날리는 등의 좋은 일이 생기게 된다.

낡은 골동품과 빛바랜 사진, 맹수의 그림 등은 흉하다. 가족의 기가 눌려서 질병이나 갈등의 원인이 될 수 있기 때문이다.

★ 가전제품 주변에 녹색식물을 두어라

전자 제품을 목재 가구에 수납하여 전자파를 차단한다. 화분을 이용하여 흉한 기운을 다스리는 것도 훌륭한 아이템이다. TV, 오디오, 컴퓨터, 전화 주위에 녹색식물을 놓으면 기의 흐름이 원활해지고 운도 좋아지므로 적극 활용한다.

거실에서 TV를 설치하기에 가장 적합한 장소는 동쪽이다. 좋은 정보는 동쪽으로부터 들어오기 때문이다. 이런 이유로 특히 뭔가 소식을 기다릴 때, 전화, 팩스, 컴퓨터 등 외부와 연결되는 가전제품을 동쪽에 두면 좋은 결과를 얻을 수 있다.

밝은 기운이 있는 남쪽에 TV를 두면 낮에는 TV를 보지 않고 대화를 즐길 수 있으며, 가족 간의 관계도 좋아진다. 그러나 서쪽에 TV를 두면 가족 간의 대화가 줄어들고 TV가 거실의 주인공이 되어버리는 경향이 있으므로 피하는 것이 좋다.

북쪽에 가전제품을 설치하는 경우에는 가족이나 형제 간에 싸움이 끊

● 거실의 창은 밝기와 통풍에 큰 영향을 끼친다. 햇빛이 잘 들어올 수 있도록 낮 동안은 커튼으로 창을 가리지 않도록 주의하자.

이지 않을 우려가 있다. 또 TV, 오디오, 전화 등에 먼지가 쌓여 있는 것은 매우 좋지 않으므로 항상 깨끗하게 청소하도록 한다.

에어컨을 사용하지 않을 때라도 덮개로 덮어두는 것은 바람직하지 않다. 겨울을 나는 동안 장시간 덮어두면 기의 흐름이 막히기 때문이다. 처음 그대로 두고서 자주 청소하는 것이 기의 흐름에 좋다.

★ 조명과 환기에 신경을 써라

조명은 형광등보다 백열등의 간접조명이 좋다. 가족이 모이는 시간에는 불을 밝혀놓고 일정한 시간이 지난 후에 부분적으로 소등한다. 켜지지 않는 전구가 있으면 즉시 새로운 전구로 교체한다.

가족이 방에 있는데 거실의 조명을 소등하면 가족 간의 대화가 막힌다. 가족이 집에 있을 때는 기본적으로 거실에 작은 조명이라도 하나쯤 밝혀두어야 한다. 귀가하지 않은 가족이 있을 때도 거실 조명을 하나 정도는 켜두는 것이 좋다.

거실에는 거울을 두지 않는다. 특히 거실의 모습이 전경으로 모두 비춰지는 형태의 거울을 두면 가족이 서로를 감시하게 되어 흉하다. 이는 결국 가족의 화합을 방해하게 되므로 떼어내어야 한다.

거실을 더욱 길한 공간으로 만들기 위해서는 통풍을 좋게 하는 것이 필수다. 남쪽이나 동쪽으로 창문이 있다면 이는 더욱 길한 운세로 작용한다. 하루에 한두 번 정도 환기를 해서 좋은 기가 항상 순환이 될 수 있도록 하면 좋다.

★ 가장 훌륭한 인테리어는 자연적인 것

벽난로는 따뜻한 느낌이 있어서 좋지만 주변에 가구가 있다면 흉하다. 물론 화재의 위험도 있지만 서로 충돌을 하므로 좋지 않다. 또한 벽난로의 불의 기운이 가구로 흡수되기 때문에 좋지 않다.

수족관은 재물의 기운을 좋게 한다. 그러나 가족의 건강과 교제운에는 좋지 않은 영향을 미칠 수도 있다. 꼭 설치해야 한다면 남쪽이나 남동쪽에 둔다. 서쪽에 놓으면 지출이 많아지고 북쪽에 놓으면 여자들의 건강이 나빠지므로 주의한다.

거실 바닥은 나무로 만든 천연 소재의 제품을 사용하는 것이 좋다. 발바닥으로 자연의 기운을 흡수할 수 있어서 건강이 좋아지기 때문이다. 소품을 둘 때도 가급적 자연미가 살아 있는 천연 소재의 제품들을 적절히 활용하는 것이 좋다.

선물 받은 장식품이나 인형을 배치할 때는 아무렇게나 늘어놓지 않는다. 단정하게 정리하여 수납하고, 또한 종교와 관련된 물건을 놓을 때는 가장 깨끗한 곳에 두도록 한다.

● 벽난로가 있으면 포근하고 따뜻한 분위기가 되면서 집안에 좋은 기운이 흐르게 되지만 주변에 가구를 두지 않도록 주의하자.

내 별자리에 맞는 거실의 풍수 인테리어

4원소와 행동 양식 : 카디날, 픽스드, 뮤터블

★ 우주의 에너지와 인간의 에너지는 지, 수, 화, 풍의 네 가지의 원소로 이루어져 있다. 점성학에서는 지, 수, 화, 풍의 네 가지 원소를 불, 땅, 바람, 물 등 네 가지 기운으로 구분하였다.

★ 불, 땅, 바람, 물 4원소를 구성하는 독특한 인자가 있는데, 그것을 카디날 Cardinal, 픽스드 Fixed, 뮤터블 Mutable 이라 한다. 카디날은 기본이며 활동적인 기질이다. 픽스드는 고정이며 정적인 기질이다. 뮤터블은 변화이며 감성적인 기질로 구분한다.

★ 4원소의 세 가지 기질의 특징은 각 사인이 어떠한 새로운 상황에 놓였을 때 외부와 어떻게 반응하는가를 설명하는 고유한 기질로 이해하면 된다. 새로운 사람을 만나는 경우, 새로운 일을 하게 되는 경우 등등 외부의 어떠한 상황이 발생했을 때, 활동적(진취성)으로 반응하는가, 정적(안정성)으로 반응하는가, 감성적(다양성)으로 반응하는가를 말하는 것이다.

★ 예를 들어보자. 사자자리는 4원소가 불이기 때문에 삶의 형태가 열정적이며 직선적이지만 기질적 특징은 픽스드, 즉 고정이며 정적인 기질이어서 자기중심적이며 의지가 강한 모습을 보인다. 사수자리는 4원소가 사자자리처럼 불이기 때문에 열정적이며 직선적이지만, 기질적 특징이 뮤터블, 즉 변화이며 감성적이기 때문에 진취적이며 이상적인 세계를 지향하며 살아가게 된다.

★ 이렇듯 4원소의 기질에 따라서도 행동반응 양식은 조금씩 다르게 나타난다. 이제 풍수 인테리어식 접근 방법으로 별자리에 따른 행동 양식을 자세하게 살펴보기로 하자.

카디날 | 활동적인 별자리 | Cardinal Sign

양자리
(aries: 3/21~4/20)

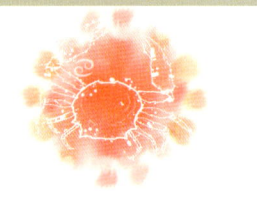
게자리
(cancer: 6/22~7/22)

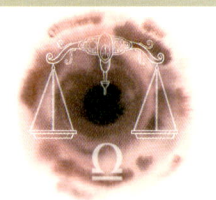
천칭자리
(libra: 9/24~10/22)

염소자리
(capricorn: 12/25~1/19)

활동적 별자리의 행동 양식은 진취적이며, 정력적이면서도 긍정적이다. 대체로 외향적 성향을 가졌으며 대부분의 사람들에게 호감을 받을 수 있는 매력적인 성격이다. 개척가적인 삶을 좋아해서 남의 뒤를 따라가기보다는 자신만의 새로운 것을 찾는다. 자기가 원하는 것이 있다면 수단과 방법을 가리지 않고 쟁취하는 특징을 보인다.

열망이 강하다. 새로운 프로젝트를 시행할 때는 주변 사람들을 설득하여 끌어들인다. 추진력과 의지력, 성취욕이 강하며 매사에 스스로 앞장서는 솔선수범형의 리더이다. 웬만한 어려움에는 흔들리지 않고 꾸준하게 돌진하여 마침내 일을 성사시킨다.

한번 시작하려고 했던 것은 모든 에너지를 쏟아 부으며 집중한다. 자신이 해야 할 일이라면 무슨 일이라도 떠맡는다. 그래서 쓸데없는 일에 시간이나 정열을 소모하기 쉽다. 자기 확신이 강하며 잠시도 쉴 틈 없이 끊임없이 활동한다.

헌신적이면서도 지략이 풍부한 점도 다른 별자리에 비하여 칭찬받아 마땅한 덕목이다. 강인하면서 책임감이 있어서 남들에게 전폭적인 신뢰를 받는다. 너그러우면서도 생각이 깊고 겸손하여 품위가 있다.

단점이라면 생각보다 행동이 앞서간다는 것이다. 이들은 또한 요구가 많으며 편협하고, 무질서하면서도 비관적이다. 일을 하다가도 계획대로 진행되지 않으면 머뭇거리다가 정상 궤도를 벗어나기 쉽다. 남의 것을 아낄 줄 모르고 감언이설을 잘한다.

한 번 화가 나면 폭발적으로 분노한다. 스스로 감당하지 못할 정도로 무섭게 화를 내는 점이 커다란 단점이다. 또한 자신감이 넘치며 결단력이 빠른 점은 상대적으로 신중하지 못하여 경솔한 결과를 초래할 수 있다. 이것은 반드시 수정되어야 할 점이다.

★ 활동적인 별자리를 위한 거실 풍수 컨설팅

활동적 성향의 별자리인 당신의 장점을 살려주면서 약점을 보완하는 거실의 풍수 인테리어 교정법을 알아보자.

일단 실내의 분위기는 밝고 고급스럽게 꾸미는 것이 좋다. 차가우면서도 정갈한 느낌의 색상을 사용하도록 한다. 옅은 청색, 혹은 옅은 바이올렛 톤으로 음양의 조화를 이루도록 하고 특히 원색에 가까운 빨간색이나 노란색 등 강렬하고도 화려한 색을 사용하는 것은 피해야 한다. 이런 색은 활동적 별자리의 특징인 싸우기 좋아하는 심성을 자극하여 투쟁심이 살아나게 하기 때문이다.

또한 반사회적 성향이 강해지고 스스로를 괴롭히는 자학 증상 등으로 심적 부담을 많이 느끼게 된다. 가족이나 친구하고도 트러블이 많아져 대인관계에 문제가 생길 수도 있으므로 강한 색은 반드시 피하도록 하자.

실내의 천장을 가급적 높게 만들어 전망이 탁 트이게 하는 것이 좋다. 실내 장식은 요란하지 않은 심플한 스타일로 한다. 잡다한 물건을 주렁주렁 매달아놓거나 여기저기 늘어놓는 것은 피해야 한다. 공간에 충분한 여유를 만들어주는 것이 좋다. 단조롭다고 느껴지면 부분적으로 빨간색을 사용하는 정도는 괜찮다. 사진이나 여행 기념품 등으로 장식하는 것이 좋고 만일 채광이 좋지 않을 때에는 꽃을 많이 장식하거나 싱싱한 녹색식물을 두는 것도 좋은 방법이다.

활동적인 성향을 차분하게 눌러주기 위해서는 TV, 오디오, 전화 등의 전자 제품을 남쪽이나 서쪽에 두는 것이 좋다. 소파는 녹색이나 베이시 색상의 천으로 만든 것이 좋다. 가죽 제품을 사용하려면 쿠션이나 방석 등은 면제품을 사용하여 음양의 조화를 이루도록 한다.

가구는 밝은 색상의 목재를 사용하도록 한다. 기존의 가구를 수리하여 사용할 때에는 원목 색상이나 흰색으로 칠한다. 화병을 놓을 때는 크리스털 화병에 흰색이나 붉은색의 꽃을 꽂는 것이 좋다. 목재 제품이 아닌 봉제 인형을 장식하려면 반드시 식물과 함께 두도록 한다.

커튼은 녹색이나 청색 계열로 차분한 분위기를 조성하면 쉽게 흥분되는 기운을 진정시켜줄 수 있다. 카펫의 경우에도 화려한 디자인은 피하는 것이 좋다.

천장의 조명은 직접조명은 피하며 샹들리에 형태의 조명보다는 절제된 듯한 단조로운 디자인으로 한다. 실내의 한쪽 구석에 키 큰 금속제 스탠드를 놓아두거나 키 큰 관엽식물을 두는 것은 꿈을 키울 수 있는 좋은 아이템이다.

활동적인 별자리인 당신은 소음에 민감하게 반응하는 편이다. 때문에 집 주변이 시끄러우면 반드시 방음 공사를 하도록 한다. 집 안이 지저분하면 머리가 산만해지고 쉽게 피곤해지므로 늘 정갈하게 관리하여 마음의 안정을 찾도록 한다.

● 화이트 톤에 빨간색을 포인트로만 사용하여 차분함을 느끼게 해준 활동적인 별자리를 위한 인테리어.

Living room

카디날 | 활동적인 별자리

Consulting

1. 내부 색상은 옅은 청색, 혹은 옅은 바이올렛 톤의 차가우면서도 정갈한 색상이 좋으며, 장식물 등의 분위기는 밝고 고급스럽게 꾸미도록 한다.
2. 투쟁적인 성격을 차분하게 가라앉히기 위하여 원색 등의 강렬하고 화려한 색상은 사용하지 않는 것이 좋다.
3. 발코니의 전망이 탁 트이도록 창문 주변에 장식물을 놓지 않는다.
4. 실내에 잡다한 장식물을 주렁주렁 매달아 놓는 것은 흉하다. 심플한 스타일이 좋다.
5. 채광이 좋지 않을 때에는 창문 주변에 꽃을 놓거나 녹색식물을 두도록 한다.
6. 소파는 녹색이나 베이지 색상의 천이 좋다. 만약 가죽 제품을 사용하려면 쿠션이나 방석 등은 면제품을 사용하여 음양의 조화를 이루도록 한다.
7. 화병을 놓을 때는 크리스탈 화병에 흰색이나 붉은색의 꽃을 꽂도록 한다.
8. 커튼을 녹색, 청색 등의 색상을 사용하면 쉽게 흥분하는 기운을 진정시켜준다.
9. 소음에 민감하기 때문에 집 주변이 시끄러우면 반드시 방음 공사를 한다.
10. 카펫의 경우에도 화려한 디자인은 피하는 것이 좋다.

픽스드 | 정적인 별자리 | Fixed Sign

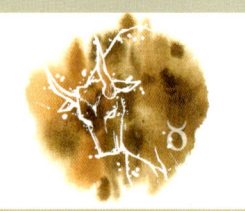
황소자리
(taurus: 4/21~5/20)

사자자리
(leo: 7/23~8/22)

전갈자리
(scorpio: 10/23~11/22)

물병자리
(aquarius: 1/20~2/18)

정적인 별자리의 행동 양식은 안정성이다. 차분하면서도 직관력이 있다. 전반적으로 분별력이 있으며 실질적이다. 현실적인 문제에서 해결 능력이 뛰어난 타입이다. 변화를 싫어하며 매사에 차분하게 행동한다. 새로운 일을 시도하는 것보다는 진행하고 있는 일을 완벽하게 끝내는 것을 더 중요하게 생각한다.

이들은 견실한 안정지향주의자이다. 그래서 본인의 선택이 아닌 어쩔 수 없는 외부 상황에 의한 인위적인 변화를 힘들어한다. 고집이 세고 이기적이기 때문에 자신의 습관이나 생각을 여간해서는 바꾸려고 하지 않는다. 또한 심사숙고하는 유형이기도 하다. 이미 시작된 일은 흔들림 없이 추진하는데, 새로운 일을 벌이기보다는 안정적인 것들을 선호하는 편이기 때문에 기존에 하고 있는 일에 무언가를 더 보태거나 쌓아서 보완을 하는 등 내실을 기하는 것에 관심이 많다.

관찰력이 강해서 관심 분야도 많다. 그렇지만 조심성이 많아서 매사 안전제일주의를 선호한다. 때문에 쓸데없는 것에 관심을 갖거나 허술하게 시간을 보내지 않는다. 자신의 재능이나 에너지를 낭비하지 않는 지극히 현실주의자인 유형이다.

단점이라면 편집광적이며 끈적거린다는 점이다. 자신이 하는 일에 대하여 확신에 차 있는 경우가 많다. 차가우면서도 인색하기 때문에 쉽게 마음을 열지 않는다. 의심이 많고 융통성이 부족한 점도 고쳐야 할 부분이다.

소유욕과 질투가 심해서 주변 상황을 지배하려는 욕구가 강하다. 게다가 야심이 크기 때문에 남들의 지배를 받거나 종속적인 역할을 받아들이려고 하지 않는다. 한번 친해지면 좋은 친구가 될 수 있지만 친해질 때까지는 시간을 들여서 공을 쌓는 등 많은 노력이 필요하다.

★ 정적인 별자리를 위한 거실 풍수 컨설팅

정적인 별자리인 당신의 기운을 좋게 하기 위해서는 무엇보다 거실의 통풍이 잘 되게 하는 것이 핵심 포인트이다. 하루에 한 번 이상은 반드시 창문을 열어 환기를 한다. 사시사철 향기로운 바람이 불어오는 동남쪽이나 동쪽에 창문이 있다면 매우 좋다. 외부의 신선한 바람을 안으로 끌어들이기 위해서 일부러라도 창문을 커다랗게 만드는 것도 좋다.

창문이 작은 경우라면 바람의 통로가 막히지 않도록 주의한다. 창문 주변에 커다란 장식물을 놓는 것은 금물이다. 커튼에 인테리어 포인트를 준다는 생각으로 밝고 화려한 패턴을 선택하자. 색상은 크림색 등 밝은 색이 좋으며 단조로운 무늬보다는 작고 화려한 꽃무늬를 사용하는 것이 더 많은 행운을 가져다준다.

아파트나 오피스텔이라면 가급적 높은 층이 좋다. 높은 곳에서 아래를 내려다보면서 살면 자신도 모르는 사이에 자신감이 생긴다. 매사에 적극적이면서 긍정적인 사고방식을 가질 수도 있다. 혼자서 느긋한 휴식을 취하는 것을 즐기며, 또한 혼자 있는 시간이 많이 필요한 기질을 가진 당신에겐 무엇보다도 전망이 탁 트이고 햇빛이 잘 드는 곳을 선택하는 것이 풍수적으로 좋은 방법이 될 수 있다.

내부의 색상은 따뜻하고 부드러운 계열로 통일하는 것이 좋다. 어떤 경우라도 검은색 등의 칙칙한 색상은 피하도록 한다. 벽지는 아이보리색이나 크림색 또는 핑크색을 사용하는 것이 좋다.

TV 주변에 싱싱한 꽃을 놓아두는 것이 좋다. 또는 밝고 화려한 이미지의 사진이나 열대 해변의 사진을 나무 프레임에 끼워서 장식해놓으면 울적한 기분이 사라진다. 박제한 동물이나 동물 가죽으로 만든 장식물은 흉하다. 오래된 종교적 장식물도 풍수적으로 좋은 아이템이 아니므로 피하는 것이 좋다.

가능한 한 실내 공간을 넓게 사용하도록 한다. 실내장식은 화려하게 하는 것이 좋다. 좁고 어두운 분위기에 있으면 답답해서 스트레스가 많아진다. 가구 역시 밝고 화려하게 디자인된 제품을 선택하는 것이 좋다. 소재는 원목이 좋은데 유리나 스테인리스 같은 제품도 무난하다. 다만 유리 탁자를 두는 것은 좋지 않으므로 피한다.

● 밝고 화려한 분위기의 거실이 정적인 기질을 가진 별자리들의 운을 좋게 해준다.

　소파를 놓을 때 창을 가리지 않도록 각별히 주의한다. 향기가 좋은 방향제도 행운을 불러오는 아이템이다. 선반이나 콘솔 혹은 테이블 위에 방향제를 놓아두어 집 안에 좋은 향기가 나도록 한다.
　조명기구는 가급적 밝은 전구를 사용하도록 한다. 만약 조명기구가 먼지나 오물 등으로 밝기가 흐려지면 음울하고 흉한 기운을 발산해서 정적인 기운을 더욱 강하게 만들 수 있으므로 자주 점검하도록 한다.

Living room

픽스드 | 정적인 별자리

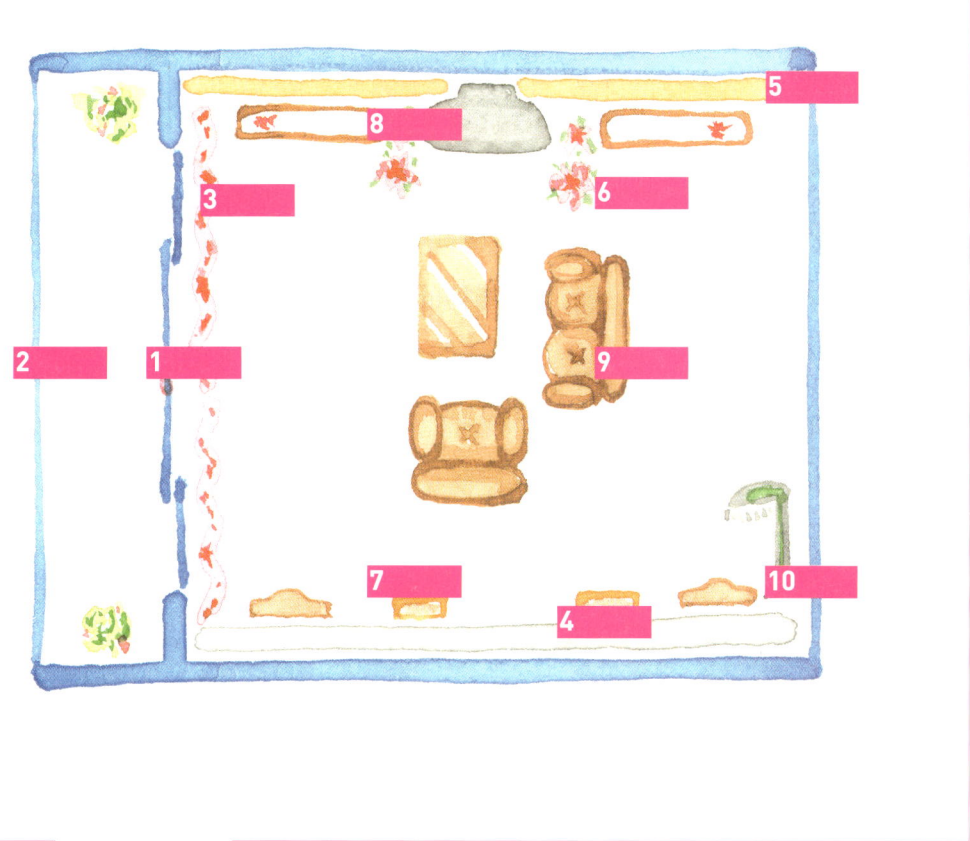

Consulting

1. 내부에 좋은 기운을 받으려면 통풍이 잘 되게 하는 것이 핵심 포인트. 하루에 한 번 이상은 반드시 창문을 열어 환기를 한다.
2. 외부의 신선한 바람을 끌어들이기 위해서 창문을 커다랗게 만든다.
3. 커튼은 밝고 화려한 색상으로 한다. 단조로운 무늬보다는 꽃무늬를 사용하는 것이 좋다.
4. 내부의 장식물은 따뜻하고 부드러운 난색 계열로 한다. 어떤 경우라도 칙칙한 색상을 사용하는 것은 피한다.
5. 벽지는 아이보리색, 크림색, 핑크색 등을 사용하는 것이 좋다.
6. TV 주변에 싱싱한 꽃을 놓아둔다. 선반이나 콘솔, 테이블 위에 방향제를 두어 실내에 좋은 향기가 나도록 한다.
7. 박제한 동물이나 동물 가죽의 장식물, 오래된 종교적 장식물은 풍수적으로 좋은 아이템이 될 수 없다.
8. 가구의 디자인은 밝고 화려한 제품을 선택하도록 한다.
9. 소파를 설치할 때는 창을 가리지 않도록 각별히 주의한다.
10. 조명기구가 먼지나 오물 등으로 흐려지면 음울하고 흉한 기운이 발산되므로 자주 점검하여 깨끗하게 한다.

뮤터블 | 감성적 별자리 | Mutable Sign

쌍둥이자리
(gemini: 5/21~6/21)

처녀자리
(virgo: 8/23~9/23)

사수자리
(sagittarius: 11/23~12/24)

물고기자리
(pisces: 2/19~3/20)

감성적 별자리의 행동 양식은 다양성이다. 상상력이 풍부하면서도 독립적이다. 대체로 고정되지 않은 여러 가지 성향의 기질을 가지고 있으므로 끊임없는 변화를 갈망한다. 기질적으로 유연성을 타고났기에 갑작스러운 변화에도 잘 적응한다. 급변하는 현대사회에 능동적으로 대처하는 능력은 다른 별자리에 비하여 뛰어난 편이다.

현실적이며 사회성이 강하다. 자신이 하는 일에 대해서 무조건적인 신념에 차 있다. 굳건한 믿음과 확신을 가졌지만 능동적인 성향이라서 수시로 변하는 주변 상황에도 적절하게 대응할 수 있다. 그런 점 때문에 간혹 변덕이 심하고 중심이 없다는 등의 오해를 받기도 한다.

관심 분야가 많다. 사고의 폭도 상당히 넓어서 살아가는 방식에서도 선택의 폭이 넓으며 상당히 다채롭다. 매사에 진취적이며 설득력이 있어서 주변의 관심을 불러 모은다.

자존심이 강하고 아이디어가 뛰어나다. 그래서 정신적인 소모가 많은 편이다. 기민하면서도 재치가 있어서 어려운 일일지라도 크게 힘들어하지 않고 남들보다 쉽게 어려움을 헤쳐 나간다. 혈기가 넘치고 붙임성이 좋으며 분별력이 있는 사교적인 성격이 큰 덕목이다.

단점이라면 정서가 불안정하고 귀가 얇은 것을 들 수 있다. 유혹에 쉽게 흔들리는 등 남의 말을 곧이곧대로 듣는 점이 문제점이다. 다른 사람과의 조화를 중요하게 생각하기 때문에 상대방에게 조금씩 양보하다가 자신의 능력을 제대로 발휘하지 못하는 경우도 많다. 각별히 유념하여 시정해야 할 부분이다.

공격적이며 탐욕스러워서 평범함을 거부한다. 늘 강렬한 자극을 찾기 때문에 흥분을 잘한다. 기회주의적인 성향이라서 결과가 중요하지 않은 일에는 쉽게 싫증을 내기도 한다.

★ 감성적인 별자리를 위한 거실 풍수 컨설팅

감성적인 별자리인 당신에겐 실내 분위기를 차분하게 만들어주는 것이 좋다. 다양하면서도 융통성이 강한 감성적 별자리는 환경에 민감하게 반응하기 때문이다. 자연 속에 동화되어 사는 것이 정신적인 안정에 도움이 된다. 그럴 수 없는 상황이라면 적어도 집 안만이라도 녹색 계열의 젠 스타일 분위기를 만들어주어야 한다.

그러한 특징을 보완하고 살려주기 위하여 식물을 가꾸면서 기쁨을 느낄 수 있도록 베란다에 작은 정원을 꾸미는 것이 좋다. 주거 환경이 번잡하다면 실내 톤을 조금은 어둡게 연출한다. 두터운 커튼 등을 사용하여 가능한 한 집 주변의 산만한 기운을 차단시켜주도록 한다.

인테리어 색상은 옅은 녹색이나 베이지색 혹은 브라운색 등의 파스텔 톤으로 꾸미도록 한다. 벽지는 아이보리색이나 옅은 브라운 계열의 색상을 사용하는 것이 좋다. 이때 천장이나 벽의 중간 부분에 띠 벽지를 시공하여 포인트로 활용하면 감각적이고 역동적인 기운이 만들어진다. 커튼은 흰색, 베이지색, 녹색 계열로 조금은 두툼한 질감을 주는 제품이 좋다. 디자인은 중후하면서도 차분한 제품을 사용하는 것이 좋다.

TV는 크면 클수록 좋다. 오디오, 전화 등과 함께 동쪽에 놓는다. 바닥 마감재는 나무 재질의 마루판으로 하는 것이 효과적이다. 장식장이나 가구는 모던한 스타일보다는 앤티크 스타일이 좋다. 제품은 크고 튼튼한 나무로 만든 것이 좋으며 금속 제품은 흉하다. 색상은 베이지색이나 녹색 계열의 색상으로 마감하는 것이 좋다. 장식장에 술이나 유리잔 등을 놓을 때는 고급스런 제품을 두도록 한다.

소파는 브라운색의 가죽 제품이 좋다. 디자인은 단조로운 것보다는 사치스러울 정도로 화사하고 고급스러운 제품이 양기를 살려준다. 낭비가 심하면 청색 계열의 쿠션을 놓거나 소품 등으로 포인트를 주면 긍정적인 효과를 얻는다. 또한 재물을 관리하는 기운이 강해져 돈을 효과적으로 운용하여 재산을 모을 수 있다.

탁자는 흰색, 베이지색, 아이보리색 등으로 한다. 카펫의 경우는 베이지 색상이 무난하다. 그림은 중세 유럽의 고풍스런 그림을 걸도록 한다. 액자는 돌 느낌이 나는 듯한 묵직한 질감을 선택하는 것이 좋다.

- 환경에 영향을 많이 받는 감성적인 별자리들에겐 젠 스타일이 돋보이는 내추럴한 인테리어가 좋은 기운을 불러다준다.

조명기구는 다소 거창해 보이는 것이 좋다. 스탠드를 두려면 흰색의 둥근 모양으로 한다. 꽃을 장식하고 싶으면 동남쪽에 노란색, 흰색 꽃을 고급스러운 도자기에 호화롭게 꽂는다.

습기를 조절하고 열대어를 키우기 위하여 수조를 설치하는 경우가 있는데, 재물의 기복이 심하게 나타나므로 피하도록 한다. 수조가 크면 클수록 변화의 폭은 그만큼 커지므로 수조나 너무 큰 화병은 가급적 진열하지 않는 것이 좋다.

Living room

뮤터블 | 감성적인 별자리

Consulting

1. 자연 속에 사는 것이 정신적으로 도움이 되므로 녹색 계열의 젠 스타일로 차분하게 연출하는 것이 좋다.
2. 식물을 가꾸면서 기쁨을 느낄 수 있도록 발코니에 작은 정원을 꾸미는 것이 좋다.
3. 외부 환경이 복잡하면 두터운 커튼을 사용하여 산만한 기운을 차단시키도록 한다.
4. 내부 인테리어 색상은 옅은 녹색, 베이지색 혹은 브라운색 등의 파스텔 톤으로 꾸민다.
5. 벽지는 아이보리, 옅은 브라운 색상이 좋다.
6. 천장이나 벽의 중간 부분에 띠 벽지를 시공하면 감각적이고 역동적인 기운이 만들어진다.
7. 거실 바닥 마감재는 목재 마루판으로 하는 것이 효과적이다.
8. 장식장에 술이나 유리잔 등을 놓을 때는 고급스런 제품을 두도록 한다.
9. 소파는 화사하고 고급스러운 가죽 제품으로 한다.
10. 그림은 중세 유럽의 고풍스런 그림이 좋다. 액자는 묵직한 질감을 선택한다.

tip
행운을 부르는 거실의 방위별 인테리어 포인트

동쪽 거실 ★

동쪽 거실은 가족들이 가지고 있는 기운을 모아서 힘찬 기운으로 재창조할 수 있다. 너무 생기가 넘쳐서 산만해 보일 수도 있는데, 이때는 창문 근처에 작은 크기의 관엽식물을 놓거나 청색 계열의 꽃을 놓아두면 좋다. 또한 동쪽 벽에 소리가 나는 시계를 두는 것도 좋다.

동남쪽 거실 ★

동남쪽 거실은 좋은 인연을 맺어주는 방위이다. 때문에 대인관계가 원만해지고 주변에서 많은 도움을 받을 수 있다. 이때 통풍을 좋게 하면 더욱 좋은 기운을 받을 수 있다. 인테리어는 따뜻한 색으로 하는 것이 좋으며 검정 계열의 색상은 피하도록 한다. 향기도 행운을 불러오므로 방향제를 두는 것도 좋다.

남쪽 거실 ★

남쪽 거실은 음양이 교차하는 지점으로 인테리어만 잘해도 명예, 진급, 학문, 출세 등 좋은 기운을 얻을 수 있다. 색상은 차가운 색이 적합하다. 빨간색이나 노란색 등의 원색은 가족 간 트러블의 원인이 된다. 만약 채광이 좋지 않을 경우에는 화려한 꽃을 장식하고 식물을 많이 두는 것이 좋다.

남서쪽 거실 ★

남서쪽은 북동쪽과 함께 귀문 방향이다. 하지만 청결하게 관리하면 뜻하지 않은 도움으로 원하는 것을 얻을 수 있다. 휴지통 같은 낡고 지저분한 것들은 빨리 치우고 흉한 기운을 막기 위해서는 조금 이른 시간에 커튼을 쳐서 저녁 햇빛이 들어오는 것을 막도록 한다.

서쪽 거실 ★

서쪽 거실은 풍수적으로 부자가 될 수 있으며 미혼이면 원하는 결혼을 할 수 있는 방위이다. 그러나 기운이 흉하면 중도에 좌절하기 쉽고, 낭비와 구설수에 휘말릴 수도 있다. 인테리어는 차분한 분위기가 좋다. 벽지는 진한 느낌의 아이보리나 브라운 계열의 색상으로 한다. 탁자는 목재가 좋고 유리나 스테인리스 재질은 좋지 않다.

서북쪽 거실 ★

서북쪽 거실은 가장에게 중요한 의미이다. 자신의 재능을 발휘할 수 있으며 자신이 능력 있다는 것을 증명할 수 있는 물건을 두는 것이 좋다. 상장이나 트로피 등을 잘 보이는 곳에 놓고, 가장이 즐겨 보는 책이나 손때 묻은 물건, 손수 그린 그림이나 글씨 등을 진열한다.

북쪽 거실 ★

북쪽 거실은 차분하고 안정적인 힘이 있으므로 학자나 연구가들에게 좋은 방위이다. 다만 일조량이 적어서 찬 느낌이 강하므로 조명에 각별히 신경 써야 한다. 벽지는 따뜻한 느낌의 색상이 좋으며 가구와 장식물도 밝고 화려한 것이 좋다. 소파는 가죽 제품보다는 천 제품이 좋으며 디자인이 화려하고 밝은 색상을 고르도록 한다.

북동쪽 거실 ★

북동쪽은 귀신이 출입한다는 이귀문 방위이다. 무엇보다 깨끗하게 관리하도록 한다. 가장 효율적인 방법은 환기와 청결, 그리고 종교적 상징물을 활용하는 것이다. 천장에 팬을 설치하여 환기를 하고 벽지는 흰색의 입체적 무늬가 있는 것이 좋으며 탈색되었다면 교체한다. 커튼은 흰색 줄무늬나 체크무늬가 좋다.

part 3 _ 성공을 좌우하는 공간 **거실**

침실은 주거 공간 중에서 인체 에너지와 직접적인 관련이 있다. 피곤에 지친 몸과 마음을 편히 쉬게 하면서 새로운 에너지를 충전하는 곳, 사랑하는 사람과 사랑을 확인하는 장소이기도 하며 아름다운 사랑을 약속하는 곳이기도 하다. 따라서 상대적으로 길흉의 작용도 크고 강하게 나타나는 공간이다. 그렇다면 어떻게 해야 안락하고 편안하며 사랑이 넘치는 나만의 침실을 꾸밀 수 있을까? 앞으로 소개할 풍수 인테리어를 통해 당신의 침실을 새롭게 인생을 설계하는 공간으로 바꿔보도록 하자.

인생을 설계하는 공간 **침실**

Part 4

사랑을 쌓는 침실의 풍수 인테리어

숙면을 취하지 못하면 다음 날 정상적인 활동을 할 수 없듯이 침실은 사용하는 사람의 에너지 형성에 크고 작은 여러 가지 영향을 미치므로 그 기능과 구조가 상당히 중요하다.

취침을 할 때 누워 있는 자세는 대지와 몸이 평행을 이루기 때문에 다른 곳과 달리 대지의 기운이 신체에 그대로 전달이 된다. 인테리어가 잘 되어 있으면 좋은 기운을 받을 것이며 잘못 되었을 때는 흉한 작용을 받는 것은 지극히 당연하다. 하루의 피로를 풀며 편안히 휴식을 취할 수 있는 가장 사적인 공간 침실, 모든 기운을 재충전하는 침실, 개개인의 삶과 건강 그리고 사회생활 등을 제대로 할 수 있도록 큰 영향을 끼치는 침실은 인생을 설계하는 공간이라고도 할 수 있다.

침실 풍수 인테리어에서 가장 주의해야 할 첫 번째 포인트는 침대의 방향이다. 머리의 방향이 물을 다루는 화장실, 욕실, 주방 등으로 향하면 곤란하다. 물과 물은 합쳐지는 성질이 있으며 아래로 흐르는 현상이 있어서 화장실, 욕실, 주방 등의 물의 기운에 인체의 에너지가 방출될 수 있다.

두 번째 포인트는 커튼의 활용이다. 풍수에서 재물과 사랑은 남들이 보지 않는 어두운 곳에서 만들어진다고 한다. 침실은 적당히 어두워야 재물과 사랑의 기운이 생기게 된다. 침실에 너무 커다란 창문이 있다면 반드시 커튼을 사용하여 빛의 밝기를 조절해주어야 한다.

세 번째 포인트는 침대의 모양이다. 침대의 헤드 부분은 잠자는 사람의 머리에 직접적인 영향을 미친다. 침대를 구입할 때는 헤드 모양에 각별한 관심을 가져야 한다. 헤드의 모양이나 형태가 복잡할수록 흉한 기운을 받게 되어 사는 게 힘들어질 수 있음을 유념해야 한다.

★ 침실 관리 포인트 – 침대의 방향 · 커튼의 활용 · 침대의 모양

★ 침실은 가장 크고 좋은 방으로

침실은 집의 주인이다. 간혹 아이가 큰 방을 사용하는 경우가 있는데 이는 현명하지 못하다. 아이의 기에 어른이 눌릴 수도 있기 때문이다. 가장 크고 좋은 방은 당연히 어른이 사용해야 한다.

침대의 사이드 테이블을 양쪽에 두면 좌청룡, 우백호의 기운이 좌우에서 지켜주므로 편하게 잘 수 있다. 사이드 테이블이 없으면 보호막이 없는 상태에서 잠을 자는 것과 같기 때문에 흉하다.

문에서 보았을 때 침실의 안쪽에 좋은 기운이 형성된다. 부부의 경우에 기가 약한 사람이 안쪽을 사용한다. 주기적으로 자리를 바꾸며 자는 것도 좋은 방법이다.

침실에는 행어나 옷걸이를 두지 않는다. 외출복은 외부의 여러 가지 복잡한 기운이 묻어 있으므로 흉하다. 특히 수면 중에는 무방비 상태가 되므로 외출복의 기운은 수면 중에 좋지 않은 영향을 미칠 수도 있다.

침실에 드레스룸을 두어 옷이나 신발을 수납할 때는 문이나 가리개를 설치해 반드시 보이지 않도록 해야 한다.

★ 침대는 문을 바라보게 배치하라

문을 열었을 때 정면에 침대가 보이는 것은 좋지 않다. 외부의 기운이 머리에 직접 닿기 때문이다. 따라서 침대는 문에서 약간 비켜서 설치하는 것이 좋다. 즉 문과 대각선 형태를 이루는 곳에 설치하자.

침대는 출입하는 사람을 볼 수 있도록 문을 향해서 놓는다. 만약 그렇지 못한 경우라면 침대 맞은편에 거울을 걸어서 어떤 형태로든 방을 출입하는 상황을 지켜볼 수 있도록 한다.

침대를 구입할 때에는 헤드 모양에 각별히 주의한다. 헤드의 모양이나 형태가 복잡하면 잠자는 동안에 복잡한 기운을 받게 된다. 또한 삶도 평탄하지 않고 굴곡이 심해질 수 있으므로 피해야 한다.

침대의 헤드는 젊은 사람은 부드러운 곡선이나 완만한 산 모양이 좋다. 중장년층은 일직선의 제품이 좋다. 가장 무난한 형태는 모서리가 둥글고 직선으로 처리되었으며 그림이 없는 단순한 제품이다.

· 검은색의 베개는 풍수 인테리어의 관점에서 봤을 때 좋은 아이템이 아니다.

★ 머리를 둘 때는 물이 있는 곳을 피하라

침대의 머리 방향이 화장실을 향하는 경우는 매우 흉하다. 취침하는 동안 화장실의 음습하고 탁한 기운을 받아서 구설수가 많이 생긴다. 이성 관계가 복잡해지는 등 명예가 손상되고 삶이 탁해지기도 한다.

침대를 설치할 때는 머리가 창을 향하도록 한다. 벽과 평행을 이루게 설치할 때는 벽에서 약간 떨어뜨려 그 사이에 탁자를 두고 스탠드나 화분을 놓아 기의 흐름을 조절하는 것이 좋다.

침실이 너무 밝은 것도 좋지 않다. 적당히 어두워야 부부 간의 애정도 두터워지는 법이다. 창문이 크다면 반드시 커튼을 설치하여 밝기를 조절해주도록 하자.

침실은 하루의 피로를 풀며 편안히 휴식을 취하는 장소이므로 기의 흐름이 차분해야 한다. 침실 안에 장식물이 많이 있으면 아무래도 기의 흐름이 탁해져서 숙면을 취할 수 없게 된다.

★ 침실의 벽은 여백의 미를 살려라

침실 벽에 이것저것 걸어놓는 것도 좋지 않다. 적당한 크기의 시계, 그림, 평범한 달력, 파스텔 톤의 풍경화 정도로 제한한다. 나머지는 여백으로 남겨두는 것이 삶을 평화롭고 윤택하게 만들어준다.

커튼은 침실의 분위기를 좌우한다. 작은 창이라도 이중커튼을 설치하는 것이 좋다. 커튼은 계절에 맞게 교체하도록 하고 적어도 여름용과 겨울용으로 마련하고 2~3년에 한 번은 새것으로 바꾼다.

베개는 검은색이나 짙은 회색 등의 탁한 색상을 피한다. 늦잠을 자는 사람은 머리를 동쪽으로 향하면 아침 일찍 기상할 수 있다. 환자 등 휴식이 필요한 사람은 서쪽으로 머리를 두면 숙면을 취할 수 있다.

침실에는 기본적으로 전자 제품을 두지 않는 것이 좋다. 전자파에 의하여 생체리듬이 손상될 수 있다. 어쩔 수 없이 전자 제품을 두는 경우라면 머리에서 멀리 떨어진 곳에 두도록 한다.

내 별자리에 맞는 침실의 풍수 인테리어

12사인과 인간의 특성 : 양자리 aries 황소자리 taurus 쌍둥이자리 gemini 게자리 cancer 사자자리 leo 처녀자리 virgo 천칭자리 libra 전갈자리 scorpio 사수자리 sagittarius 염소자리 capricorn 물병자리 aquarius 물고기자리 pisces

★ 서양에서는 고대 바빌론부터 황도를 찾아내기 위하여 많은 노력을 하였다. 그 결과 황도의 남쪽과 북쪽에 긴 띠를 설정하여 수대 獸帶, zodiac 라 하고 이를 체계화하여 이름을 붙였는데 이것이 바로 황도 12궁이다.

★ 천구의 적도 위치는 세차운동으로 조금씩 변할 수 있다. 그렇지만 황도 12궁의 위치는 수대에서 벗어나지 않고 항상 수대 안에 머물러 있다.

★ 태양은 12궁의 별자리를 물고기, 양, 황소, 쌍둥이, 게, 사자자리의 북천 北天 과 처녀, 천칭, 전갈, 사수, 염소, 물병자리의 남천 南天 으로 순서를 정하여 대체적으로 한 달에 한 궁씩 옮겨가서 머무른다.

★ 황도 12궁을 점성술적 용어로는 12사인이라고 한다. 점성학에서는 12사인의 특징은 지구상에 존재하는 모든 사물의 영향력과 그 맥을 같이한다고 한다. 12사인의 기질은 세상의 모든 개념을 아우르며 구분하는 기준이 되며, 인간이 태어났을 때 별의 위치가 어디에 있었는가에 따라 인간의 특징과 기질이 큰 영향을 받는다고도 했다.

★ 분석심리학자 칼 구스타프 융은 "어떠한 순간에 발생되는 그 모든 것은 이미 그 순간의 특질과 기질을 가진다"고 했다. 모름지기 인간이 태어나는 그 순간에 이미 그 사람은 12사인의 특징과 기질을 그대로 닮는다고 할 수 있다. 그러한 특질은 곧 그의 인격체를 형성하며 운명을 가늠한다고 해석한다. 그런 것을 통칭하여 인사점성학 Natal Astrology 이라고 부른다. 다시 말해서 인사점성학이란 한 개인의 출생과 관련하여 태어난 시기의 별자리로 그의 운명을 연구하는 것이다.

★ 인사점성학의 기본은 스스로를 파악하는 데 있다. '난 누구인가?', '난 어떠한 사람을 만나야 행복한가?' 등등 자기 자신을 이해하고 자신에게 가장 잘 맞는 최선의 환경을 찾는 것이다.

★ 12사인의 특징과 모습이 현저하게 다르듯 인간의 행동반응도 저마다의 고유한 특징이 있다. 인사점성학을 풍수 인테리어의 접근 방법으로 살펴 자신에게 최선의 환경을 만들어보기로 하자.

양자리 | aries : 3/21~4/20 | 때론 파도처럼, 때론 이슬처럼

양자리
(aries: 3/21~4/20)

양자리들은 활화산 같다. 밤하늘의 불꽃처럼 화려하다. 공상을 많이 하는 당신, 고상하고 품위가 있는 당신은 늘 영화 같은 사랑, 소설 같은 사랑을 꿈꾼다. 게다가 인정받는 것을 좋아해서 끊임없이 사랑을 확인하며 잠시라도 사랑받지 못하고 보호받지 못한다는 느낌이 들면 마냥 불안해한다.

양자리인 당신은 참으로 솔직하다. 마치 맑은 이슬처럼 너무나 투명하다. 그런 한편 가끔씩은 거친 파도처럼 격정적인 모습을 보이기도 한다. 일테면 많은 사람들이 모인 장소에서 불쑥 어느 누구에겐가 사랑을 고백한다거나, 혹은 자기의 생각을 공개적으로 표현해버리는 것이 그것이다.

우리들은 가끔 사회적인 체면이나 격식을 무시한 채, 느닷없이 공개 구혼을 하는 사람들을 보게 된다. 그런 사람들이 대체로 양자리의 사람이라고 생각하면 된다. 그런 모습에서 양자리의 사랑이 순수하다는 것을 알 수 있다. 다만 급하고 욕심이 많아서 빨리 결과를 보려고 성급히 행동하다 실패하는 경우가 있다.

새롭게 사랑을 시작할 때도 무서울 정도로 빠른 진도를 보인다. 시작도 빠르고 판단도 빠르고 결정도 빠르다. 그런데 뜨겁게 사랑을 하다가 중간에서 아니라고 생각되면 미련 없이 관계를 청산하기도 한다. 그런 것들이 도에 지나치면 비정상적이라는 오해를 받을 수도 있다.

♥ **어울리는 별자리 – 좋아 좋아**

사자자리, 처녀자리, 사수자리, 물병자리

■ **무덤덤한 별자리 – 그냥 그냥**

양자리, 쌍둥이자리, 전갈자리, 물고기자리

✖ **어울리지 않는 별자리 – 미워 미워**

황소자리, 게자리, 천칭자리, 염소자리

♥ 좋아 좋아

양자리 ✚ 사자자리 > 빛과 그림자
이상적인 커플. 목표를 성취해나갈 수 있다. 두 사람 모두 서로에게 만족할 것이며 서로 의견을 교환하며 함께 어울려 일을 할 것이다.
- ✚ Advice ····· 지나친 욕망은 변태적일 수도 있다
- ✚ 배울 점 ····· 독립적, 의욕적, 뛰어난 리더십
- ✚ 나쁜 점 ····· 호전적, 비현실적, 질투심이 많다
- ✚ 고칠 점 ····· 소유욕이 강하면 질투로 변한다

양자리 ✚ 사수자리 > 마른 장작에 불난 듯
미래지향적이고 성공적인 만남. 파트너에게 지나치게 기가 세지 않게 행동한다면 훌륭한 커플이 된다. 삶의 밝은 면을 보고 서로를 만족스럽게 생각할 것이다.
- ✚ Advice ····· 꼭 필요할 때는 적절하게 타협하라
- ✚ 배울 점 ····· 균형 감각, 낙천적, 침착한 언행
- ✚ 나쁜 점 ····· 소모적, 비현실적, 의식적 행동
- ✚ 고칠 점 ····· 공동의 책임 의식을 배워라

양자리 ✚ 처녀자리 > 시침과 분침
훌륭한 커플이다. 처녀자리는 분석적이고 명석하며 대담한 성격의 당신에게 마음이 끌린 것이다. 당신은 처녀자리의 지적 능력을 존중할 것이다. 서로 격려하면서 성공을 이루게 된다.
- ✚ Advice ····· 성인 잡지 정기구독하기
- ✚ 배울 점 ····· 성실함, 창의적, 강한 성취욕
- ✚ 나쁜 점 ····· 무기력, 투쟁심, 포용성 부족
- ✚ 고칠 점 ····· 섹스도 신문 보듯 진지할 것

양자리 ✚ 물병자리 > 늘 처음처럼
이들은 늘 새로운 것을 찾고 성급하게 일을 벌이는 성향이 강하다. 단둘이서 자신들의 세계에 몰입하다 보면 서로에게 구속감을 느껴 결국 지겨워질 수 있으므로 이 점만 주의하면 된다.
- ✚ Advice ····· 때로는 지는 것이 이기는 것이다
- ✚ 배울 점 ····· 역동적, 활기참, 조화로운 행동
- ✚ 나쁜 점 ····· 불안정함, 위태로움, 메마른 감정
- ✚ 고칠 점 ····· 스트레스를 쌓아두지 말라

♥
사자자리
(leo: 7/23~8/22)

♥
처녀자리
(virgo: 8/23~9/23)

♥
사수자리
(sagittarius: 11/23~12/24)

♥
물병자리
(aquarius: 1/20~2/18)

■ 그냥 그냥

양자리 + 양자리 > 타다 만 숯

파트너를 이해하지 못하면 힘든 관계. 집의 분위기를 따뜻하게 꾸미면 편안함을 느낄 것이다. 같은 목표나 취미를 찾는다면 충분히 행복할 수 있다.

- **Advice** ... 싸워도 각방 쓰지 않기
- **배울 점** ... 조직적, 도전적, 사교적인 정신
- **나쁜 점** ... 무한한 경쟁력, 적대적, 직설적인 성격
- **고칠 점** ... 파트너를 왕이나 왕비처럼 생각하라

양자리 + 전갈자리 > 예술이냐, 외설이냐

잃는 것보다는 얻는 것이 많은 커플. 서로 다른 방향을 가고 있지만 상대를 인정하고 서로 돕는 관계. 형식적일지라도 섹스를 할 때는 포르노 배우처럼 행동한다.

- **Advice** ... 때로는 적절한 내숭으로 품위를 지키자
- **배울 점** ... 유쾌함, 도전적, 열정석인 자세
- **나쁜 점** ... 분열적, 과격함, 강한 소유욕
- **고칠 점** ... 지나친 열정을 서로 억제하는 노력이 필요

양자리 + 쌍둥이자리 > 꿈속의 신기루

첫 만남엔 불꽃이 튀지만 시간이 지날수록 열기가 시드는 관계. 하루하루를 즐겁고 유쾌하게 보내려 하지만 가끔씩은 조용하고 편안한 시간을 갖는 것이 필요하다.

- **Advice** ... 결혼은 마라톤 게임처럼
- **배울 점** ... 신뢰감, 도전적, 배려하는 정신
- **나쁜 점** ... 의견 충돌, 욕망 과다, 비현실적 태도
- **고칠 점** ... 매일 파티만 하면서 살 수는 없다

양자리 + 물고기자리 > 연인보다는 배우자로

독립심이 강하며 쾌활한 성격의 당신은 내성적이고 타산적인 파트너의 모습에 많이 실망할 것이다. 다만 결혼하면 현실적이면서도 진취적인 커플이 될 수 있다.

- **Advice** ... 가끔씩 각방을 쓰며 상대를 그리워하라
- **배울 점** ... 다재다능함, 성공적, 이해심이 많다
- **나쁜 점** ... 반항적, 혼란스러움, 자기중심적인 모습
- **고칠 점** ... 공동의 목표를 세워라

양자리
(aries: 3/21~4/20)

쌍둥이자리
(gemini: 5/21~6/21)

전갈자리
(scorpio: 10/23~11/22)

물고기자리
(pisces: 2/19~3/20)

✖ 미워 미워

양자리 ➕ 황소자리 > 친구는 OK, 연인은 NO!
친구로는 좋지만 연인으로는 문제가 있다. 섹스 할 때도 감정보다 본능에 의한 관계를 갖는다. 좋은 침대보다는 훌륭한 서재가 더 좋은 관계.
- ✚ Advice 　정기적으로 야한 동영상 관람하기
- ✚ 배울 점 　개척정신, 겸손함, 객관적인 정신
- ✚ 나쁜 점 　이기적, 무계획적, 막무가내식의 고집
- ✚ 고칠 점 　순간적인 욕망을 버려라

양자리 ➕ 천칭자리 > 물과 기름
많은 노력이 필요한 커플. 서로에 대해서 너무 무관심하다. 관계를 가지려 하면 방청소를 하는 등 당신의 관심과 정열을 다른 방향으로 분산시킬 것이다.
- ✚ Advice 　이슬비에 도포 자락 젖는다.
- ✚ 배울 점 　단호함, 처세술, 교육적인 모습
- ✚ 나쁜 점 　현실도피, 경쟁적, 고압적인 자세
- ✚ 고칠 점 　상대방의 감정을 이해하라

양자리 ➕ 게자리 > 가까이 하기엔 너무 먼 그대
게자리는 당신의 야심만만한 계획에 질릴 것이다. 게다가 무서울 정도로 파트너를 몰아치는 저돌성에 게자리는 함께 지내기 어렵다고 생각할 것이다.
- ✚ Advice 　의무적인 섹스를 피하라
- ✚ 배울 점 　정력적, 독립적, 큰 야망
- ✚ 나쁜 점 　적대적인 감정, 호전적인 감정
- ✚ 고칠 점 　서로 존중하고 신뢰하라

양자리 ➕ 염소자리 > 너는 산으로, 나는 바다로
다양한 것을 즐기려는 당신에게 원칙을 강조하는 상대방의 태도는 너무나 힘겹다. 상대를 고치려고 하기보다는 상대의 개성을 존중하고 아껴주어야 잘 살 수 있다.
- ✚ Advice 　Case by Case
- ✚ 배울 점 　세심함, 성공석, 최선을 다하는 모습
- ✚ 나쁜 점 　쉽게 긴장함, 파괴적, 호전적인 태도
- ✚ 고칠 점 　상대의 고유한 세계를 인정해주어라

황소자리
(taurus: 4/21~5/20)

게자리
(cancer: 6/22~7/22)

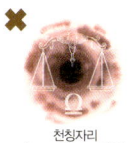
천칭자리
(libra: 9/24~10/22)

염소자리
(capricorn: 12/25~1/19)

★ 양자리 남자의 사랑

양자리 남자들은 무드에 약하다. 힘차고 당당하며 변화를 두려워하지 않는 강한 면을 가지고 있지만 애정 문제에서는 그렇지 않다. 분위기를 잘 타고 분위기에 취하여 마음에도 없는 사랑을 하기도 한다. 보호받지 못하면 불안해하는 그는 자신을 보호해줄 수 있는 연상의 여인에게 사랑받기를 원하기도 한다.

사랑을 할 때도 얄팍한 술수를 쓰거나 교활하게 행동하지 않는다. 상식을 벗어난 행동은 피한다. 그렇지만 한탕주의 성향이 강해서 마음에 드는 여성을 발견하면 단숨에 사랑을 이루려고 한다. 순간적으로 몰입하며 속절없고 맹목적인 사랑에 빠질 수도 있다. 그래서 엉뚱한 곳에서 문제를 일으킬 가능성도 큰 편이다.

양자리 남자들은 한 사람의 연인과 오랜 사랑을 지키기보다는 새로운 사랑을 개척하는 것을 좋아한다. 감정에 따른 변화가 심하며 기분에 흔들리는 요소가 많기 때문이다. 그렇지만 치사한 방법을 동원하여 이별하지는 않는다. 좋으면 좋고 싫으면 그냥 싫은 것이다. 그래서 뜨겁게 사랑하다가도 싫증을 느끼면 그것으로 그만이다.

격렬하게 타오르는 열정과 충동적인 성격이기에 자신의 생각대로 밀고 나간다. 그래서 실패의 확률도 많다. 스스로 사랑은 장난이 아니라고 말하지만 쉽게 달아오르고 쉽게 식어버리는 찰나적 사랑을 선호한다. 호감을 느끼는 여성상은 이지적이면서도 감성이 풍부한 여인이다.

★ 양자리 여자의 사랑

양자리 여자의 사랑은 구속받지 않음이다. 숨이 막힐 정도로 뜨겁게 사랑하고 영원한 사랑을 갈구하면서도 한편으로는 누구에게도 구속받지 않는 영원한 자유를 추구한다. 여름날의 태양처럼 열정적이다. 사랑에 관한 한 확실하고 적극적이다. 이 세상의 남자는 자신이 사랑할 수 있는 사람과 함께할 수 없는 사람으로 나누어버릴 정도다.

만남과 이별이 전광석화와 같다. 사랑을 할 때도 순간적으로 타오르지만 버릴 때는 잠시의 머뭇거림도 없이 그냥 던져버린다. 남자를 유혹하는 방법을 선천적으로 터득하고 있어서 연애 기술은 비상할 정도로 뛰어나다. 전술적 기교와 승부사적인 정신으로 수많은 남자의 가슴을 울리는 등 남자들에게 치유할 수 없는 상처를 주는 점은 타의 추종을 불허한다.

대체적으로 양자리 여자들은 멋진 남성과의 환상적인 만남을 바라며 살아간다. 사랑의 방정식도 마음에 드는 남성을 발견했다면 일단 접근하고 보는 것이다. 그러나 완전히 감성적이기만 한 것은 아니라서 사랑에 대하여 인내심이 부족하다.

이루지 못할 사랑에 괴로워하며 사랑하는 사람의 주변을 맴도는 모습은 양자리 여성에게는 전혀 낯선 이야기이다. 그러나 기쁨은 물론 슬픔도 더불어서 함께하는 직설적인 성격이다. 침대에서도 매우 적극적이며 절정에 쉽게 도달한다. 뜨거우면서도 열정적인 섹스를 나눌 수 있는 여성이 바로 당신, 양자리 여성이다.

★ 양자리의 섹스 스타일과 침실 풍수 컨설팅

당신에게 사랑은 삶이다. 타인에게 인정받는 것을 좋아하는 당신, 사랑을 할 때는 잠시도 쉴 틈이 없이 확인해야 한다. 사랑받고 보호받지 못한다는 느낌이 들면 불안해지기 때문이다. 당신의 사랑은 뜨겁고 순수하다. 사랑으로 크는 나무처럼 늘 사랑에 목마르다.

당신의 섹스 스타일 역시 애정관만큼이나 열정적이다. 성적인 욕망도 뜨겁게 타오르지만, 오래 지속되지 못하고 식어버린다. 그런 충동적인 성향이 제대로 컨트롤되지 못하면 심각한 문제가 생긴다. 성적 행위에 대하여 빨리 결과를 보려고 성급히 돌진하다가 자칫 실패하거나 혼자만의 사랑으로 끝날 수도 있다.

파트너와 함께 교감을 느낄 수 있는 침실 분위기를 만들도록 하자. 최선을 다할 수 있는 섹스를 위해서는 서두르지 않도록 차분한 분위기를 만들어야 한다. 느긋하게 전희를 즐길 수 있도록 자극적이면서도 도발적인 분위기를 연출하자. 그럴 때 행위 역시 오래 음미하면서 즐길 수 있을 것이다.

이제 당신의 기를 살려줄 수 있는 침실의 풍수 인테리어를 살펴보자.

양자리는 화려함에 포인트를 주는 것이 좋다. 침대는 침실의 중앙에 배치하여 주인 의식을 느끼게 한다. 침대의 헤드는 곡선으로 처리된 것이 좋으며 색상은 원목 색상의 밝고 고상한 디자인이 좋다. 침대 커버는 밝은 단색의 꽃무늬가 좋으며 베개 커버는 노란색이나 녹색으로 배색한다. 머리맡에는 반드시 스탠드를 놓아둔다.

공상을 많이 하는 당신에게 기를 꺾어버리는 철제 침대는 매우 흉하다. 만약에 철제 침대를 교체할 수 없다면 침대 시트 밑에 나무판자를 깔고 침대 옆에 둥근 잎의 녹색식물을 키우면 흉한 기운을 어느 정도 물리칠 수 있다.

창문이 서쪽에 있다면 석양을 확실하게 차단할 수 있도록 두꺼운 천의 커튼을 단다. 색상은 베이지색이나 노란색 계열로 한다. 가구는 묵직한 느낌의 원목 소재가 좋으며 화장대의 색상은 밝고 선명한 것이 좋다.

TV와 오디오의 주변에는 여러 가지의 꽃을 놓아야 하는데 작은 화병에 나누어 꽂도록 한다. 큰 화병에 무더기로 꽂는 것은 금물이다. 꽃의 색상은 분홍색, 노란색 흰색 등이 좋다. 소극적인 성격이라면 패브릭을 바이올렛 톤으로 하고, 활기를 원한다면 흰색이나 노란색 소품으로 화려하게 꾸민다.

조명은 조절기를 설치하여 환하다는 느낌이 들지 않도록 한다. 취침할 때 수면에 방해가 되지 않을 정도의 낮은 촉광을 유지하는 것이 좋다. 머리맡에 물병을 두고 자거나 침대 주변에 바다 그림을 걸어두면 성적인 충동이 강해진다.

● 밝고 화려한 분위기의 거실이 정적인 기질을 가진 별자리들의 운을 좋게 해준다.

Bedroom

양자리

Consulting

1. 침대는 침실의 중앙에 배치하여 주인 의식을 느끼게 한다.
2. 침대의 헤드는 곡선으로 된 것이 좋다. 색상은 원목의 밝고 고상한 디자인으로 한다.
3. 철제 침대는 기를 꺾으므로 흉하다.
4. 침대 커버는 밝은 단색의 꽃무늬가 좋다.
5. 베개 커버는 노란색이나 녹색으로 배색한다.
6. 머리맡에는 반드시 스탠드를 놓아둔다.
7. 가구는 묵직한 느낌의 원목 소재가 좋다.
8. 화장대의 색상은 밝고 선명한 것이 좋다.
9. TV와 오디오의 주변에는 여러 가지의 꽃을 놓는다. 큰 화병에 무더기로 꽂지 말고 작은 화병에 나누어 꽂는다.
10. 머리맡에 물병을 두고 자거나 침대 주변에 바다 그림을 걸어두면 성적인 충동이 강해진다.

황소자리 | taurus : 4/21~5/20 | 방파제처럼 혹은 등대처럼

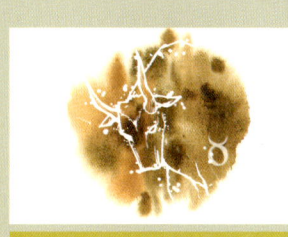

황소자리
(taurus: 4/21~5/20)

황소자리들은 마인드컨트롤이 능숙해서 몰입하지 않으려고 흥분을 억제한다. 그래서 본의 아닌 오해나 마찰을 일으키기도 한다. 한번 마음먹으면 끝까지 밀어붙이는 고집스러움은 섹스에서도 마찬가지다. 매사를 분명하게 주고받는데 그 모든 것이 자신에게만 유리한 결과를 추구한다.

이들은 자신을 철저하게 포장한다. 이미지 관리를 잘하기 때문에 겉모습은 밝고 화사해 보인다. 남들에게 자신의 추한 모습을 들키지 않으려고 자기 관리에 최선을 다하며, 사생활을 소중히 생각한다. 웬만한 일은 드러내지 않는다. 겉모습은 따뜻해 보이는 듯하지만 내면은 차갑다.

현실적이기 때문에 연애를 할 때도 쉬지 않고 계산기를 두드리면서 상황을 판단한다. 자신이 원하는 것을 얻을 때는 필사적이다. 조금은 인색한 편이라서 봉사하거나 헌신하는 타입이 아니다. 황소자리는 자신에게 이익이 있을 때에만 관심을 갖고 어떻게 할 것인가, 어떻게 행동할 것인가 항상 한계를 정하면서 움직인다.

인내심이 강하다. 결심한 것은 잘 바꾸지 않아서 믿음직스럽다. 그런데 남을 믿으려고 하지 않는다. 마음 주기가 어려워서 파트너와 사랑의 탑을 쌓기가 매우 어렵다. 그렇지만 신뢰가 생기면 그때부터는 상황이 달라진다. 자신이 손해를 보면서까지 최선을 다하는 등 상대방을 도와주거나 배려하려고 무던히 노력한다.

♥ 어울리는 별자리 - 좋아 좋아

　게자리, 사자자리, 처녀자리, 염소자리

■ 무덤덤한 별자리 - 그냥 그냥

　황소자리, 쌍둥이자리, 사수자리, 물고기자리

✖ 어울리지 않는 별자리 - 미워 미워

　양자리, 천칭자리, 전갈자리, 물병자리

♥ 좋아 좋아

황소자리 ✚ 게자리 > 사군자 & 클래식

두 사람 모두 현실적이며 세련된 취미를 가지고 있다. 비슷한 취향이 두 사람의 마음을 하나로 묶어준다. 상대방에게 보다 진지하게 노력해야 한다.

- ✚ Advice ... 충동적인 행동은 잃는 것이 많다
- ✚ 배울 점 ... 예술적, 낙천적, 독창적인 모습
- ✚ 나쁜 점 ... 질투심, 배타적, 파괴적인 행동
- ✚ 고칠 점 ... 생각이 다르면 원인을 분석하라

황소자리 ✚ 처녀자리 > 헌신적인 사랑

비교적 잘 맞는 커플. 생각하는 방향이 조금 다르기는 하지만, 지적이기 때문에 슬기롭게 극복한다. 함께 무언가를 할 때는 단기간에 결과가 나올 수 있게 한다.

- ✚ Advice ... 적절한 로맨스는 필요악이다
- ✚ 배울 점 ... 이해심, 헌신적, 솔직한 생활 태도
- ✚ 나쁜 점 ... 비밀주의, 과격함, 비판적인 언행
- ✚ 고칠 점 ... 결혼을 하려면 이기심을 버려라

황소자리 ✚ 사자자리 > 샘솟는 기쁨

두 사람 모두 외향적이라 집에 머무는 시간이 적다. 집에 있을 때는 사람들을 초대해 함께 즐긴다. 인내할 수만 있다면 다양한 삶을 살게 될 것이다.

- ✚ Advice ... 부정적인 생각을 하지 말 것
- ✚ 배울 점 ... 감각적, 교육적, 건설적인 생활 태도
- ✚ 나쁜 점 ... 냉소적, 고집스러움, 비판적인 언행
- ✚ 고칠 점 ... 좀 더 진지하고 솔직해져야 한다

황소자리 ✚ 염소자리 > 먹과 벼루

품위 있는 좋은 관계. 두 사람은 지적인 분위기를 선호하므로 정갈한 분위기에서 차를 마시며 담소할 수 있는 공간을 확보하는 것이 사랑을 확인하는 길이다.

- ✚ Advice ... 심신이 교감하는 섹스가 바로 천국이다
- ✚ 배울 점 ... 징직함, 성실함, 강한 책임감
- ✚ 나쁜 점 ... 완고함, 비현실적, 공격적 성향
- ✚ 고칠 점 ... 지나친 경쟁은 자멸의 지름길

게자리
(cancer: 6/22~7/22)

사자자리
(leo: 7/23~8/22)

처녀자리
(virgo: 8/23~9/23)

염소자리
(capricorn: 12/25~1/19)

■ 그냥 그냥

황소자리 ＋ 황소자리 > 되는 것도 없고, 안 되는 것도 없다
생활리듬이 비슷하고 함께 무언가를 할 때는 호흡이 잘 맞지만 서로의 독립적인 사고방식을 인정해주어야 하는 커플. 서로를 구속하면 문제가 심각해진다.
- Advice ... 스스로에게 솔직해져라
- 배울 점 ... 감성적, 교육적, 정이 많은 모습
- 나쁜 점 ... 전투적, 비판적, 요구가 많은 언행
- 고칠 점 ... 질투심 때문에 삶이 무너질 수 있다

황소자리 ＋ 사수자리 > 계산기와 주판
소유욕이 강한 두 사람. 현실적인 부분에서 상대방의 뛰어난 장점을 발견하면 어떠한 장애가 있어도 상대방에게 맞춰가면서 좋은 관계를 만들려고 노력한다.
- Advice ... 적절한 비밀은 삶의 활력소가 된다
- 배울 점 ... 절제력, 굳건함, 효율적인 금전 관리
- 나쁜 점 ... 타산적, 의심, 공연한 주도권 다툼
- 고칠 점 ... 금전의 노예가 되는 것은 피하라

황소자리 ＋ 쌍동이자리 > 그림의 떡
둘 다 명랑하고 현실적인 성격이지만 무책임한 행동 때문에 매끄럽게 맺어지기 어려운 사이. 친구로는 좋지만 연인이나 결혼을 하려면 상대방을 배려해야 한다.
- Advice ... 적당히 밀고 적당히 당겨라
- 배울 점 ... 매력적, 생산적, 독립적인 삶
- 나쁜 점 ... 산만함, 반발심, 무책임한 태도
- 고칠 점 ... 서로의 이기심을 버려야 한다

황소자리 ＋ 물고기자리 > 계란에 소금
서로의 장점을 살려주면 좋은 커플이 될 수 있다. 세련된 취미와 아름다움을 좋아하는 두 사람. 그러나 냉정하고 부정적으로 생각하면 어떤 대화도 나눌 수 없다.
- Advice ... 문화 공간으로의 외출을 즐겨라
- 배울 점 ... 다재다능, 사교적, 희생하는 마음
- 나쁜 점 ... 냉정함, 파괴적, 냉정한 판단력
- 고칠 점 ... 지나친 관용은 굴복이다

황소자리
(taurus: 4/21~5/20)

쌍동이자리
(gemini: 5/21~6/21)

사수자리
(sagittarius: 11/23~12/24)

물고기자리
(pisces: 2/19~3/20)

✖ 미워 미워

황소자리 ✚ 양자리 > 친구는 OK, 연인은 NO

친구로는 좋지만 연인으로는 문제가 있다. 섹스할 때도 감정보다 본능에 의한 관계를 갖는다. 좋은 침대보다는 훌륭한 서재가 더 좋은 관계.

- ✚ Advice — 정기적으로 야한 동영상 관람하기
- ✚ 배울 점 — 개척정신, 겸손함, 객관적인 정신
- ✚ 나쁜 점 — 이기적, 무계획적, 막무가내식의 고집
- ✚ 고칠 점 — 순간적인 욕망을 버려라

황소자리 ✚ 전갈자리 > 트러블 메이커

차갑고 예리한 판단력으로 적절한 조언을 할 수 있다. 그러나 애정 관계는 사랑의 불꽃이 타오르다가 꺼지기를 반복하며 두 사람의 마음이 까맣게 타버릴 것이다.

- ✚ Advice — 인간은 기계적으로 살아갈 수 없다
- ✚ 배울 점 — 도전적, 예리함, 적절한 판단력
- ✚ 나쁜 점 — 파괴적, 직설적, 메마른 감정 처리
- ✚ 고칠 점 — 다툼은 가능하면 짧고 강하게 하라

황소자리 ✚ 천칭자리 > 뜨겁게 타오르는 불꽃

두 사람은 상대방의 문화적 성향을 받아들이려는 자세가 부족하다. 그렇지만 성적인 부분에서는 절묘한 일치점을 찾을 수 있어서 그나마 행복한 가정을 이룰 수 있다.

- ✚ Advice — 솔직하게 감정을 표현하라
- ✚ 배울 점 — 열정적, 강렬함, 사교적인 태도
- ✚ 나쁜 점 — 강박관념, 불안정, 불만 많은 모습
- ✚ 고칠 점 — 섹스가 인생의 전부는 아니다

황소자리 ✚ 물병자리 > 동전의 앞뒤

피곤한 만남. 두 사람 모두 상대방을 의심하고 부정적인 측면만 주목하기 때문이다. 게다가 타산적인 성향이라서 너무 많은 것을 기대하다가 크게 실망하게 된다.

- ✚ Advice — 스킨십은 돈 들지 않는 교제술이다
- ✚ 배울 점 — 낙관적, 열정적, 새롭게 시작하는 여유
- ✚ 나쁜 점 — 타산적, 물질적, 바라는 게 많다
- ✚ 고칠 점 — 사다리는 한 계단씩 올라가는 게 빠르다

양자리
(aries: 3/21~4/20)

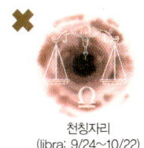
천칭자리
(libra: 9/24~10/22)

전갈자리
(scorpio: 10/23~11/22)

물병자리
(aquarius: 1/20~2/18)

★ 황소자리 남자의 사랑

황소자리 남자는 정력적이다. 한번 정한 목표는 무슨 일이 있어도 성취하는 집념의 화신이다. 사랑에 관해서도 예외가 아니다. 우연히 지나치듯 마음에 드는 사람을 발견하면 삶이 변한다. 그녀의 마음을 훔치기 위하여 모든 노력을 다한다. 물방울이 바위를 뚫는 듯한 집념으로 목표를 달성한다.

목표를 이루기 위하여 인정사정없이 덤비는 만큼 질투심과 소유욕도 강하다. 요구하는 것도 많아서 교제할 때 파트너의 태도가 조금만 이상해도 의혹의 눈길을 보낸다. 약속을 어기면 용서하지 않는다. 바람을 맞으면 절교를 선언한 정도다. 그러나 사랑하는 여성을 보호하기 위해서 최선을 다하려는 멋진 남자이기도 하다.

황소자리 남자의 마음을 붙잡아두기 위해서는 조금 튕기는 듯한 테크닉을 구사하면 아주 쉽게 목표를 이룰 수 있다. 다만 집중력이 떨어지고 무언가 빈틈을 보이는 여성은 그의 마음을 움직이기 어려울 것이다.

분위기가 묘하다. 깊고 따뜻한 눈빛으로 사람을 감싸다가 가끔은 파트너에게서 어머니의 모습을 찾으려는 어린애 같은 모습을 보이기도 한다. 그를 움직이려면 보다 적극적으로 행동하고 무엇보다 포용력을 지녀야 한다. 그가 호감을 느끼는 여성은 들꽃같이 꾸밈이 없는 순수하고 지적인 여인이다.

★ 황소자리 여자의 사랑

황소자리 여성에게 사랑은 언제나 목마름의 대상이다. 운명의 파트너를 만나는 등 영화 같은 사랑을 꿈꾸지만 마음은 두려움으로 멈칫거리기 일쑤이다. 누구보다도 여리고 상처받기 쉬운 심성을 가졌기에 조금만 거칠게 다루면 그만 부서져버리고 만다. 항상 조심스럽고 부드럽게 감싸 안을 수 있는 남자와 사랑을 해야 한다.

황소자리 여자는 사람에게 쉽게 마음을 주지 못한다. 애정을 받아들이는 데도 몹시 서투르다. 물질이 넉넉한 것과 사랑의 성취가 같은 것이라는 사고방식을 가지고 있다. 즉, 물질의 풍요를 상당히 중요하다고 생각한다. 그래서 경제적으로 안정이 된 남성, 직장이 튼튼한 남성을 선호한다.

어렵사리 사랑이 이루어지면 일편단심의 순정파다. 주어진 조건에 충실하려고 노력한다. 파트너에게 가장 충실하게 행동하는 별자리 여성 중 하나다. 혹여 상처를 받게 되어도 쉽게 파트너를 포기하지 않는다. 마음 아파하면서도 끝까지 그 사랑을 지키기 위해 눈물 흘리며 기다린다. 그래서 어지간해서는 한눈파는 일은 없을 것이다.

만물을 움직이는 번식과 풍요를 상징하는 황소자리의 에너지는 누구에게도 뒤지지 않는다. 그런 에너지를 실용적으로 사용하는 것은 침대에서도 마찬가지다. 매우 관능적이면서도 오래 참기 때문에 섹스도 오래도록 천천히 관계하는 것을 좋아한다. 그녀를 만족시키기 위해서는 스태미나가 뒷받침되어야 할 것이다.

★ 황소자리의 섹스 스타일과 침실 풍수 컨설팅

감각주의자인 당신은 시각 · 후각 · 미각 · 청각 · 촉각 등의 오감에 관해서 누구보다도 예민하게 반응한다. 특히 향기롭고 맛있는 음식으로부터 자유롭지 못한 당신은 사랑을 할 때도 마찬가지이다.

황소자리의 사랑은 육체적이다. 보이는 부분에 더 큰 관심을 가지고 있으므로 시각적인 면을 상당히 중시할 것이다. 풍요로움을 상징하는 왕성한 에너지를 가진 당신은 만물을 생육하고 번식하라는 소명을 갖고 태어났다. 또한 원초적 본능에 충실하기 때문에 침대에서 섹스를 할 때도 철저할 정도로 에로스적 사랑을 탐닉한다.

당신의 섹스 스타일은 감각적 즐거움을 추구하는 것이다. 혀끝으로 와인의 향기를 음미하듯 결코 서두르지 않으며 느긋하고 여유롭게 관능적인 즐거움을 향유한다. 행위 자체를 즐기기 때문에 관계하는 시간도 오래 지속하려고 한다. 그저 그런 관계의 습관적인 섹스는 있을 수 없다. 육체적 사랑을 뜨겁게 주고받으면서 더없는 행복을 느끼는 당신에게 성적인 만족감은 삶에서 아주 중요하게 생각하는 부분 중 하나이다.

그래서 당신에게 침실의 분위기는 더욱 중요하다. 침실에서 육체적인 만족감이 충족되지 않는다면 밖에서 찾으려고 할 것이기 때문이다. 이제 훌륭한 섹스를 할 수 있는 침실의 풍수 인테리어를 살펴보자.

당신은 침실에 확실하게 투자해야 한다. 가능하면 불편한 부분이 없어야 한다. 편안하게 쉴 수 있도록 조금은 크고 넓은 것이 좋다. 내부의 장식물

심플한 디자인의 침대지만 화려한 벽지와 캐노피, 꽃무늬 침대 커버로 로맨틱함을 살린 침실.

은 오감을 충족시킬 수 있도록 감각적이고 고급스러운 것으로 선택한다.

색상은 분홍색, 연두색 계열이 좋다. 부드러우면서도 연한 색상이 좋은데 단색은 피한다. 침실 베란다에는 화사한 꽃이 피는 화초와 크고 작은 녹색식물을 배치하여 작은 정원처럼 꾸미는 것이 좋다.

침대는 가장 큰 것을 선택하도록 한다. 재질은 원목이 좋다. 침대 헤드는 심플한 스타일을 선택한다. 화장대는 큰 것이 좋다. 화장대 위에 꽃무늬 소품을 놓아두거나 여러 가지 향수를 놓으려면 공간이 넓어야 하기 때문이다.

침대 커버는 따뜻한 색의 꽃무늬가 좋으며 바닥재는 화려한 합성수지 제품이 좋다. 일반적으로 침실에 TV나 오디오를 두는 것은 흉하다. 그렇지만 당신의 관능적인 섹스 취향을 만족시키기 위해서는 권장할 만한 소품이다. 조명은 화려한 것이 좋으며 부분조명이나 스탠드를 사용하는 것이 길하다. 액자는 꽃이나 소녀 그림 혹은 화사한 계절의 풍경화를 거는 것이 좋다.

아름다운 장식물과 감미로운 음악을 좋아하는 당신, 섹스를 하기 전에 혹은 섹스를 하고 난 후의 감미로운 여운을 즐기기 위하여 사이드 테이블에 와인을 놓아두는 것도 훌륭한 섹스를 위한 적절한 소품이다.

Bedroom

황소자리

Consulting

1. 침실에 불편한 부분이 없도록 확실하게 투자한다. 편안하게 쉴 수 있도록 크고 넓은 것이 좋다.
2. 침실의 내부 색상은 분홍색, 연두색 계열이 좋다. 단색은 피한다.
3. 침대의 재질은 원목이 좋으며 크고 고급스러운 것을 선택한다. 침대 헤드는 심플한 스타일이 좋다.
4. 화장대 위에 꽃무늬 소품을 놓아두거나 여러 가지의 향수를 내어 놓으려면 공간이 넓어야 하므로 큰 것을 선택한다.
5. 침대 커버는 난색 계열의 꽃무늬가 좋다.
6. 일반적으로 침실에 TV나 오디오를 두는 것은 흉하지만 관능적인 섹스 취향을 만족시키기 위해서 권장할 만하다.
7. 조명은 화려한 제품이 좋으며 부분조명이나 스탠드를 사용하는 것이 길하다.
8. 액자는 꽃이나 소녀 그림, 혹은 화사한 계절의 풍경화를 거는 것이 좋다.
9. 바닥재는 화려한 무늬의 합성수지 제품도 무난하다.
10. 사이드 테이블에 와인을 놓아두는 것도 훌륭한 섹스를 위한 훌륭한 소품이다.

tip 침실의 베란다에는 화사한 꽃이 피는 화초와 크고 작은 녹색식물을 배치하여 작은 정원처럼 꾸미는 것이 좋다.

쌍둥이자리 | gemini : 5/21~6/21 | 때론 구름처럼, 때론 바람처럼

쌍둥이자리
(gemini : 5/21~6/21)

쌍둥이자리는 두 개의 분리된 성정을 가진 복수형이며 이중적이다. 때에 따라서는 동시에 다른 방향으로 움직이려고 시도한다. 그런 점 때문에 사랑을 하면서도 또 다른 사랑을 찾기도 한다. 무언가에 빠지면 정신없이 몰두해버리는 특징은 결국 정서적 불안 증상으로 나타나기도 한다.

다재다능하고 적응력이 좋다. 한꺼번에 여러 가지 재능을 보여줄 수도 있고, 동시에 두 가지 이상의 직업을 가질 수도 있다. 그런 점은 사랑을 할 때도 마찬가지라, 전혀 다른 두 가지 사랑을 동시에 진행하려고 한다. 양다리를 걸치는 것에 대하여 전혀 문제가 없다는 태도를 보이기도 한다.

발랄하고 생기가 넘친다. 긍정적이고 유쾌하다. 사람들에게 칭찬하고 칭찬받는 것을 좋아한다. 사업과 사랑에서도 예외가 아니다. 매사에 재빠르고 재치 있는 처세술로 상황을 정확하게 파악한다. 사람이나 사건을 다루는 솜씨가 보통이 아니다. 탁월한 임기응변으로 웬만한 어려움은 쉽게 벗어날 수 있다.

끈기가 부족하다. 쉽게 따분해하고 좀 더 짜릿한 것을 찾는다. 흥미를 느끼는 일을 만나면 즉흥적으로 결정을 내린다. 그래서 평생 여러 직업을 경험하기도 한다.

♥ **어울리는 별자리 - 좋아 좋아**

  게자리, 사자자리, 천칭자리, 물병자리

■ **무덤덤한 별자리 - 그냥 그냥**

  양자리, 황소자리, 쌍둥이자리, 전갈자리

✖ **어울리지 않는 별자리 - 미워 미워**

  처녀자리, 사수자리, 염소자리, 물고기자리

♥ 좋아 좋아

쌍둥이자리 + 게자리 > 에덴동산의 아담과 이브

파트너의 가정적인 성격이 당신에게 안정감을 줄 수 있다. 사근사근한 쌍둥이자리의 성격은 파트너의 우울한 분위기를 녹여줄 것이다. 결혼하면 서로 이해하는 사이가 된다.

- **Advice** ···· 쾌락과 타락은 동반자와 같다
- **배울 점** ···· 생동감, 창의적, 무언가를 해낸다
- **나쁜 점** ···· 불안정, 즉흥적, 목표가 흔들린다
- **고칠 점** ···· 말만 앞세우지 말고 움직여라

쌍둥이자리 + 천칭자리 > 사막의 오아시스

행복한 만남. 서로의 요구와 결함을 잘 이해할 수 있다. 문제가 생기면 대화로 풀면서 서로 협력한다. 개인적인 자유와 독립감도 즐겨야 더 풍요로운 삶을 누리게 될 것이다.

- **Advice** ···· 랑데부도 좋지만 도킹은 더 좋다
- **배울 점** ···· 포부가 크다, 사교적, 상대방에 대한 배려
- **나쁜 점** ···· 의존적, 자기중심적, 현실도피적인 태도
- **고칠 점** ···· 문제가 생기면 피하지 말고 부딪쳐라

쌍둥이자리 + 사자자리 > 구름 위를 걷는 파트너

독립심이 강하고 현실적인 두 사람. 성격이 급해서 자신이 원하는 일이 아니면 협력하지 않으려고 한다. 다만 융통성이 좋아서 저절한 타협을 하면서 살 것이다.

- **Advice** ···· 변칙과 변태도 가끔 쓰면 약이다
- **배울 점** ···· 현실적, 독립심, 융통성이 좋다
- **나쁜 점** ···· 인내심 부족, 자기중심적인 성격
- **고칠 점** ···· 받으려고 한다면 먼저 베풀어라

쌍둥이자리 + 물병자리 > 마음과 마음의 교류

균형이 잡힌 조화로운 커플. 융통성이 좋은 두 사람은 문제가 생기면 슬기롭게 푼다. 늘 정열적인 교제를 열망하며 예기치 못한 행동도 잘 참아낸다.

- **Advice** ···· 기대가 크면 실망도 크다
- **배울 점** ···· 이해심, 직관적, 융통성 많은 행동
- **나쁜 점** ···· 비현실적, 타산적, 자유분방한 기질
- **고칠 점** ···· 이기적인 행동은 결별로 가는 지름길

게자리
(cancer: 6/22~7/22)

사자자리
(leo: 7/23~8/22)

천칭자리
(libra: 9/24~10/22)

물병자리
(aquarius: 1/20~2/18)

■ 그냥 그냥

쌍둥이자리 ＋ 양자리 > 꿈속의 신기루
첫 만남엔 불꽃이 튀지만 시간이 지날수록 열기가 시드는 관계. 하루하루를 즐겁고 유쾌하게 보내려 하지만 가끔씩은 조용하고 편안한 시간을 갖는 것이 필요하다.

- **Advice** ··· 결혼은 마라톤 게임처럼
- **배울 점** ··· 신뢰감, 도전적, 배려하는 정신
- **나쁜 점** ··· 의견충돌, 욕망과다, 비현실적 태도
- **고칠 점** ··· 매일 파티만 하면서 살 수는 없다

쌍둥이자리 ＋ 쌍둥이자리 > 끝없이 달리는 야생마
너무 뜻이 잘 통해서 원칙을 지키지 않는 커플. 두 사람 모두 정열적이고 독립심이 강하다. 풀어줘라. 서로 구속하려 한다면 좋은 부부로 지내기 어려울 것이다.

- **Advice** ··· 다양한 테크닉이 꼭 좋은 것은 아니다
- **배울 점** ··· 적응력, 창조력, 빠른 행동력
- **나쁜 점** ··· 산만함, 짜증난다, 싫증내는 행동
- **고칠 점** ··· 명상하는 시간을 많이 가질 것

쌍둥이자리 ＋ 황소자리 > 그림 속의 진수성찬
둘 다 명랑하고 현실적인 성격이지만 무책임한 행동 때문에 매끄럽게 맺어지기 어려운 사이. 친구로는 좋지만 연애나 결혼을 하려면 상대방을 배려해야 한다.

- **Advice** ··· 적당히 밀고 적당히 당겨라
- **배울 점** ··· 매력적, 생산적, 독립적인 삶
- **나쁜 점** ··· 산만함, 반발심, 무책임한 태도
- **고칠 점** ··· 서로의 이기심을 버려야 한다

쌍둥이자리 ＋ 전갈자리 > 바람처럼 혹은 구름처럼
어느 한도까지는 원만한 관계. 인생을 최대한 즐기며 타협이 중요하다는 것을 아는 두 사람. 서로의 감정을 건드리지 않고 활기찬 결혼생활을 할 것이다.

- **Advice** ··· 누구나 가끔은 포르노그래피의 주인공
- **배울 점** ··· 헌신적, 사교적, 타협적인 정신
- **나쁜 점** ··· 쾌락적, 파괴적, 신경질적 언행
- **고칠 점** ··· 가끔씩은 뒤를 돌아보라

양자리
(aries: 3/21~4/20)

황소자리
(taurus: 4/21~5/20)

쌍둥이자리
(gemini: 5/21~6/21)

전갈자리
(scorpio: 10/23~11/22)

✖ 미워 미워

쌍둥이자리 ✛ 처녀자리 > 고장 난 신호등
자기주장이 강하고 쉽게 화를 내는 두 사람. 원만한 결혼 생활은 기대하기 어렵다. 파트너의 변덕을 이해하고 무미건조한 일상생활에서의 변화를 찾아라.
- **Advice** — 한 달에 한 번 이상은 함께 여행하기
- **배울 점** — 현실적, 실용적
- **나쁜 점** — 비사교적, 변덕, 일관성이 부족하다
- **고칠 점** — 돈을 좇으면 돈의 노예가 된다

쌍둥이자리 ✛ 염소자리 > 슬프거나 혹은 괴롭거나
완전한 조화를 이루기는 어려운 커플. 자신의 욕망을 자유롭게 표현하길 좋아하는 당신과 근면하고 현실적인 파트너는 기본적으로 추구하는 삶의 목표가 다르다.
- **Advice** — 일 년에 한두 번은 상대방을 놓아줘라
- **배울 점** — 정직함, 독창적, 진실한 생활습관
- **나쁜 점** — 은둔, 자포자기, 상황 판단이 서투르다
- **고칠 점** — 완벽함이란 결국 아무것도 하지 않는 것

쌍둥이자리 ✛ 사수자리 > 고장난 수도꼭지
자립심이 강하고 활동적인 두 사람. 서로가 끊임없이 움직이는 활동성과 일관성 없는 태도로 애를 먹는다. 사소한 일에도 다투려고 하는 신경이 곤두서는 커플이다.
- **Advice** — 갈등이 생기면 침대에서 풀어라
- **배울 점** — 감각적, 생산적, 부지런한 생활 태도
- **나쁜 점** — 독재적, 저돌성, 남의 탓을 하는 자세
- **고칠 점** — 함께 어우러지기 위한 노력을 하라

쌍둥이자리 ✛ 물고기자리 > 하룻밤 풋사랑
휴일 날, 한 사람은 휴식을 취하거나 혹은 혼자 지내려고 하고 또 한 사람은 함께 돌아다니기를 좋아한다. 이러한 차이를 벗어나려면 참으로 많은 노력이 필요한 커플이다.
- **Advice** — 세 번은 길게, 세 번은 짧게
- **배울 점** — 감성적, 열정적, 진취적 사고방식
- **나쁜 점** — 의외성, 파격, 지나친 비판정신
- **고칠 점** — 즉흥적 감정 표현을 자제하라

처녀자리
(virgo: 8/23~9/23)

사수자리
(sagittarius: 11/23~12/24)

염소자리
(capricorn: 12/25~1/19)

물고기자리
(pisces: 2/19~3/20)

★ 쌍둥이자리 남자의 사랑

쌍둥이자리 남자들의 산뜻한 분위기와 특징 있는 몸놀림은 우아하면서도 민첩하여 매우 매력적이다. 반사 신경이 뛰어나고 어떠한 상황에서도 자신만의 톡톡 튀는 듯한 독특한 분위기를 보여준다. 매사에 자신감 넘치는 열정적인 언행으로 뭇 여성들의 관심을 끄는 플레이보이 기질이 다분한 남자다.

평상시에는 특유의 끼를 부리며 미끼를 던진다. 그러다가 상대방이 관심을 가지고 다가오면 언제 그랬냐는 듯 냉정하게 돌아선다. 동시에 여러 여성을 사귈 수도 있지만 깊이 교제하지는 않는다. 파트너의 입장에서는 다른 여자들과의 가벼운 만남 정도는 눈감아주어야 오래도록 사랑을 할 수 있다.

활동적인 삶의 태도로 인생을 즐길 줄 안다. 사람들이 모인 장소에서는 특유의 언변으로 즐거운 분위기를 연출하므로 인생이 즐거운 그와의 사랑은 색다르면서도 즐거운 경험이 될 것이다. 섹스의 욕구는 그리 강한 편은 아니다. 육체적인 만남보다는 함께 호흡하고 있다는 정신적인 교류에서 더 큰 행복을 느낀다.

다양한 테크닉을 즐기는 기교를 좋아한다. 말초신경을 자극하는 짜릿한 흥분의 변화를 선호하므로 한 파트너와 오래도록 관계를 유지하려면 끊임없이 정신적인 자극을 주어야 한다. 이상적인 여성상은 플라토닉한 사랑과 에로스적인 사랑을 공유할 수 있는 밝은 성격의 센스 있는 여성이다.

★ 쌍둥이자리 여자의 사랑

쌍둥이자리 여성에게 사랑은 환희다. 개방적 성격에 자유분방한 행동양식을 갖고 있다. 자신을 옭아매는 것이라면 무조건 거부한다. 튀는 듯한 발랄함과 싱그러운 에너지가 넘쳐흐르므로 오버하는 듯 수선스럽고 건방지게 보일 정도로 자신만만하다. 상상하는 것을 즐기기에 남들과는 전혀 다른 새로운 경험을 찾는다.

쌍둥이자리 여성은 욕망의 화신이다. 자기중심적이며 끊임없이 새로움을 추구하는 가변성의 기질을 가지고 있다. 모험심이 많으며 충동성이 강하다. 새로운 상황을 만나도 크게 걱정하지 않는다. 깊게 생각하지 않고 어렵게 느끼지도 않으므로 매사에 거침이 없다.

모임에서는 분위기를 밝게 만드는 재능이 있다. 스스로 나설 수 없는 낯선 곳에서도 어느 순간 자신도 모르게 끼를 발산하고야 만다. 동시에 여러 가지를 해야 직성이 풀리는 기질은 사랑을 할 때도 마찬가지다. 새로운 사람을 만날 때마다 거기서 새로운 사랑을 만들어간다. 그렇지만 이내 실망하기에 만남과 헤어짐이 끊임없이 반복된다.

쌍둥이자리 여자는 싫증을 빨리 느끼므로 섹스에서도 평범함을 거부한다. 싫증을 느끼지 않으려면 끊임없이 이벤트를 준비해야 한다. 섹스를 할 때도 일상적이지 않은 다양한 장소에서의 다양한 체위를 찾을 것이다. 일테면 소파, 부엌 등 색다른 곳에서의 경험을 즐기는 편이다.

★ 쌍둥이자리의 섹스 스타일과 침실 풍수 컨설팅

당신은 영원한 자유인이다. 자유를 그리워하며 자유를 찾아서 날아다닌다. 구속을 받으면 너무나 힘들어한다. 관심 분야도 수시로 바뀌는 당신은 사랑을 할 때도 마찬가지다. 사랑은 감미롭지만 결과에 책임져야 하는 상황은 받아들일 수 없다. 그래서 육체적인 접촉보다는 책임감이 덜한 정신적인 교감을 즐긴다.

당신의 섹스 스타일은 독특하다. 자극적인 방법들을 좋아한다. 여러 가지의 다양한 체위와 색다른 장소에서의 관계를 좋아한다. 그렇지만 섹스의 욕구가 강한 편은 아니다. 육체보다는 정신적인 교감에서 더 큰 행복을 느끼기 때문이다.

끝없는 변화를 추구하며 다양한 테크닉을 즐기려는 당신의 독특한 취향을 고려할 때 당신에게 어울리는 침실의 연출 포인트는 자유로움이다. 당신의 톡톡 튀는 듯한 감성을 살려주는 침실의 풍수 인테리어를 살펴본다.

당신의 섹스 취향에 적절한 자극을 주어 다양한 테크닉을 구사할 수 있도록 꾸며야 한다. 특히 성감대가 민감하게 반응하므로 인테리어 소품도 따뜻한 질감이 느껴지는 제품을 사용하고 차가운 물건이나 짝을 잃어버린 물건은 피해야 한다. 침대의 사이드 테이블은 조금은 큰 것이 좋다. 액자의 그림도 차가운 느낌을 주는 것은 금물이며 하나를 놓는 것보다는 두 개 이상으로 쌍을 이루게 하는 것이 길하다.

따뜻한 질감의 소품과 커다란 서랍장을 사이드 테이블로 활용한 쌍둥이자리를 위한 침실.

침실은 산뜻하게 꾸민다. 침대는 중앙에 놓고 머리를 동쪽으로 두는 것이 좋다. 침대 커버는 커튼과 같이 흰색 계열로 통일하여 전반적인 분위기가 복잡하지 않도록 장식한다. 약간의 변화를 주고 싶다면 무늬가 들어간 제품을 사용하는 것이 좋다. 줄무늬도 괜찮다. 바닥에는 카펫을 까는 것이 좋다.

침대는 큰 것을 사용하도록 한다. 다양한 테크닉을 즐기는 만큼, 트윈 베드로 색다른 분위기를 연출하는 것도 좋다. 침대 주변에 기능성 스탠드를 놓고 상황에 따른 적절하고도 아늑한 분위기를 연출하는 것이 바람직하다.

TV나 오디오는 침대에 누워서 편하게 볼 수 있는 장소에 설치하고 사랑을 할 때 분위기를 돋울 수 있도록 하는 것이 좋다. 화장대 주변에는 화사한 꽃을 장식하고 조명은 은은한 분위기를 연출할 수 있도록 간접조명을 사용하고, 조명의 밝기를 조절할 수 있는 조절기를 사용하는 것이 좋다.

방 안의 자질구레한 가구는 다른 곳으로 치워 실내를 깔끔하게 유지하자. 휴지통을 자주 점검하여 내용물이 쌓이지 않도록 하는 것도 행운을 부르는 비결이다. 붉은색의 일출 그림을 동쪽에 걸면 사랑의 감정이 불같이 타오를 수 있다.

Bedroom

쌍둥이자리

Consulting

1. 다양한 테크닉을 구사하고 적절한 자극을 받을 때 성감대가 민감하게 반응하므로 인테리어 소품은 따뜻한 질감이 느껴지는 제품을 사용한다.
2. 침대의 사이드 테이블은 조금 큰 것을 사용하는 것이 좋다.
3. 액자의 그림도 차가운 느낌을 주는 것은 금물이며 하나를 놓는 것보다는 두 개 이상으로 쌍을 이루게 하는 것이 길하다.
4. 침대는 중앙에 놓고 머리를 동쪽으로 두는 것이 좋다. 다양한 테크닉을 즐기기 위하여 트윈 침대로 색다른 분위기를 연출하는 것도 좋은 아이템이다.
5. 침대 주변에 기능성 스탠드를 놓고 아늑한 분위기를 연출도록 한다.
6. 침대 커버는 커튼과 같은 계열로 하여 전반적인 분위기가 복잡하지 않도록 장식한다. 줄무늬도 괜찮다.
7. TV나 오디오는 사랑을 할 때 분위기를 돋울 수 있도록 침대에서 볼 수 있는 장소에 설치한다.
8. 화장대 주변에는 화사한 꽃을 장식한다.
9. 휴지통을 자주 점검하여 내용물이 쌓이지 않도록 하는 것도 행운을 부르는 비결이다.
10. 사랑의 감정이 식고 있다면 붉은색의 일출 그림을 걸면 사랑의 감정이 불같이 타오를 수 있다.

게자리 | cancer : 6/22~7/22 | 솜사탕처럼 혹은 촛불처럼

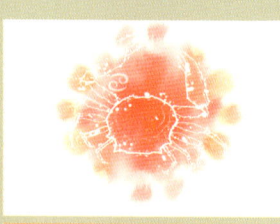

게자리
(cancer: 6/22~7/22)

게자리는 정서가 풍부해서 감정을 통해 세상을 바라본다. 과민하다고 할 정도로 예민해서 감정의 동요가 심하다. 짧은 시간에 천국과 지옥을 넘나들 듯 변덕 또한 심하다. 조심스러우면서도 자기 방어를 잘한다. 빈틈을 보이지 않기 때문에 오래도록 교제를 했어도 속마음을 제대로 읽기 어렵다.

집착이 강해서 한번 인연을 맺은 것이라면 그 무엇이라도 쉽게 떠나보내지 못한다. 예측 불가능한 성격이라 기분이 좋을 때는 사람들을 즐겁게 한다. 그러나 그렇지 않은 경우에는 끊임없는 불평불만으로 주변 사람들을 힘들게 만든다. 다만 남들의 아픔을 자기 일처럼 생각하는 성격이라서 적절한 선에서 멈춘다.

고민이 많다. 조심성이 지나친 것이 병이다. 자신의 비밀은 남에게 털어놓지 못하고 끙끙거린다. 직관적이고 상상력이 풍부한데 염세주의적인 성향이 강하다. 새로운 상황이 생기면 최악의 결과를 미리 예측하며 고민하고 마음속에 깊은 불안감을 갖고 있기에 자주 의기소침해진다.

게자리는 집의 별자리다. 누구보다도 가정에 애착을 갖는다. 동정심이 많고 보호하려는 욕구가 강해서 자신의 파트너를 기쁘게 할 수 있는 일이라면 무엇이든지 한다. 상대를 구속하지만 않는다면 좋은 파트너라고 할 수 있다.

♥ 어울리는 별자리 – 좋아 좋아

  황소자리, 쌍둥이자리, 전갈자리, 물고기자리

■ 무덤덤한 별자리 – 그냥 그냥

  게자리, 사자자리, 처녀자리, 사수자리

✱ 어울리지 않는 별자리 – 미워 미워

  양자리, 천칭자리, 염소자리, 물병자리

♥ 좋아 좋아

게자리 ＋ 황소자리 > 클래식 & 사군자

두 사람 모두 현실적이며 세련된 취미를 가지고 있다. 비슷한 취향이 두 사람의 마음을 하나로 묶어준다. 상대방에게 보다 진지하게 노력해야 한다.

- **Advice** ····· 충동적인 행동은 잃는 것이 많다
- **배울 점** ····· 예술적, 낙천적, 독창적인 모습
- **나쁜 점** ····· 질투심, 배타적, 파괴적인 행동
- **고칠 점** ····· 생각이 다르면 원인을 분석하라

게자리 ＋ 전갈자리 > 강력한 로맨스

따뜻하고 친밀한 커플이다. 두 사람 모두 상대를 편하게 생각하고 진정한 관심을 가질 것이다. 파트너의 정중한 언행은 당신의 기분을 즐겁게 해줄 것이다.

- **Advice** ····· 호기심에 한계를 정하라
- **배울 점** ····· 관능적, 헌신성, 관대한 보호 본능
- **나쁜 점** ····· 비현실성, 소유욕, 끝없는 욕망
- **고칠 점** ····· 솔직한 자신의 모습을 보여줘라

게자리 ＋ 쌍둥이자리 > 에덴동산의 아담과 이브

당신의 가정적인 성격이 파트너에게 안정감을 주고 파트너의 사근사근한 성격은 당신의 우울한 감정을 치료해줄 것이다. 결혼하면 서로 이해하는 사이가 된다.

- **Advice** ····· 쾌락과 타락은 동반자와 같다
- **배울 점** ····· 생동감, 창의적, 무언가를 해낸다
- **나쁜 점** ····· 불안정, 즉흥적, 목표가 흔들린다
- **고칠 점** ····· 말만 앞세우지 말고 움직여라

게자리 ＋ 물고기자리 > 설중매雪中梅

낭만적인 만남. 동정심이 많고 섬세한 당신의 성격을 처음부터 끝까지 읽어주는 파트너에게 당신은 진정한 사랑의 힘을 느낄 것이다.

- **Advice** ····· 여자는 조금씩 접근하는 것을 즐긴다
- **배울 점** ····· 동정심, 결단력, 가정적인 언행
- **나쁜 점** ····· 의존심, 과보호, 심각한 자존심
- **고칠 점** ····· 상대의 적절한 충고를 받아들여라

황소자리
(taurus: 4/21~5/20)

쌍둥이자리
(gemini: 5/21~6/21)

전갈자리
(scorpio: 10/23~11/22)

물고기자리
(pisces: 2/19~3/20)

■ 그냥 그냥

게자리 + 게자리 > 짝퉁이냐 진품이냐

둘 다 가정적인 성향이라서 화목한 가정을 이룰 수 있다. 서로의 약점을 참아낼 수 있는 성격이기도 하다. 다만 두 사람 모두 사치를 좋아하는 게 문제가 될 수 있다.

+ Advice · · · 부부 침실에 아이를 재우지 말 것
+ 배울 점 · · · 가정적, 헌신적, 정직한 생활
+ 나쁜 점 · · · 공격적, 수동적, 의존적 행태
+ 고칠 점 · · · 아이들에게 깊이 빠져들지 않도록 하라

게자리 + 처녀자리 > 이상 vs. 현실

감상적이며 의존심이 강한 당신을 보면 파트너는 보호 본능이 발동할 것이다. 그러나 지나친 자기연민과 응석부리는 듯한 태도가 가끔 문제가 될 수 있다.

+ Advice · · · 파트너는 당신의 부모가 아니다
+ 배울 점 · · · 프로 기질, 현실적, 철저한 완벽성
+ 나쁜 점 · · · 타산적, 감상적, 유약한 감정 처리
+ 고칠 점 · · · 포용력을 키워라

게자리 + 사자자리 > 타는 목마름

생활의 리듬이 조금 다르다. 친절하고 온화한 천성의 당신에게 파트너는 늘 2퍼센트가 부족하다는 생각이 들기에 무언가를 더 요구하게 된다. 갈등이 많이 생기는 관계다.

+ Advice · · · 관계할 때는 좋고 싫음을 분명하게 밝혀라
+ 배울 점 · · · 도전적, 고상하고 우아한 모습
+ 나쁜 점 · · · 극단적, 은밀함, 권위적인 모습
+ 고칠 점 · · · 너무 숨기지 말 것

게자리 + 사수자리 > 나눔과 실천

지나치게 민감하면서도 비현실적인 이상 세계를 꿈꾸는 당신과 타산적이고 탐욕적인 파트너의 삶은 차이가 크다. 생활비가 많이 들 것이라면서 떠날 수도 있다.

+ Advice · · · 작은 친절에도 감사하라
+ 배울 점 · · · 친절함, 관대함, 차분한 분석력
+ 나쁜 점 · · · 탐욕적, 좌절감, 타산적인 태도
+ 고칠 점 · · · 사랑은 영화가 아니랍니다

게자리
(cancer: 6/22~7/22)

사자자리
(leo: 7/23~8/22)

처녀자리
(virgo: 8/23~9/23)

사수자리
(sagittarius: 11/23~12/24)

✖ 미워 미워

게자리 ✚ 양자리 > 가까이 하기엔 너무 먼 그대

양자리의 너무나 야심만만한 행동에 당신은 정신을 차리기 어려울 정도다. 무서울 정도로 당신을 몰아치는 저돌성에 함께 지내기 곤란하다고 생각할 것이다.

- ✚ Advice   의무적인 섹스를 피하라
- ✚ 배울 점   정력적, 독립적, 큰 야망
- ✚ 나쁜 점   적대적인 감정, 호전적인 감정
- ✚ 고칠 점   서로 존중하고 신뢰하라

게자리 ✚ 염소자리 > 시작…, 그리고 끝

신중하고 인내심이 많은 파트너와 다소 감상적이면서 변덕스러운 당신과의 만남은 유쾌하지 않다. 더욱이 저축형인 파트너는 소비형인 당신에게 질릴 것이다.

- ✚ Advice   일반인에게 금욕생활은 불필요
- ✚ 배울 점   현실적, 규율, 강인한 결단력
- ✚ 나쁜 점   불안정, 의존, 지나친 도덕심
- ✚ 고칠 점   모든 것을 다 받아줄 수는 없다

게자리 ✚ 천칭자리 > 미안하다, 사랑할 수 없어서

성격이 판이한 두 사람의 만남은 썩 어울리는 관계가 아니다. 때로는 심하게, 때로는 가볍게 서로 간의 관심 차이 때문에 다투게 될 것이다.

- ✚ Advice   섹스는 사랑을 느끼기 위한 행위다
- ✚ 배울 점   논리적, 동정심, 희생적인 태도
- ✚ 나쁜 점   다혈질, 직선적, 매정한 인간성
- ✚ 고칠 점   감상적이고 나약한 생활 방식을 버려라

게자리 ✚ 물병자리 > 침묵하는 사랑

돌아다니는 것을 즐기며 쾌활한 성격의 파트너는 매사에 통이 크지만, 당신이 원하는 것을 모두 들어주는 성격은 아니다. 이해심이 많은 당신의 노력이 필요하다.

- ✚ Advice   상대방의 생활 방식을 이해하라
- ✚ 배울 점   가정적, 추진력, 긍정적 사고방식
- ✚ 나쁜 점   우유부단, 불만, 대책 없는 무관심
- ✚ 고칠 점   자기 연민의 감정에 빠지지 말라

양자리
(aries: 3/21~4/20)

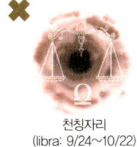
천칭자리
(libra: 9/24~10/22)

염소자리
(capricorn: 12/25~1/19)

물병자리
(aquarius: 1/20~2/18)

part 4 _ 인생을 설계하는 공간 **침실**

★ 게자리 남자의 사랑

게자리 남자의 사랑은 얼핏 뜨겁고 열정적인 듯 보인다. 그러나 사랑의 표현에는 매우 인색하다. 자신의 마음을 쉽게 열지 않는다. 별일 아닌 것이라도 거절을 당하면 크게 상처받는다. 융통성이 부족하고 자존심이 너무 강하기 때문이다. 직접적으로 결점을 지적하면 십년의 사랑일지라도 얼음처럼 싸늘하게 변할 수 있다.

감정의 기복이 심한 편이다. 약간의 변덕과 히스테릭한 모습을 보여주지만 투쟁적인 성격은 아니다. 기본적으로 다툼이나 경쟁을 싫어하고 양보를 미덕으로 생각하는 성격을 가지고 있다. 어떠한 결정을 내릴 때는 상대의 마음을 헤아리고 배려하는 로맨티스트의 면모도 게자리의 좋은 특징 중 하나이다.

사랑의 감정은 예측하기 어려운 모습으로 나타난다. 초지일관 일편단심의 정열적인 타입인데, 어렵사리 사랑에 빠지기라도 하면 물불을 가리지 않는다. 마치 밤하늘의 별도 따다 줄 수 있을 정도로 모든 노력을 다한다. 그러나 조금만 가까워지면 모든 것을 귀찮아하면서 현실에 그냥 안주하려고 한다.

좋아하는 여성상은 겉모습보다 내면이 충실한 여자이다. 또한 어렵고 힘들 때마다 자신을 따뜻하게 감싸줄 수 있는 모성본능이 강한 여인을 좋아한다. 그와 오래도록 관계하면서 누구도 부럽지 않은 사랑을 성취하려면 침실의 분위기를 조용하고 달콤한 공간으로 꾸며야 한다.

★ 게자리 여자의 사랑

게자리 여자에게 사랑은 가정의 램프를 밝히는 것이다. 정이 많으며 따뜻한 마음을 가졌다. 사랑을 위해 모든 것을 희생해도 아깝지 않다고 생각하는 현모양처의 여성이다. 한 번 마음을 준 사람에 대한 애틋한 감정은 쉽게 변하지 않는다. 그러나 인연이 아니라고 여기는 사람에게는 더없이 차갑고 매정하다.

운명론적인 성향이 강해서 첫인상에 큰 비중을 준다. 느낌이 좋으면 순간적으로 빠지지만 자신과 관계없는 것엔 전혀 관심이 없다. 잠시 스쳐가는 만남이나 로맨스는 있을 수 없는 일이다. 집착이 강해서 사랑에 빠지면 상대방에게 수시로 사랑을 확인한다. 트러블이 생기거나 조금이라도 상처를 받으면 하염없이 눈물을 흘리는 여린 여성이다.

가능하면 남에게 피해를 주지 않겠다고 생각하며 자신의 영역에 남들이 끼어드는 것을 극도로 싫어해서 늘 일정한 간극을 둔다. 그래서 가까이에 있는 사람의 마음을 답답하게 만들며 벽을 느끼게 만들기도 한다.

독점욕과 소유욕이 강한 게자리 여성은 언제라도 따뜻하게 기댈 수 있는 자상한 사람, 감정의 기복을 넓은 마음으로 헤아려줄 수 있는 사람, 물질적인 면과 감정적인 면에서도 주도권을 잡고 리드해줄 수 있는 사람을 만나야한다. 상대방의 요구를 따르는 데에서 행복을 느끼는 순종형의 여자이기 때문이다.

★ 게자리의 섹스 스타일과 침실 풍수 컨설팅

당신에게 사랑은 그 무엇보다 소중하다. 사랑에 살고 사랑에 죽는 사람이 바로 당신이기 때문이다. 일편단심의 순박하면서도 정열적인 당신은 한번 사랑에 빠지면 여간해서는 헤어나지 못한다. 물불을 가리지 않을 정도로 파트너에 대한 집착이 강한 당신의 애정 표현은 침대에서도 비슷하게 나타난다.

당신의 섹스 스타일은 규칙과 원칙에 충실해야 한다. 특히 섹스의 경우는 더욱 그러하다. 당신은 섹스란 것은 은밀한 것이며 남들로부터 지켜져야 하는 것이기에 철저하게 숨겨야 한다고 생각한다. 누군가에게 섹스와 관련된 것이 알려진다는 것은 있을 수 없는 일이다. 게다가 장소에 민감하게 반응한다. 섹스를 할 때 분위기를 타는 편이라서 집처럼 마음이 편한 장소가 아니면 섹스 자체를 즐기기 어렵다.

당신은 파트너가 리드하는 것을 따를 때 행복을 느낀다. 감정이 흔들릴 때면 편안하게 쉴 수 있는 장소가 있어야 한다. 그래서 마음에 쏙 드는 침실이 무엇보다 중요하다. 또한 섹스를 하기 전에는 애정을 확인할 수 있는 전희가 필요하다. 충분한 전희를 하면서 사랑의 감정에 흠뻑 빠져야 한다. 그런 이유로 당신에게 침실 분위기는 상당히 중요하다. 당신의 마음을 달래줄 수 있는 침실의 풍수 인테리어를 살펴보자.

침실은 안정감을 줄 수 있도록 꾸며야 한다. 어둡고 침침한 분위기는 심리적으로 불안한 당신을 더욱 힘들게 할 수 있으니, 아기자기한 장식물로 밝고 고급스럽게 꾸미는 것이 좋다.

게자리는 물의 원소이다. 따라서 물과 관련된 색상이나 장식물을 이용하면 행운을 상승시킬 수 있다. 특히 물방울이 방울방울 피어오르는 어항을 두면 새롭고 신선한 사랑의 기쁨을 경험할 수 있다. 침실 색상은 은색이나 옅은 청색 등을 사용하면 심리적으로 아늑한 기분을 느낄 수 있다.

침대는 창가에 두는 것이 좋다. 침대의 양옆에는 반드시 사이드 테이블을 두도록 한다. 좌청룡 우백호의 기운이 침대의 좌우에서 당신을 보살펴, 보호 받는다는 느낌을 얻을 수 있기 때문이다.

침대는 화려한 디자인이 좋다. 침대 커버는 단색의 물방울무늬가 좋으며 파도를 상징하는 물결무늬도 좋다. 베개 커버는 방파제를 의미하는 노란색 혹은 황토색으로 한다. 커튼도 같은 색상의 디자인으로 하면 마음이 편안해진다.

창가나 침대 옆에는 녹색식물을 둔다. 화장대는 고급스런 공예품으로 장식하는 것이 좋다. 조명은 다소 환하다는 느낌이 들 정도로 밝게 하는 것이 길하다. 추억을 먹고 사는 당신이기에 추억이 새겨진 그림이나 사진 혹은 여행과 관련된 기념품 등으로 침실을 장식하는 것도 사랑의 불꽃을 태울 수 있는 좋은 방법이다.

● 침대 옆에 녹색식물을 두는 것은 게자리에게 좋은 기운을 불러다준다.

Bedroom

게자리

Consulting

1. 침실은 안정감을 줄 수 있게 인테리어를 한다.
2. 내부의 장식물은 아기자기하면서도 밝고 고급스럽게 꾸미는 것이 좋다.
3. 물방울이 방울방울 피어오르는 어항을 두면 새롭고 신선한 사랑의 기쁨을 경험할 수 있다.
4. 내부의 색상은 은색이나 옅은 청색 등을 사용하면 심리적으로 아늑한 기분을 느낄 수 있다.
5. 침대의 소재는 화려한 것이 좋으며 위치는 창가에 두고 침대 옆에 녹색식물을 둔다.
6. 침대 양옆에 사이드 테이블을 두어 좌청룡 우백호의 기운으로 보호를 받도록 한다.
7. 침대 커버는 단색의 물방울무늬가 좋으며 파도를 상징하는 물결무늬도 좋다.
8. 베개 커버는 방파제를 의미하는 노란색 혹은 황토색으로 한다.
9. 커튼도 베개 커버와 같은 노란색, 황토색으로 하면 마음이 편안해진다.
10. 화장대는 고급스런 공예품으로 장식한다.

사자자리 | leo : 7/23~8/22 | 때론 태양처럼, 때론 황제처럼

사자자리
(leo: 7/23~8/22)

사자자리의 삶은 화려하다. 도도한 제왕의 기품을 갖고 있으며 삶 자체가 드라마틱하다. 이들에게 삶은 그 자체로 연극이며 이벤트다. 그런 점은 사랑을 할 때도 마찬가지다. 남보다 무엇이든 월등해야 한다. 평범한 사랑을 하느니 차라리 독신을 부르짖는다. 적당히 대충이라는 단어는 있을 수 없는 일이다.

자기중심적이고 자아도취적이다. 경쟁심이 강해서 지고는 못산다. 경쟁의 대상은 정해져 있는 것이 아니다. 친구는 물론이고 형제나 부모도 그 대상이 될 수 있다. 태생적으로 엄청난 정력을 가지고 태어났다. 자기가 좋아하는 것에는 모든 노력을 기울인다. 온몸을 던지는 추진력으로 원하는 것을 얻어낸다.

남들과 차별화된 독특한 사고방식을 가지고 있다. 자신을 꾸미는 데도 남들과는 조금이라도 달라야 한다. 색다르면서도 개성이 강한 면을 표현하려고 노력하기 때문이다. 화려한 스타일을 좋아하지만 전체적인 분위기는 나사가 한두 개 빠진 것 같다. 어딘가 빈틈이 보이는 어설픈 모습이다. 특히 옷차림새가 그러하다.

강한 카리스마를 지녔으며 상당히 매력적이다. 관대하고 열정적이며 낙천적인 성격으로 파트너를 쉽게 자기편으로 만들 수 있다. 사람을 관리하는 재능이 있으며 사교술도 좋은 편이다.

♥ **어울리는 별자리 - 좋아 좋아**
   양자리, 황소자리, 쌍둥이자리, 사수자리

■ **무덤덤한 별자리 - 그냥 그냥**
   게자리, 사자자리, 천칭자리, 염소자리

✱ **어울리지 않는 별자리 - 미워 미워**
   처녀자리, 전갈자리, 물병자리, 물고기자리

♥ 좋아 좋아

사자자리 ＋ 양자리 > 빛과 그림자

이상적인 커플. 함께 목표를 성취해나갈 수 있다. 두 사람 모두 서로에게 만족할 것이며 서로 의견을 교환하며 함께 어울려 일을 할 것이다.

- **Advice** — 지나친 욕망은 변태적일 수도 있다
- **배울 점** — 독립적, 의욕적, 뛰어난 리더십
- **나쁜 점** — 호전적, 비현실적, 질투심이 많다
- **고칠 점** — 소유욕이 강하면 질투로 변한다

사자자리 ＋ 쌍둥이자리 > 구름 위를 걷는 파트너

독립심이 강하고 현실적인 두 사람. 성격이 급해서 자신이 원하는 일이 아니면 협력하지 않으려고 한다. 다만 융통성이 좋아서 적절히 타협하면서 살 것이다.

- **Advice** — 변칙과 변태도 가끔 쓰면 약이다
- **배울 점** — 현실적, 독립심, 융통성이 좋다
- **나쁜 점** — 인내심 부족, 자기중심적인 성격
- **고칠 점** — 받으려고 한다면 먼저 베풀어라

사자자리 ＋ 황소자리 > 샘솟는 기쁨

두 사람 모두 외향적이라 집에 머무는 시간이 적다. 집에 있을 때는 사람들을 초대해 함께 즐긴다. 인내할 수만 있다면 다양한 삶을 살게 될 것이다.

- **Advice** — 부정적인 생각을 하지 말 것
- **배울 점** — 감각적, 교육적, 건설적인 생활 태도
- **나쁜 점** — 냉소적, 고집스러움, 비판적인 언행
- **고칠 점** — 좀 더 진지하고 솔직해져야 한다

사자자리 ＋ 사수자리 > 한 지붕에 세 가족

당신의 독특한 매력과 영리함, 파트너의 수완 있는 태도가 합쳐진다면 멋진 커플이 될 수 있다. 다만 함께 있으면서도 다른 곳을 쳐다보기도 하는 묘한 관계.

- **Advice** — 사랑이란 외로움을 달래주는 것
- **배울 점** — 혁신적, 감각적, 긍정적 애정관
- **나쁜 점** — 강박감, 전투적, 쉽게 좌절한다
- **고칠 점** — 융통성을 가지고 상대를 바라보라

양자리
(aries: 3/21~4/20)

황소자리
(taurus: 4/21~5/20)

쌍둥이자리
(gemini: 5/21~6/21)

사수자리
(sagittarius: 11/23~12/24)

■ 그냥 그냥

사자자리 + 게자리 > 타는 목마름

갈등이 많이 생기는 관계다. 생활의 리듬이 조금 다르기 때문이다. 친절하고 온화한 성격의 파트너는 당신에게 2퍼센트가 부족하다고 여기기 때문에 끊임없이 무언가를 요구한다.

- ✚ Advice ··· 관계할 때는 좋고 싫음을 분명하게 밝혀라
- ✚ 배울 점 ··· 도전적, 고상하고 우아한 모습
- ✚ 나쁜 점 ··· 극단적, 은밀함, 권위적인 모습
- ✚ 고칠 점 ··· 너무 숨기지 말 것

사자자리 + 천칭자리 > 환상적인 관계냐, 환장하는 관계냐

현실주의자와 이상주의자의 만남이기에 가슴이 탄다. 서로 정반대의 기질이지만 또 서로에게 필요한 기질을 갖고 있어서 상대의 결점을 눈감아준다면 환상적인 만남이 될 수 있다.

- ✚ Advice ··· 한 번은 위에서 한 번은 밑에서
- ✚ 배울 점 ··· 과단성, 실용적, 여유로운 행동
- ✚ 나쁜 점 ··· 독단적, 완고함, 이기적인 모습
- ✚ 고칠 점 ··· 상대를 너무 많이 알려고 하지 말라

사자자리 + 사자자리 > 파트너냐 파괴자냐

질투심만 억제할 수 있다면 그럴듯한 커플이다. 진정으로 협력 정신을 키워간다면 아무리 어려운 문제라도 충분히 이기고 아름다운 조화를 이루며 살아갈 수 있다.

- ✚ Advice ··· 믿어라, 그리고 믿어라
- ✚ 배울 점 ··· 자신감, 승부욕, 적절한 균형감각
- ✚ 나쁜 점 ··· 질투심, 자만심, 파괴적인 생각
- ✚ 고칠 점 ··· '나' 대신 '우리'를 생각하라

사자자리 + 염소자리 > 동료는 Best, 연인으로선?

자신감이 넘치고 상대방이 무엇을 원하는지 잘 아는 관계. 두 사람 모두 성공과 돈을 좋아하지만 자신을 중심으로 이루어져야 한다고 생각한다.

- ✚ Advice ··· 갈등이 생기면 말보다 몸으로 부딪쳐라
- ✚ 배울 점 ··· 대범함, 현실적, 비범한 통찰력
- ✚ 나쁜 점 ··· 비타협적, 우울증, 예민한 반응
- ✚ 고칠 점 ··· 가볍고 쉽게 생각하라

게자리
(cancer: 6/22~7/22)

사자자리
(leo: 7/23~8/22)

천칭자리
(libra: 9/24~10/22)

염소자리
(capricorn: 12/25~1/19)

✖ 미워 미워

사자자리 ＋ 처녀자리 > 스쳐가는 인연
만남이 병이 되는 커플. 상대방에게 적응하지 않고 자기방어적인 모습만 보인다면 불행한 커플이 될 것이다. 유창한 화술로 상대에게 큰 상처를 주는 유형이다.
- **Advice**   말로 싸우듯이 몸으로도 그렇게 싸워라
- **배울 점**   상상력, 대담성, 뛰어난 언변과 설득력
- **나쁜 점**   가식적, 과민반응, 비타협적인 태도
- **고칠 점**   서로의 허물을 부드럽게 감싸줄 것

사자자리 ＋ 물병자리 > 없으면 보고 싶고, 있으면 짜증 나고
서로 다른 세계에서 살고 있는 두 사람. 변덕스럽고 자기도취적인 모습을 버리지 않는다면 만남이나 결혼조차도 두 사람에게 큰 도움이 되지는 못할 것이다.
- **Advice**   립 서비스도 자주 하면 진실이 된다
- **배울 점**   솔직함, 창조적, 인간적인 모습
- **나쁜 점**   경계심, 우울증, 괜한 빈정거림
- **고칠 점**   가슴이 시키는 대로 움직여라

사자자리 ＋ 전갈자리 > 슬픈 축가
상대에게 참된 매력을 느끼지 못하는 관계. 자아도취가 강한 당신은 세심한 파트너의 행동을 이해하기 어려울 것이다. 서로가 상대를 무능하다고 생각하며 상처를 주는 커플.
- **Advice**   상대의 진면목을 제대로 확인하라
- **배울 점**   집중적, 자발적, 뚜렷한 목표 의식
- **나쁜 점**   변덕, 냉정함, 자기주장이 강하다
- **고칠 점**   원망은 그때그때 풀어라

사자자리 ＋ 물고기자리 > 한 지붕 두 가족
인생을 살아가는 태도가 전혀 다른 커플. 자신이 처한 상황을 비관적으로 생각한다. 자신이 상대방 때문에 손해를 본다고 생각하기 때문에 더 나은 사람을 찾으려 한다.
- **Advice**   결국은 그놈이 그놈이다
- **배울 점**   적극적, 진취적, 매력적인 성격
- **나쁜 점**   투쟁적, 이기심, 지나친 현실감
- **고칠 점**   흥분하지 않는다면 사랑할 수 있다

처녀자리
(virgo: 8/23~9/23)

전갈자리
(scorpio: 10/23~11/22)

물병자리
(aquarius: 1/20~2/18)

물고기자리
(pisces: 2/19~3/20)

★ 사자자리 남자의 사랑

사자자리 남자의 사랑은 열정적이다. 온몸에서 풍기는 강렬하면서도 격정적인 남성미는 웬만해서는 거부할 수 없는 카리스마가 되어 파트너의 가슴에 사랑의 화살을 꽂는다. 섹스 에너지는 용광로처럼 왕성하다. 터프하면서도 로맨틱한 사랑을 할 줄 아는 매력적인 남자다. 여자에게 사랑을 느끼게 하는 방법을 잘 알고 있는 것이다.

한번 인연을 맺은 여자는 좀처럼 사랑의 함정에서 벗어나지 못하게 만든다. 힘들고 지칠 때마다 생각나게 만드는 재주를 가진 것이 사자자리 남자들이다. 하지만 겉으로 보이는 든든한 모습과는 다르게 마음 한구석에는 진한 고독이 숨쉬고 있다. 그래서 자상하고 마음이 따뜻한 여인에게 위로받으려고 노력하고 관심을 받으려고 한다.

자신의 여자로부터 변함없는 사랑을 받기를 원한다. 그런데 감정이 섬세하지 못해서 때로는 자신의 애정을 상대에게 전달하지 못하고 애태우기도 한다. 예민하고 화를 잘 내는 등 때때로 변덕스러운 면도 있지만 그와 사랑에 빠지면 늪에 빠진 것처럼 좀처럼 헤어나기 어렵다.

겉모습은 화려한 플레이보이 같지만 단순하다. 자상하면서 따뜻하고 자신을 부드럽게 리드할 수 있는 여인에게 호감을 느낀다. 늘 사랑을 필요로 하므로 사자자리 남자를 사랑한다면 사랑에 모든 것을 건다는 마음가짐으로 대해야 한다.

★ 사자자리 여자의 사랑

사자자리 여자는 밝고 화사하다. 정열적이고 감정적인 성격을 가지고 있다. 진정한 사랑을 위해서라면 목숨과도 바꿀 수 있다고 생각한다. 이성보다 감성을 신뢰하기에 느낌이 통하는 그 순간 바로 사랑에 빠져든다. 미지의 세계를 향하여 끊임없이 도전하는 당신의 모습은 뭇 남성들에게 매력적이며 섹시해 보인다.

개성이 강하고 사람들에게 인정받아야 직성이 풀린다. 항상 남들의 시선이 자신에게 모아지는 것을 즐기며 그런 것들을 추구하며 최고를 지향하는 삶을 살아가려고 한다. 당당함과 조화를 이루면서 결코 비굴하지 않은 삶을 살아가므로 고독이 따르기도 하지만 어떠한 외로움에도 절망하지 않는다.

때로는 야성적인 사자가 절규를 토하듯 박력이 있다. 강한 추진력으로 작은 것에서 큰 것으로, 은은함에서 강렬함으로 운명을 개조해나가는 당신은 사랑의 흡입력이 강하다. 한가하게 집에서 소일하면서 인생을 보내는 사람이 아니므로 파트너 역시 돈과 명예가 겸비된 남자를 만나야 한다.

프라이드가 강하고 어떠한 경우에서도 자신감을 잃지 않는다. 틈만 나면 자신의 장점을 표현하려고 한다. 자신을 여왕처럼 받들어줄 남자를 찾으며 침대에서는 질과 양을 동시에 추구하려고 한다. 섹스도 자신이 통제해야 직성이 풀리므로 오랜 시간 동안 흥겹게 성적인 즐거움을 나눌 수 있는 파트너를 찾아야 한다.

★ 사자자리의 섹스 스타일과 침실 풍수 컨설팅

당신이 이 세상에 태어난 것은 아마도 자신의 능력을 검증받고 존재를 확인받기 위해서일 것이다. 끊임없이 자신의 존재를 인정받으려는 당신의 노력은 침대에서도 예외가 아니다. 파트너에게서 '멋쟁이' 라는 찬사가 나올 때까지 그야말로 혼신의 노력을 다하려는 당신은 진정한 승부사이다.

당신의 섹스 스타일은 강렬하면서도 적극적이다. 관계하는 시간도 상당히 긴 편이다. 행위를 오래도록 음미하면서 즐기는 것을 좋아하기 때문이다. 또한 파트너에게 최선을 다하는데 그것은 상대방에게 자신의 존재 가치를 인정받으려는 이유에서이다. 그렇기에 미적지근한 관계의 형식적인 섹스는 있을 수 없다. 그런 것은 자존심이 허락하지 않는다.

멋진 섹스를 위하여 여러 가지로 신경 써야 하는 것은 지극히 당연하다. 그럼 관계를 가질 때마다 박수갈채를 받을 수 있으며 섹스를 통해서 당신의 기가 살아날 수 있는 침실의 풍수 인테리어를 살펴보자.

침실은 일단 넓어야 한다. 늘 강하고 당당하면서 손짓 하나 몸짓 하나에서도 리더의 면모를 과시하려는 당신의 자존심을 위해서라도 장식물은 크고 고급스러운 것이 좋다.

색상은 흰색과 오렌지색 계열을 사용하는 것이 좋다. 사자자리의 수호성은 태양이며 태양의 빛은 흰색과 오렌지색의 성향을 가지고 있기 때문이다. 흰색은 또한 다른 색깔과도 배색이 잘 되는데 그런 것 역시 사자자

● 사자자리의 수호성인 태양을 상징하는 흰색과 오렌지색으로 산뜻하게 꾸민 침실.

리의 독특한 성격을 반영하고 있다. 또한 열정적인 기운을 적절하게 통제할 수 있도록 금속성 소품을 적절하게 사용하는 것도 풍수 인테리어의 관점으로 봤을 때 올바른 교정법이다.

침대도 크면 클수록 좋다. 애인이 없더라도 더블 침대를 사용하는 것을 권한다. 침대는 광택이 나는 흰색이 좋으며 베개는 두 개를 사용하도록 한다. 침대 주변에 키가 큰 스탠드나 싱싱한 녹색식물을 두면 젊은 기운을 받을 수 있어 부부의 애정 관계가 상당히 좋아진다.

침대 커버는 오렌지색이나 분홍색 등 화려한 색상을 사용하면 사자자리만의 독특한 감정을 유지시켜줄 수 있다. 오랜 시간 성적인 충동을 자극할 수 있는 색상이기 때문이다.

조명은 직접조명으로 밝은 느낌을 주는 것이 포인트다. 커튼은 침대 커버와 같은 색상으로 통일한다. 블라인드를 설치할 때는 흰색이나 베이지 계열의 색상을 사용한다. 화장대는 스테인리스로 만든 제품이 좋으며 TV와 오디오는 동쪽이나 남쪽에 둔다. 전반적으로 요란하지 않으면서도 절제된 가운데 화려하게 꾸미는 것이 사자자리를 위한 풍수 인테리어 포인트이다.

Bedroom

사자자리

Consulting

1. 내부의 색상은 흰색과 오렌지색 계열의 색상을 사용한다.
2. 열정적인 기운을 통제할 수 있도록 금속의 소품을 사용하는 것도 좋은 방법이다.
3. 침대는 크면 클수록 좋다. 싱글이라도 더블 침대를 사용하는 것이 좋다.
4. 침대는 광택으로 마감한 흰색이 좋으며 베개는 두 개를 사용하도록 한다.
5. 침대 주변에 키가 큰 스탠드나 싱싱한 녹색식물을 두면 젊은 기운을 받을 수 있어 애정 관계가 상당히 좋아진다.
6. 침대 커버는 오렌지색이나 분홍색 등 화려한 색상을 사용하면 오랜 시간 성적인 충동을 자극할 수 있다.
7. 조명은 직접조명으로 밝은 느낌을 주는 것이 포인트다.
8. 화장대는 철제로 만든 제품이 좋다.
9. 블라인드를 설치할 때는 흰색이나 베이지 계열의 색상을 사용한다.
10. 전반적으로 요란하지 않으면서도 절제된 가운데 화려하게 꾸미는 것이 포인트다. 좁고 낮은 분위기는 좋지 않다.

처녀자리 | virgo : 8/23~9/23 | 거울처럼 혹은 저울처럼

처녀자리
(virgo: 8/23~9/23)

처녀자리는 매사에 정확하고 확실하고 결단력이 강하다. 어렵고 힘든 상황일지라도 감정에 휩쓸리지 않고 분석적으로 행동한다. 날카로우면서도 체계적이다. 대화를 하다가도 앞뒤가 맞지 않거나 빈틈을 보이면 정곡을 찌르듯 지적한다. 차가운 말투나 태도 때문에 공연히 파트너를 화나게 할 수도 있다.

봉사와 희생정신이 강하다. 성실하며 순수하다. 남을 도와줄 때도 생색내지 않고 헌신적으로 베풀고, 도움을 받는 사람 역시 즐거운 마음으로 받아들인다. 다만 자기 확신이 지나쳐 실수하는 경우가 자주 발생한다. 상대방의 의견을 받아들이지 않고 밀어붙이는 바람에 상대방이 부담스러워할 수도 있다.

자신에게 주어진 일은 최선을 다하여 열심히 한다. 남들과 무엇인가를 함께하다가 결과가 좋지 않게 나와도 파트너를 원망하지는 않는다. 그러나 시시콜콜 따지면서 간섭하는 것은 문제가 된다.

너무나 엄격한 당신, 교과서적인 삶을 지향하려는 당신, 모든 것을 상식의 수준에서 생각하는 당신, 정해진 궤도를 이탈하지 않으려고 노력하는 당신. 그렇지만 당신 내면에 감춰진 본능은 조금 다르다. 판에 박은 듯한 단조로움은 당신을 힘들게 할 것이다. 그런 것이 자칫 이중적인 모습으로 나타날 수 있다.

♥ 어울리는 별자리 - 좋아 좋아
  양자리, 황소자리, 전갈자리, 염소자리

■ 무덤덤한 별자리 - 그냥 그냥
  게자리, 처녀자리, 천칭자리, 사수자리

✱ 어울리지 않는 별자리 - 미워 미워
  쌍둥이자리, 사자자리, 물병자리, 물고기자리

♥ 좋아 좋아

처녀자리 ✚ 양자리 > 시침과 분침

훌륭한 커플이다. 당신은 파트너의 명석하면서도 대담한 성격에 마음이 끌린다. 당신의 지적 능력도 존중받을 수 있다. 서로 격려하면서 성공을 이루게 되는 커플.

- ✚ Advice ···· 성인 잡지 정기구독하기
- ✚ 배울 점 ···· 성실함, 창의적, 강한 성취욕
- ✚ 나쁜 점 ···· 무기력, 투쟁심, 포용성 부족
- ✚ 고칠 점 ···· 섹스도 신문 보듯 진지할 것

처녀자리 ✚ 전갈자리 > 빛과 그림자

분석적이고 정신적 교감을 즐기는 당신은 파트너를 맹목적으로 좋아하거나 따르지는 않지만, 온화한 성격의 파트너가 당신의 그런 부분을 충분히 이해해줄 것이다.

- ✚ Advice ···· 완전한 성의 결합, 사랑의 완성이다
- ✚ 배울 점 ···· 정열적, 신뢰감, 여유로움
- ✚ 나쁜 점 ···· 논쟁적, 이지적, 비판적인 성격
- ✚ 고칠 점 ···· 항상 자신의 결점에 먼저 신경을 써라

처녀자리 ✚ 황소자리 > 헌신적인 사랑

비교적 잘 맞는 커플. 생각하는 방향이 조금 다르기는 하지만, 지적이기 때문에 슬기롭게 극복한다. 함께 무언가를 할 때는 단기간에 결과가 나올 수 있게 한다.

- ✚ Advice ···· 적절한 로맨스는 필요악이다
- ✚ 배울 점 ···· 이해심, 헌신적, 솔직한 생활 태도
- ✚ 나쁜 점 ···· 비밀주의, 과격함, 비판적인 언행
- ✚ 고칠 점 ···· 결혼을 하려면 이기심을 버려라

처녀자리 ✚ 염소자리 > 그대는 나의 행복

행복하고 만족스러운 커플. 자존심과 책임감을 중요하게 생각하는 파트너와 성실하면서도 능력 있는 당신과의 만남은 신뢰를 바탕으로 무언가든 만들어낼 것이다.

- ✚ Advice ···· 섹스 할 때 정해진 격식은 필요 없다
- ✚ 배울 점 ···· 건설적, 책임감, 객관적인 언행
- ✚ 나쁜 점 ···· 세심함, 분석적, 유별난 자존심
- ✚ 고칠 점 ···· 사소한 일에 목숨 걸지 말라

양자리
(aries: 3/21~4/20)

황소자리
(taurus: 4/21~5/20)

전갈자리
(scorpio: 10/23~11/22)

염소자리
(capricorn: 12/25~1/19)

■ 그냥 그냥

처녀자리 ＋ 게자리 > 이상 vs. 현실

감상적이며 의존심이 강한 파트너를 보면서 당신은 보호본능이 발동할 것이다. 그러나 지나친 자기연민과 응석부리는 듯한 태도가 문제가 될 수 있다.

- Advice　　파트너는 당신의 부모가 아니다
- 배울 점　　프로 기질, 현실적, 철저한 완벽성
- 나쁜 점　　타산적, 감상적, 유약한 감정 처리
- 고칠 점　　포용력을 키워라

처녀자리 ＋ 천칭자리 > 갈등 혹은 투쟁

두 사람 모두 분별력이 강하지만 상대방의 결점을 이해하려고 하지 않는다. 자신의 사고방식을 고집하는 당신의 요구를 파트너는 끝까지 용납하지 않을 것이다.

- Advice　　가장 위대한 사랑은 인내로부터 시작된다
- 배울 점　　분별력, 진솔함, 대담한 용기
- 나쁜 점　　도발적, 배타적, 비관적 태도
- 고칠 점　　지나간 일에 너무 구속되지 말라

처녀자리 ＋ 처녀자리 > 만성적 갈등

독선적 언행으로 상대를 자극하는 커플. 상대 의견에 귀를 기울이려 하지 않는다. 다만 두 사람은 책임감이 강하므로 기본적인 룰만 지키면 무난한 관계가 될 것이다.

- Advice　　앵무새 몸으로 울 듯 두 사람도 그렇게 하자
- 배울 점　　양심적, 책임감, 근면한 생활 태도
- 나쁜 점　　독단적, 자기주장, 다혈질적 언행
- 고칠 점　　지켜야 할 선은 절대 넘지 말 것

처녀자리 ＋ 사수자리 > 머리와 꼬리

썩 잘 어울리는 커플은 아니다. 당신은 파트너를 어딘가 부족하다고 생각한다. 파트너 역시 유별나게 따지는 당신의 태도를 그다지 달가워하지 않는다.

- Advice　　육체적 사랑이 더 진솔할 수 있다
- 배울 점　　다양성, 실용성, 강인한 설득력
- 나쁜 점　　비평적, 비협조, 포기하는 태도
- 고칠 점　　삶이 다양하다는 것을 깨우쳐라

게자리
(cancer: 6/22~7/22)

처녀자리
(virgo: 8/23~9/23)

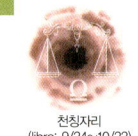
천칭자리
(libra: 9/24~10/22)

사수자리
(sagittarius: 11/23~12/24)

✖ 미워 미워

처녀자리 ＋ 쌍둥이자리 > 고장난 신호등

자기주장이 강하고 쉽게 화를 내는 두 사람. 원만한 결혼 생활은 기대하기 어렵다. 변덕스러운 당신은 파트너와 함께 무미건조한 일상생활에서 변화를 찾아야 한다.

- **Advice**   한 달에 한 번 이상은 함께 여행하기
- **배울 점**   현실적, 실용적
- **나쁜 점**   비사교적, 변덕, 일관성이 부족하다
- **고칠 점**   돈을 좇으면 돈의 노예가 된다

처녀자리 ＋ 물병자리 > 불난 집에 부채질

날카로운 지성의 소유자인 당신은 자유인을 꿈꾸는 이상주의자인 파트너를 받아들이기 힘들 것이다. 서로 적절히 타협할 수 있다면 그럭저럭 짝을 이룰 수 있다.

- **Advice**   결혼은 뚜껑을 덮어놓은 음식임을 명심하라
- **배울 점**   넉넉함, 계획적, 세련된 언행
- **나쁜 점**   비판적, 집착, 지나친 현실감
- **고칠 점**   설득보다는 차라리 침묵하는 게 낫다

처녀자리 ＋ 사자자리 > 스쳐가는 인연

만남이 병이 되는 커플. 상대방에게 적응하지 않고 자기방어적인 모습만 보인다면 불행한 커플이 될 것이다. 유창한 화술로 상대에게 큰 상처를 주는 유형이다.

- **Advice**   말로 싸우듯이 몸으로도 그렇게 싸워라
- **배울 점**   상상력, 대담, 뛰어난 언변과 설득력
- **나쁜 점**   가식적, 과민반응, 비타협적인 태도
- **고칠 점**   서로의 허물을 부드럽게 감싸줄 것

처녀자리 ＋ 물고기자리 > 바람 앞의 등불

결혼하기는 쉽지만 결혼 생활을 지속하는 건 힘든 커플. 이들은 서로 일치하지 않는 부분도 있지만 서로를 존중해준다면 차이를 충분히 극복할 수 있는 커플이다.

- **Advice**   의무적인 섹스라도 건너뛰지는 말라
- **배울 점**   사색적, 근면성, 솔직한 김징
- **나쁜 점**   직선적, 독선적, 유별난 성격
- **고칠 점**   결점을 장황하게 늘어놓는 것을 피하라

쌍둥이자리
(gemini: 5/21~6/21)

사자자리
(leo: 7/23~8/22)

물병자리
(aquarius: 1/20~2/18)

물고기자리
(pisces: 2/19~3/20)

★ 처녀자리 남자의 사랑

처녀자리 남자는 귀공자처럼 기품이 있다. 지식에 대한 욕구도 남다르기 때문에 겉모습도 지성과 품위를 겸비했다. 남들에게 보이는 모습도 흐트러짐이 없고 단정한 용모로 항상 특별한 몸가짐을 유지한다. 그렇듯 빈틈없는 태도 때문에 다가가기 어려워 보이기도 하지만 조금만 친해지면 솜사탕처럼 달콤하고 다정다감하다.

책임감이 강하다. 어려운 난관에 부딪치더라도 큰 어려움 없이 해결해 나갈 수 있는 능력의 소유자다. 순수하면서도 정확하고 맡은 일에 대해 최선을 다한다. 명석하고 총명하지만 모든 일을 혼자서 처리하려는 개인적인 태도가 문제가 된다. 또한 직선적이고 거침없는 표현 때문에 실제의 마음과는 달리 큰 오해를 사기도 한다.

사랑에 관한 한 초연하고 청순한 사랑을 꿈꾸는 감상주의자다. 항상 싱싱하고도 건전한 사랑을 유지하는 데 온 마음을 다한다. 나이와 관계없이 낭만적인 연애의 주인공이 되고 싶어 하는 환상을 꿈꾸기도 한다. 하지만 감정 표현이 서투른 것이 문제다.

차갑고 냉정한 듯 보이는 성격 속에는 뜨거운 열정이 감춰져 있다. 그의 사랑을 원한다면 귀엽고 깜찍 발랄한 모습으로 다가가라. 청순하면서도 행복한 사랑의 감정을 오랫동안 느낄 수 있다. 자신을 가꾸지 않는 여성은 싫어한다. 지적이면서도 천진난만한 여인, 자신을 사랑할 줄 아는 여인에게 호감을 느낀다.

★ 처녀자리 여자의 사랑

처녀자리 여자는 까다롭다. 지적이지만 냉소적이다. 기본적으로 비평적인 본성을 갖고 있다. 모든 일을 치밀하게 진행해나갈 수 있는 분석력을 갖추었다. 청순함과 치밀함이 합해져 불완전한 일이나 불결함을 증오할 정도의 결벽성을 나타내기도 한다. 그렇지만 연인으로서 교제가 시작되면 봉사와 희생하는 모습을 보이기도 한다.

영원히 늙지 않을 듯한 젊음과 싱그러운 아름다움을 지닌 꿈 많은 소녀처럼, 사랑에 관해서는 늘 애틋함에 젖어들기도 한다. 매사에 완벽하고 주도면밀한 생활을 실천하려고 하며 시작과 끝을 정확히 한다. 그러나 세세

한 사항에 너무 충실하면 나무만 보고 숲을 보지 못하기 때문에 능률이 저하될 수도 있다.

항상 사랑을 갈망하지만 정작 사랑이 다가오면 머뭇거린다. 자신의 모든 것을 걸지는 않는다. 사랑을 표현하는 것이 조금 서툴기도 하지만 이는 보다 현실적인 사랑을 좋아하기 때문이다. 활활 타오르는 사랑보다는 부드럽게 다가오는 사랑을 더 신뢰하며 이런 조심스런 태도 때문에 처녀자리 여성에게는 인내심을 가지고 자연스럽게 다가가야 한다.

당신은 꿈과 희망을 추구하며 지극히 현실적으로 살아가는 듯 보이지만 의외로 공상 속에 파묻히는 시간도 많다. 그래서 전혀 뜻밖의 상황에서의 섹스를 즐기기도 한다. 그렇듯 일탈의 자유로움을 추구하기도 하지만 전반적인 사랑의 형태는 철저하게 교과서적이며 상식의 수준을 벗어나지 않는다.

★ 처녀자리의 섹스 스타일과 침실 풍수 컨설팅

지적인 완벽을 추구하는 당신, 늘 새로운 지식을 통한 충만감으로 무장되어있어 스스로에게 잠재된 본능을 충분히 조절할 수 있으며 이겨낼 수도 있는 당신은 논리적으로 완벽하다. 그렇기에 당신은 섹스조차도 이성적으로 접근할 가능성이 크다. 그러한 당신의 섹스 라이프스타일에 맞는 주거 공간의 올바른 연출 포인트는 은밀함이다.

차분하고 은밀한 가운데 화려한 침대 패브릭으로 포인트를 준 처녀자리를 위한 침실.

처녀자리들은 섹스에 대한 부정적인 생각을 떨쳐버리는 것이 급선무이다. 자신의 본능적인 욕구를 잠재우려 노력하고 관계를 갖는 것조차 의무적인 요식행위라는 생각을 버려야 한다. 신이 인간에게 부여한 여러 가지의 즐거움 중에서 섹스가 차지하는 기쁨은 상당히 크다는 것을 깨우쳐야 한다. 섹스에 대한 단편적 생각이나 오해, 편견을 고친다면 당신의 삶은 보다 행복하고 의미가 있을 것이다.

당신의 풍요로운 삶을 위한 침실의 풍수 인테리어를 살펴보자.

침실은 독립성이 보장되어야 한다. 섹스를 수치스럽게 생각할 수도 있는 당신. 행여나 침실의 소음이 조금이라도 밖으로 새어나갈 것이라고 생각되면 당신의 몸과 마음은 차갑게 얼어붙을 것이다. 때문에 무엇보다도 방음에 각별한 신경을 써야 한다.

맺고 끊는 것이 분명한 당신은 어떤 경우라도 복잡하고 번잡한 디자인은 피해야 한다. 침실은 조금은 가라앉은 듯한 색상으로 꾸며야 한다. 청색과 회색을 적절하게 사용하여 정신적으로 안정감을 느낄 수 있도록 만들어주는 것이 좋다.

처녀자리는 행위를 하면서도 집중하지 못하는 경우가 많다. 행위가 끝난 다음에는 행위 자체에 대한 정서적 죄의식을 가질 수도 있다. 그런 처녀자리만의 독특한 심리 상태를 도와줄 수 있는 가장 좋은 방법은 바로 교외로 나가는 것이다.

주거 공간이 도심에서 벗어나 교외의 단독주택이라면 실내의 색상을 좀 더 밝게 하는 것이 좋다. 창문으로 정원이 보이는 곳에 침실을 배치하는 것이 풍수 인테리어의 올바른 교정법이다.

침대는 고급스러운 앤티크 스타일의 목재 제품으로 한다. 머리는 동쪽이나 남쪽으로 두는 것이 좋으며 머리맡에 고즈넉한 분위기의 스탠드를 놓아 침실 조명을 조절하는 것이 좋다. 침대 커버와 커튼은 오렌지색이나 분홍색 등의 화려한 색상을 사용하면 사랑의 감정을 키울 수 있다. 전체 조명은 직접조명보다 간접조명을 사용하여 분위기를 차분하게 만드는 것이 포인트이다.

풍수의 지혜를 얻어서 조금은 색다른 인테리어를 한다면 음과 양으로 호흡을 맞출 수 있는 완벽한 성생활을 영위할 수 있을 것이다.

Bedroom

처녀자리

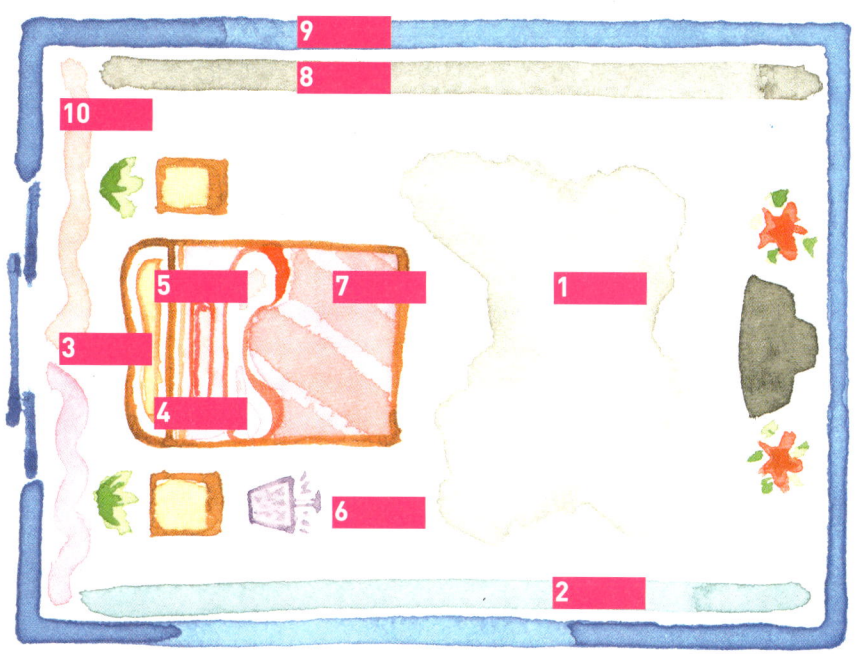

Consulting

1. 내부 색상은 조금은 가라앉은 듯한 분위기로 꾸며야 한다.
2. 벽지는 청색과 회색을 적절하게 사용하여 정신적으로 안정감을 느낄 수 있도록 만들어준다.
3. 창문으로 정원이 보이는 곳에 침실을 배치하는 것이 좋다.
4. 침대는 고급스러운 목재 제품의 앤티크 스타일로 한다.
5. 머리는 동쪽이나 남쪽으로 두는 것이 좋다.
6. 머리맡에 고즈넉한 분위기의 스탠드를 놓아 침실의 조명을 조절하는 것이 좋다.
7. 침대 커버는 오렌지색이나 분홍색의 화려한 색상을 사용하는 것이 사랑의 감정을 키울 수 있다.
8. 전체 조명은 직접조명보다 간접조명을 사용하여 분위기를 차분하게 만드는 것이 좋다.
9. 조심스러운 성격을 위하여 무엇보다도 방음에 각별한 신경을 써야 한다.
10. 커튼은 오렌지색이나 분홍색이 좋다.

천칭자리 | libra : 9/24~10/22 | 때론 예술적으로, 때론 외설적으로

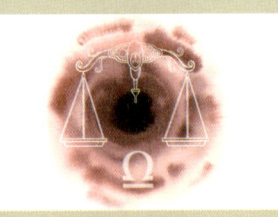

천칭자리
(libra: 9/24~10/22)

천칭자리는 철저한 균형 감각으로 받은 만큼 주고, 준 만큼 받는다. 이들은 물질적이면서도 평범한 것을 좋아한다. 환상에 매달리지도 않는다. 모든 것을 원칙에서 살펴보는 당신의 사랑 방정식은 순수한 사랑하고는 거리가 멀다. 파트너에게 모욕감을 느낄 정도로 불쾌감을 주거나 짜증을 부를 수도 있다.

친화력이 좋아서 대인 관계는 좋은 편이다. 상대방의 신분을 크게 따지지도 않는다. 간혹 별것도 아닌 일로 화를 내기도 하지만 자신의 분노를 쉽게 표현하지는 않는다. 인연을 소중하게 생각해서 인연을 맺은 사람은 쉽게 배신하지 않는다. 기분이 내키면 이익을 추구하지 않고 손해를 감수하면서까지 상대를 도와주기도 한다.

우유부단하고 감정의 기복이 심하다. 분위기만 맞으면 상대를 가리지 않고 여러 사람들과 잘 어울린다. 자신이 좋아하는 사람하고는 늘 함께 있으려고 하며 좋은 관계를 유지하려고 노력한다.

당신의 평정심은 사랑을 할 때도 마찬가지다. 순간적으로 불꽃처럼 타오르다가 손해를 본다는 느낌이 들면 언제 그랬냐는 듯 차갑게 돌아선다. 그런 당신에게 충성스러웠던 사랑의 포로는 당신을 적으로 생각하게 될 수도 있다. 그래서 여기저기에 당신을 원망하고 다닌다면 당신의 이미지에 커다란 흠집이 날 수도 있다는 사실을 명심하자.

♥ 어울리는 별자리 – 좋아 좋아
　　쌍둥이자리, 사수자리, 물병자리, 물고기자리

■ 무덤덤한 별자리 – 그냥 그냥
　　사자자리, 처녀자리, 천칭자리, 염소자리

✱ 어울리지 않는 별자리 – 미워 미워
　　양자리, 황소자리, 게자리, 전갈자리

♥ 좋아 좋아

천칭자리 ＋ 쌍둥이자리 > 사막의 오아시스

행복한 만남. 서로의 요구와 결함을 잘 이해할 수 있지만 개인적인 자유와 독립감도 즐겨야 더 풍요로운 삶을 누릴 수 있게 된다.

- **Advice** — 랑데부도 좋지만 도킹은 더 좋다
- **배울 점** — 포부가 크다, 사교적, 상대방에 대한 배려
- **나쁜 점** — 의존적, 자기중심적, 현실도피적인 태도
- **고칠 점** — 문제가 생기면 피하지 말고 부딪쳐라

천칭자리 ＋ 물병자리 > 사랑의 봄날

매력적이고 인간적인 이상적인 결합. 두 사람은 서로의 요구를 잘 받아들이는 편이고 상대방의 사생활을 인정하고 침범하지 않는 현대적이며 만족을 주는 커플.

- **Advice** — 오르가슴은 느릿한 애무로부터 시작된다
- **배울 점** — 성실성, 논리적, 적절한 이해심
- **나쁜 점** — 충동적, 즉흥적, 순간적인 결정
- **고칠 점** — 함부로 판단하는 것은 주의하라

천칭자리 ＋ 사수자리 > 전부 혹은 전무

두 사람 모두 온화한 성격에 독립심이 강해서 원만한 커플이 될 수 있다. 위험 요소는 둘 사이의 관계를 너무 좋게 끝내려 하다가 서로에 대한 관심이 흐려질 수도 있다는 점이다.

- **Advice** — 섹스 주기표를 달력에 표시하라
- **배울 점** — 성실성, 정열적, 부드러운 배려
- **나쁜 점** — 의존적, 변덕, 무원칙적인 행동
- **고칠 점** — 무조건 양보하는 것이 사랑은 아니다

천칭자리 ＋ 물고기자리 > 용서와 포용

잘 어울리는 커플. 상대방을 배려하며 합리적인 요구를 한다. 결국 서로에게 신뢰를 통한 인간적인 만족을 느끼는 관계. 힘들 때는 서로를 격려하면서 용기를 준다.

- **Advice** — 사랑은 영혼의 형이상학, 섹스는 사랑의 형이하학
- **배울 점** — 논리적, 적극적, 끊임없는 격려
- **나쁜 점** — 무관심, 우울증, 갑작스런 변덕
- **고칠 점** — 좋은 것이 꼭 좋은 것만은 아니다

쌍둥이자리
(gemini: 5/21~6/21)

사수자리
(sagittarius: 11/23~12/24)

물병자리
(aquarius: 1/20~2/18)

물고기자리
(pisces: 2/19~3/20)

■ 그냥 그냥

천칭자리 + 사자자리 > 환상적인 관계냐, 환장하는 관계냐

이상주의자와 현실주의자의 만남이기에 가슴이 탄다. 다만 서로가 필요한 기질을 갖고 있어서 상대의 결점을 눈감아준다면 환상적인 만남이 될 수도 있다.

- **Advice** ···· 한 번은 위에서 한 번은 밑에서
- **배울 점** ···· 과단성, 실용적, 여유로운 행동
- **나쁜 점** ···· 독단적, 완고함, 이기적인 모습
- **고칠 점** ···· 상대를 너무 많이 알려고 하지 말라

천칭자리 + 천칭자리 > 수풀과 나무

두 사람 모두 따뜻하고 안정감 있는 성격. 상대의 의견을 존중하려고 노력하는 성실한 커플. 서로의 생각과 애정관을 대화를 통해서 합리적으로 조화시킨다.

- **Advice** ···· 느리게 혹은 더 느리게 공격하라
- **배울 점** ···· 가정적, 통찰력, 성실한 인간관계
- **나쁜 점** ···· 경쟁적, 독립적, 근거 없는 자만심
- **고칠 점** ···· 상대방의 사생활을 인정하라

천칭자리 + 처녀자리 > 갈등 혹은 투쟁

두 사람 모두 분별력이 강하지만 상대방의 결점을 이해하려고 하지 않는다. 자신의 사고방식을 고집하는 파트너의 요구를 당신은 끝까지 용납하지 않을 것이다.

- **Advice** ···· 가장 위대한 사랑은 인내로부터 시작된다
- **배울 점** ···· 분별력, 진솔함, 대담한 용기
- **나쁜 점** ···· 도발적, 배타적, 비관적 태도
- **고칠 점** ···· 지나간 일에 너무 구속되지 말라

천칭자리 + 염소자리 > 돈이냐, 명예냐

세속적인 성공을 위하여 노력하는 파트너에게 당신은 기탄없는 비판을 하며 짜증을 낼 것이다. 돈과 명예라는 현실적 욕구를 이해하면 합일점을 찾을 수 있는 커플.

- **Advice** ···· 사랑의 행위는 세레나데를 연주하듯
- **배울 점** ···· 역동적, 성실성, 진취적인 생각
- **나쁜 점** ···· 냉소적, 억압적, 강렬한 권력욕
- **고칠 점** ···· 불필요한 적대 감정을 버려라

사자자리
(leo: 7/23~8/22)

처녀자리
(virgo: 8/23~9/23)

천칭자리
(libra: 9/24~10/22)

염소자리
(capricorn: 12/25~1/19)

✘ 미워 미워

천칭자리 + 양자리 > 물과 기름

많은 노력이 필요한 커플. 관계를 가지려 하면 상대방의 관심과 정열을 다른 방향으로 분산시키려 하지 말고 이해하려고 노력해야 한다.

- **Advice** ⋯ 이슬비에 도포자락 젖는다.
- **배울 점** ⋯ 단호함, 처세술, 교육적인 모습
- **나쁜 점** ⋯ 현실도피, 경쟁적, 고압적인 자세
- **고칠 점** ⋯ 상대방의 감정을 이해하라

천칭자리 + 게자리 > 미안하다, 사랑할 수 없어서

성격이 판이한 두 사람의 만남은 썩 어울리는 관계가 아니다. 때로는 심하게, 때로는 가볍게 서로 간의 관심의 차이 때문에 다투게 될 것이다.

- **Advice** ⋯ 섹스는 사랑을 느끼기 위한 행위다
- **배울 점** ⋯ 논리적, 동정심, 희생적인 태도
- **나쁜 점** ⋯ 다혈질, 직선적, 매정한 인간성
- **고칠 점** ⋯ 감상적이고 나약한 생활 방식을 버려라

천칭자리 + 황소자리 > 뜨겁게 타오르는 불꽃

두 사람은 상대방의 문화적 성향을 받아들이려는 자세가 부족하다. 그렇지만 성적인 부분에서는 절묘한 일치점을 찾을 수 있어서 그나마 행복한 가정을 이룰 수 있다.

- **Advice** ⋯ 솔직하게 감정을 표현하라
- **배울 점** ⋯ 열정적, 강렬함, 사교적인 태도
- **나쁜 점** ⋯ 강박관념, 불안정, 불만 많은 모습
- **고칠 점** ⋯ 섹스가 인생의 전부는 아니다

천칭자리 + 전갈자리 > 백열등과 형광등

믿음직스럽고 고결한 당신은 파트너만큼 정열적이지 않다. 상대의 욕망과 왕성한 정력을 이해하고 받아들이려고 노력할 때 좋은 관계를 유지할 수 있다.

- **Advice** ⋯ 음식과 섹스, 함께 해야 좋은 것
- **배울 점** ⋯ 신뢰감, 정직성, 성실함
- **나쁜 점** ⋯ 호전적, 비판적, 자기중심적 태도
- **고칠 점** ⋯ 결과를 빨리 보려고 하지 말라

양자리
(aries: 3/21~4/20)

황소자리
(taurus: 4/21~5/20)

게자리
(cancer: 6/22~7/22)

전갈자리
(scorpio: 10/23~11/22)

★ 천칭자리 남자의 사랑

천칭자리의 남자는 사랑을 할 때도 치우침이 없이 공평하다. 아버지와 같이 엄하면서도 감칠맛 나는 부드러운 애정으로 누구에게나 편안함을 준다. 로맨틱한 분위기를 즐기는 그는 파트너에게 끊임없이 낭만과 환상의 꿈을 심어주어 여자를 들뜨게 하는 매력을 지니고 있다.

민감하면서도 예리한 비판력이 있다. 섬세한 두뇌를 가진 심미안의 소유자인 그는 사랑을 할 때도 현실과 이상을 적절하게 조화시킨다. 삶의 방식이 철저하리만큼의 현실파이기에 결코 손해 보는 행동은 하지 않는다. 대체로 목표 지향적인 성향이며 야망이 커서 상승 욕구가 강하다.

사랑을 하다가도 애정 관계에 무언가 문제가 생기는 듯하면 정리를 하려고 한다. 아무리 뜨겁고 열정적인 사랑일지라도 노력하지 않고 떠나려고 준비한다. 그래서 불필요한 방법으로 사랑을 시험하는 것은 현명한 방법이 아니다. 그와 사랑을 하게 되면 여러 가지 상황에 현실적으로 대처할 수 있도록 도와주어야 한다.

여자를 판단할 때 겉모습에 큰 비중을 둔다. 촌스러운 여성은 싫어한다. 지적이면서 분위기가 있는 여자를 좋아한다. 첫인상을 소중하게 생각하므로 첫눈에 마음이 드는 여성을 찾는다. 미모를 중시하는 성향이 있는 그는 요염하면서도 깜찍한 분위기를 가진 연하의 여성에게 호감을 느낀다.

★ 천칭자리 여자의 사랑

당신은 아름다운 품위가 돋보인다. 우아하면서도 여성적인 모습으로 남자들의 시선을 끌어당긴다. 마음에 드는 상대를 발견하면 묘한 눈빛으로 자신의 존재를 인식시키고 상대의 마음을 애타게 만든다. 순간적이라 할 수 있을 정도로 짧은 시간에 상대를 자신의 포로로 만들어버리는 매력을 가지고 있다.

남들의 아픔과 고통을 자신의 것처럼 공감하는 당신은 분명 두 개의 균형 잡힌 천칭처럼 인생의 모든 것을 체험한 듯 어른스럽다. 인간관계가 모나지 않으며 매사에 부드럽게 해결하려고 하는 재능을 가지고 있다. 순진하기 때문에 타인에게 의도적으로 이용을 당해 피해를 보기도 한다.

그대는 로맨틱하고 감상적인 면도 있다. 그렇지만 자신의 야심을 감추

려고 하는 기질이 사랑을 할 때 큰 걸림돌로 작용할 수 있다. 가슴속에 숨어 있는 욕망을 중요하게 생각해야 한다.

자신에게 어울리는 남자를 발견하면 푹 빠져버린다. 그러나 오래도록 집중력을 유지하지 못하는 것이 사랑을 방해하는 요소가 된다.

적절한 균형 감각과 고상한 품위를 지녔으며 조화롭고 풍만한 인생관을 가꾸어 나가려는 속성을 가지고 있어서 배우자는 재정적으로 안정되어 있어야 한다. 당신에게는 허영심이나 자존심 같은 것이 가슴 깊이 도사리고 있기 때문이다. 매일 전화를 하거나 꽃을 보내면서 화려한 언변을 구사하는 남자에게 매우 약하다.

★ 천칭자리의 섹스 스타일과 침실 풍수 컨설팅

당신의 나른한 감각에서 오는 조화로움은 자칫 멈칫거림으로 변질될 수 있다. 예술적 기질과 감상적인 성격은 중요한 순간에는 우유부단한 모습으로 나타날 수 있다. 그리하여 싱싱하고 아름다운 꽃을 바치면서 사랑을 고백하는 상대방에게 그 꽃다발이 시들 때까지도 답변을 주지 못할 수도 있다 그런 상황이 반복된다면 당신의 청초하고 깔끔한 이미지는 어느새 낡고 시든 꽃처럼 변해버릴 수 있다.

당신의 사랑과 섹스에 변화를 주기 위해서는 침실의 풍수 인테리어가 큰 도움이 될 수 있을 것이다. 인생에서 가장 위대한 예술품이라는 참된 사랑을 체험하여 보다 행복한 삶을 꾸려가자.

침실 분위기는 아늑해야 한다. 누구보다도 아름다움을 사랑하는 당신은 섹스의 행위조차도 의식이 갖춰져야 한다. 사랑의 결정체인 섹스이기에 예술적 가치로서의 완성도를 추구하려고 하기 때문이다. 특히 조명은 각별하게 다루어야 할 아이템이다. 조명기구의 디자인은 화려한 것이 좋은데 부분조명을 적절하게 활용하는 한편 스탠드의 불빛으로 무드가 넘치는 방으로 꾸며야 한다.

당신에게 어울리는 풍수 도구는 음악과 예술 작품이다. 오감을 충족시키는 상쾌한 느낌의 그림이나 조각 작품을 놓아두도록 하자. 실내는 항상 음악 소리가 들리게 하거나 음악과 관련된 물건들을 놓아두면 당신의 성적 충동을 적절하게 자극할 것이다.

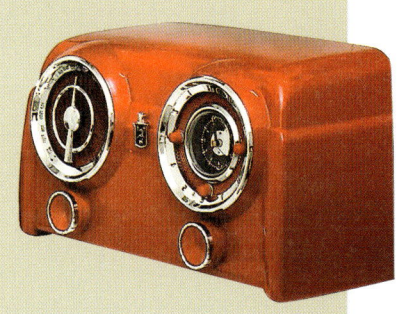

● 천칭자리들에겐 예술적인 장식품들이 성적 충동을 적절하게 자극시킨다.

특히 크게 필요하지 않지만 미련이 남아 보관하고 있는 잡동사니는 당신의 성적인 에너지를 감소시키는 해로운 물건이다. 버리기 아까워 벽에 걸어둔 액자 등도 침실에서 제거되어야 할 장애물이다.

침대는 원목이 가장 좋다. 침대 헤드 디자인은 요란한 모양은 피하고 심플한 스타일을 선택한다. 침대 커버는 청색이나 녹색 계열의 꽃무늬가 좋다. 커튼은 이중으로 사용하는 것이 좋으며 침대 커버와 조화를 이룰 수 있도록 간단한 디자인으로 한다. 화장대는 컨트리풍의 디자인이 좋은데, 화장대 위에 꽃무늬 소품이나 향수를 올려놓으면 기분도 좋아지고 단조로움을 극복할 수 있다.

당신은 외부의 영향에 쉽게 흔들린다. 때에 따라 이래도 좋고 저래도 좋다는 식으로 마음이 쉽게 변하는 당신. 기분이 울적하거나 계절이 바뀔 때마다 가구 배치에 변화를 주면서 스트레스를 푸는 당신에게는 값비싼 유럽풍의 가구보다는 마음만 먹으면 언제라도 옮길 수 있는 간편한 디자인의 제품이 좋다.

섹스가 끝난 다음에는 사랑의 밀어를 나누면서 사랑의 여운을 즐기려는 당신만의 독특한 취향을 고려하여 창가나 침대 옆에 작은 탁자와 의자를 두는 것도 좋은 풍수적 처치법이 될 수 있다.

Bedroom

천칭자리

Consulting

1. 조명기구는 화려한 디자인이 좋다. 부분조명으로 시각적으로 아름다운 분위기를 연출한다.
2. 침대 주변의 스탠드 불빛으로 무드가 넘치는 분위기로 꾸미는 것도 좋다.
3. 오감을 충족시키는 상쾌한 느낌의 그림이나 조각 작품을 놓아둔다.
4. 실내는 음악 소리가 들리게 하거나 음악과 관련된 물건들을 놓아두면 성적 충동을 적절하게 자극할 것이다.
5. 침대는 원목이 좋다. 침대 헤드 디자인은 심플한 스타일을 선택한다.
6. 침대 커버는 청색이나 녹색 계열의 꽃무늬가 좋다.
7. 커튼은 이중으로 사용하는 것이 좋으며 침대 커버와 조화를 이룰 수 있도록 간단한 디자인으로 한다.
8. 화장대는 컨트리풍의 디자인이 좋다. 화장대 위에 꽃무늬 소품이나 향수를 놓아 단조로움을 피하도록 한다.
9. 가구는 빌트인보다 언제라도 옮길 수 있는 간편한 디자인의 제품이 좋다.
10. 섹스가 끝난 다음 사랑의 여운을 즐길 수 있도록 창가나 침대 옆에 작은 탁자와 의자를 두도록 한다.

전갈자리 | scorpio : 10/23~11/22 | 장미처럼 혹은 백합처럼

전갈자리
(scorpio: 10/23~11/22)

전갈자리는 신비롭다. 사람의 호기심을 자극하는 듯한 독특한 매력을 가지고 있다. 열정적인 에너지에서 풍기는 야릇한 뉘앙스는 황도의 모든 별자리 중에서도 가장 오묘하다. 그런데 그런 요인들이 반드시 남들의 이목을 끌기 위해서 그런 것은 아니다. 어쩌면 누구보다도 은밀한 타입이 바로 당신일 수 있다.

이 별자리는 태어날 때부터 신에게 활력과 정력을 부여받은 듯 격렬하고 열정적이다. 무언가를 할 때는 몸과 마음을 바쳐 혼신의 노력을 기울인다. 어렵고 힘들어도 꾸준히 밀고 나가 보란 듯이 성공시킨다. 그런 점은 사랑을 할 때도 마찬가지다. 마음에 드는 이성을 발견하면 무슨 수를 쓰더라도 자기 것으로 만든다.

인연을 소중하게 생각한다. 게다가 사람들을 끌어들이는 매력이 있다. 사람들을 관리하는 재능도 탁월하다. 새로운 사람을 사귀는 것도 잘하지만, 한 번 맺은 관계를 지속적으로 끌고 나가는 것을 더 좋아한다.

당신의 몸 전체를 감싸고 있는 묘한 매력은 이성이 아닐지라도 호기심을 자극하기에 충분하다. 자신감이 넘쳐서일까, 두려워하는 것이 없다. 다만 질투가 너무 강해서 삶이 비틀어질 수도 있다. 자기 것에 대해서는 강한 소유욕을 보인다. 그런 점이 이성에 대해서는 편집광적인 증세로 나타날 수 있다.

♥ **어울리는 별자리 – 좋아 좋아**
　게자리, 처녀자리, 물병자리, 물고기자리

■ **무덤덤한 별자리 – 그냥 그냥**
　양자리, 쌍둥이자리, 전갈자리, 염소자리

✖ **어울리지 않는 별자리 – 미워 미워**
　황소자리, 사자자리, 천칭자리, 사수자리

♥ 좋아 좋아

전갈자리 + 게자리 > 강력한 로맨스

따뜻하고 친밀한 커플이다. 두 사람 모두 상대를 편하게 생각하고 진정한 관심을 가질 것이다. 파트너의 정중한 언행은 당신의 기분을 즐겁게 해줄 것이다.

- **Advice** · · · 호기심에 한계를 정하라
- **배울 점** · · · 관능적, 헌신성, 관대한 보호본능
- **나쁜 점** · · · 비현실성, 소유욕, 끝없는 욕망
- **고칠 점** · · · 솔직한 자신의 모습을 보여줘라

전갈자리 + 물병자리 > 손에 손잡고

행복한 커플이 될 수 있는 관계. 봉사와 희생정신이 강한 두 사람. 자신의 목표도 중요하지만 상대방의 목표를 실현하기 위해 적극적인 노력을 기울인다.

- **Advice** · · · 진정한 사랑은 적절하게 절제된 표현
- **배울 점** · · · 정열적, 신뢰감, 헌신적인 행동
- **나쁜 점** · · · 물질 추구, 변덕, 무절제한 사치
- **고칠 점** · · · 목표를 세우고 일관성 있게 움직여라

전갈자리 + 처녀자리 > 빛과 그림자

당신의 분석적이고 정신적 교감을 즐기는 부분을 파트너가 좋아하지는 않지만, 성격이 온화한 파트너는 당신의 여러 가지 부분들을 관용으로 이해해줄 것이다.

- **Advice** · · · 완전한 성의 결합, 사랑의 완성이다
- **배울 점** · · · 정열적, 신뢰감, 여유로움
- **나쁜 점** · · · 논쟁적, 이지적, 비판적인 성격
- **고칠 점** · · · 항상 자신의 결점에 먼저 신경을 써라

전갈자리 + 물고기자리 > 야망 혹은 안주

상대를 배려하는 커플. 재능이 많고 두뇌회전이 명석한 파트너, 당신의 행동을 파악하고 큰 트러블 없이 서로가 원하는 라이프사이클을 찾을 수 있을 것이다.

- **Advice** · · · 오르가슴을 가장하는 것은 피하라
- **배울 점** · · · 긍정적, 도전적, 넘치는 자신감
- **나쁜 점** · · · 도피 성향, 의존적, 없어도 있는 척
- **고칠 점** · · · 불평불만을 쌓아두지 말라

게자리
(cancer: 6/22~7/22)

처녀자리
(virgo: 8/23~9/23)

물병자리
(aquarius: 1/20~2/18)

물고기자리
(pisces: 2/19~3/20)

■ 그냥 그냥

전갈자리 + 양자리 > 예술이냐, 외설이냐

잃는 것보다는 얻는 것이 많은 커플. 서로 다른 방향을 가고 있지만 상대를 인정하고 서로 돕는 관계. 형식적일지라도 섹스를 할 때는 포르노 배우처럼 행동한다.

- **Advice** ... 때로는 적절한 내숭으로 품위를 지키자
- **배울 점** ... 유쾌함, 도전적, 열정적인 자세
- **나쁜 점** ... 분열적, 과격함, 강한 소유욕
- **고칠 점** ... 지나친 열정을 서로 억제하는 노력이 필요하다

전갈자리 + 전갈자리 > 낮엔 해처럼, 밤엔 별처럼

두 사람 모두 강인하고 겸손하지만 끈기가 조금 부족하다. 같은 기질을 가지고 태어났기 때문에 나쁜 점보다 좋은 점을 찾는다면 무난한 커플이 될 수는 있다.

- **Advice** ... 침실의 하모니는 천상의 오케스트라
- **배울 점** ... 체계적, 진지함, 성적인 매력
- **나쁜 점** ... 은밀함, 유혹적, 괜한 호기심
- **고칠 점** ... 진정으로 사랑한다면 눈과 귀를 막아라

전갈자리 + 쌍둥이자리 > 바람처럼 혹은 구름처럼

어느 한도까지는 원만한 관계. 인생을 최대한 즐기며 타협이 중요하다는 것을 아는 두 사람. 결혼을 한다면 서로의 감정을 건드리지 않고 활기차게 생활할 것이다.

- **Advice** ... 누구나 가끔은 포르노그래피의 주인공
- **배울 점** ... 헌신적, 사교적, 타협적인 정신
- **나쁜 점** ... 쾌락적, 파괴적, 신경질적 언행
- **고칠 점** ... 가끔씩은 뒤를 돌아보라

전갈자리 + 염소자리 > 숨겨진 위험

다양한 취향을 가진 당신. 관능적이고 적극적인 당신의 특성을 살려서 파트너의 입장을 이해하면서 그의 완고한 성격을 누그러뜨린다면 훌륭한 커플이 될 수 있다.

- **Advice** ... 너무 지나친 것은 부족한 것만 못하다
- **배울 점** ... 희생적, 매혹적, 성공 지향적
- **나쁜 점** ... 우울, 공격적, 신경질적 언행
- **고칠 점** ... 지나친 환상을 조심해야 한다

양자리
(aries: 3/21~4/20)

쌍둥이자리
(gemini: 5/21~6/21)

전갈자리
(scorpio: 10/23~11/22)

염소자리
(capricorn: 12/25~1/19)

✖ 미워 미워

전갈자리 ✚ 황소자리 > 트러블 메이커

차갑고 예리한 판단력으로 적절한 조언을 할 수 있다. 그러나 애정 관계는 사랑의 불꽃이 타오르다가 꺼지기를 반복하며 두 사람의 마음이 까맣게 타버릴 것이다.

- ✚ Advice · · · 인간은 기계적으로 살아갈 수 없다
- ✚ 배울 점 · · · 도전적, 예리함, 적절한 판단력
- ✚ 나쁜 점 · · · 파괴적, 직설적, 메마른 감정 처리
- ✚ 고칠 점 · · · 다툼은 가능하면 짧고 강하게 하라

전갈자리 ✚ 천칭자리 > 백열등과 형광등

파트너의 열정적인 행동이 고결함을 즐기는 당신에게는 납득하기 어려운 부분이다. 상대방을 이해하고 받아들이려고 노력할 때 좋은 관계를 유지할 수 있다.

- ✚ Advice · · · 음식과 섹스, 함께해야 좋은 것
- ✚ 배울 점 · · · 신뢰감, 정직성, 성실함
- ✚ 나쁜 점 · · · 호전적, 비판적, 자기중심적 태도
- ✚ 고칠 점 · · · 결과를 빨리 보려고 하지 말라

전갈자리 ✚ 사자자리 > 슬픈 축가

상대에게 참된 매력을 느끼지 못하는 관계. 복잡한 성격의 당신은 상대방을 이해하기 어려울 것이다. 피차 상대를 무능하다고 생각하며 상처를 준다.

- ✚ Advice · · · 상대의 진면목을 제대로 확인하라
- ✚ 배울 점 · · · 집중적, 자발적, 뚜렷한 목표 의식
- ✚ 나쁜 점 · · · 변덕, 냉정함, 자기주장이 강하다
- ✚ 고칠 점 · · · 원망은 그때그때 풀어라

전갈자리 ✚ 사수자리 > 모래로 쌓은 방파제

삶에 대한 열정이 강한 커플. 정신적·육체적으로 상대방에게 매력을 느낄 수 있다. 다만 조심스럽지 못해서 갑작스런 결론 등의 판단 착오를 할 수 있다.

- ✚ Advice · · · 지나친 자유는 방종, 결국은 타락
- ✚ 배울 점 · · · 협상력, 자립심, 예측 불능의 사치
- ✚ 나쁜 점 · · · 이기심, 자포자기, 자제력이 부족
- ✚ 고칠 점 · · · 시시때때로 뒤를 돌아볼 것

✖ 황소자리
(taurus: 4/21~5/20)

✖ 사자자리
(leo: 7/23~8/22)

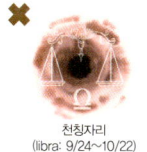
✖ 천칭자리
(libra: 9/24~10/22)

✖ 사수자리
(sagittarius: 11/23~12/24)

★ 전갈자리 남자의 사랑

전갈자리 남자는 냉정한 듯 보인다. 차갑고 이지적인 분위기가 묘하게도 최면술적인 매력으로 다가온다. 게다가 사람을 끌어당기는 흡인력이 좋은 매력적인 남자다. 사람과 사물의 이치를 정확하게 꿰뚫어 보는 예리함을 가졌다. 일단 마음에 드는 여자를 보면 숨 쉴 틈도 없이 공략하여 자기 여자로 만든다.

사랑에서도 명분이 강하다. 깔끔한 매너와 직관력으로 여인의 마음을 읽으며 접근하다. 성적으로는 민감하면서도 개방적이다.

좋아하는 여성상은 자신의 일에 몰두하여 끊임없이 노력하는 여성이다. 자신에게 반항하는 여자는 어느 순간에라도 이별을 고한다. 자신이 의도한대로 변할 수 있는 부드러운 분위기의 여성을 좋아한다.

정의로운 일, 명분이 있는 일, 의미 있는 일을 좋아하듯이 사랑을 할 때도 불같은 열정으로 대시한다. 삶의 형태가 조금은 난해한 듯 보이지만 전갈자리 남성의 강한 매력을 거절할 수 있는 여성은 그리 많지 않을 것이다. 교제를 하려면 진실한 모습으로 다가가야 한다. 솔직하고 꾸밈없는 순수한 모습으로 다가가야 사랑을 시작할 수 있다.

결혼한 후에도 싱글 시절의 분위기를 그대로 고수하려고 한다. 부인 이외의 여성에게도 끊임없이 끼를 발산한다. 그러나 나름대로의 통제력과 절제력이 있어서 마구잡이식으로 바람을 피우지는 않는다. 이 남자를 진심으로 사랑한다면 현실을 인정해야 한다. 실수를 눈감아주지 않으면 사랑은 바로 그 순간에 끝날 수 있다.

★ 전갈자리 여자의 사랑

전갈자리의 여성은 완벽한 사랑을 꿈꾼다. 항상 열정적이며 신비로운 분위기를 유지하는 여자다. 설령 일반적 기준으로 미인이라고 할 수 없어도 스치듯 지나치고 나면 뒤를 돌아보게 만드는 묘한 매력을 가졌다. 예쁘지는 않지만 아름답다고 평할 수 있는 여자, 바로 그런 여자들이 전갈자리 여자다.

질투심이 많고 소유욕이 강하다. 사랑에 대한 집념과 집착이 너무 강하다. 무드에 약하고 감정에 약하며 매사에 대충대충 행동하지 않는다. 마음에 드는 남자를 발견하면 모든 노력을 기울여 자신의 남자로 만든다. 그런 면에서 신체적, 정신적으로 오묘한 능력을 가지고 있다. 사람을 끌어당기는 매력이 너무 탁월한 것이다.

공연한 겉치레를 하지 않으며 비위를 맞추는 듯한 웃음도 짓지 않는다. 그러나 자신은 사소한 비판이라도 민감하게 반응한다. 속이 빤히 보이는 달콤한 칭찬에 너무나 즐거워한다. 시기심이 강해서 남자를 잠시도 그냥 두지 않는다. 들들 볶고 괴롭히는 타입이다. 그래서 파트너의 폭력을 불러 일으킬 수도 있다.

전갈자리 여자에겐 과묵한 성격의 남자가 어울린다. 질투심과 소유욕이 강한 성격을 달래주어야 하기 때문이다. 파트너에게 끊임없이 사랑을 확인하는 모습을 귀엽게 봐줄 수 있는 남자여야 한다. 즉, 틈만 나면 앙탈을 부려도 피식 웃으면서 가만히 안아주며 멋진 섹스를 할 수 있는 그런 남자가 전갈자리 여자의 이상형인 것이다.

★ 전갈자리의 섹스 스타일과 침실 풍수 컨설팅

강렬한 성품에서 뿜어져 나오는 열정적인 에너지를 가진 당신은 태어날 때 이미 신에게 활력과 정력을 부여받았다. 몸과 마음을 바쳐 혼신의 노력을 기울이는 당신의 땀방울은 누가 보아도 섹시하다. 어렵고 힘든 여건에서도 보란 듯이 성공시키며 찬사를 받는 당신은 섹스의 욕구도 격렬하고 열정적일 것이다. 솔직하고 개방적이지만 정작 중요한 부분은 감추려는 점이 당신의 독특한 취향이다. 그런 당신을 위한 침실의 연출 포인트는 프라이버시를 지켜주는 것이다.

섹스의 욕구가 강렬한 당신에게 침실의 인테리어는 중요하다. 침실의 전반적인 분위기는 차분한 흰색으로 꾸며주도록 한다. 누구보다 열정적인 당신이기에 그만큼 피로도 많이 쌓인다. 편안하게 휴식을 취할 수 있는 공간이 되도록 밝으면서도 부드럽고 차분한 분위기를 만들어야 한다.

당신은 부드러운 스킨십에 자극을 받는 타입이다. 따라서 침대 커버와 매트, 베개 등 피부에 직접 닿는 물건들은 몸에 감기는 듯 촉감이 부드럽고 감칠맛이 나는 제품을 사용해야 한다. 섹스에 대한 집착과 강한 욕구를 충족시키기 위하여 침대는 기능이 좋은 제품을 사용하는 것이 좋다.

• 부드러운 패브릭과 차분함이 느껴지는 화이트 톤으로 꾸민 전갈자리를 위한 침실.

커튼은 베이지나 녹색 등의 부드러운 느낌을 주는 색상이 좋다. 화려한 색상이나 현란한 디자인은 피하도록 한다. 미혼자들은 방의 중앙에서 동쪽이나 동남쪽, 남쪽에 침대를 놓는 것이 좋으며 머리는 동쪽으로 둔다. 이때 침대와 침구의 패브릭을 꽃무늬로 하면 머지않아서 좋은 인연을 만날 수 있다.

사랑의 여신의 은혜를 받을 수 있는 풍수 아이템은 어항이나 꽃병이다. 오래도록 파트너와 함께 생활하여 관계가 시들해졌다면 물방울이 피어오르는 장식용 어항을 두면 분명하게 효과를 볼 수 있을 것이다. 자신도 모르는 사이에 사랑의 감정이 새록새록 자라며 파트너와의 섹스가 새로운 기쁨으로 다가오는 경험을 할 수 있을 것이다. 또 사이드 테이블 위에 와인과 와인 잔을 놓아도 새로운 느낌의 신선하고도 자극적인 사랑을 할 수 있을 것이다.

당신은 강한 소유욕을 갖고 있다. 질투심이 강해서 파트너에게 무섭게 화를 내는 등 사랑의 표현이 격렬하고 어쩌면 비뚤어져 보일 수도 있다. 강박관념이 강하고 시기심이 강한 만큼 사랑의 감정을 차분히 가라앉히는 것이 좋은 처치법이다. 사랑은 쟁취가 아니라 상대방을 안아주는 것이기에 더욱 그러하다.

그런 당신에게 또 다른 인테리어 포인트로 침대를 트윈으로 사용하는 것을 권하고 싶다. 잠시라도 상대를 그리워하며 파트너의 소중함을 깨우칠 수 있도록 말이다.

Bedroom

전갈자리

Consulting

1. 편안하게 휴식을 취할 수 있는 공간이 되도록 침실의 전반적인 분위기는 차분한 흰색으로 꾸며준다.
2. 침대 커버와 침대 매트, 베개 등 피부에 직접 닿는 물건들은 촉감이 부드러운 제품을 사용한다.
3. 섹스의 강한 욕구를 충족시키기 위하여 매트리스는 좋은 제품을 사용하는 것이 좋다.
4. 커튼은 베이지나 녹색 등의 색상이 좋다.
5. 내부 장식이 너무 화려하거나 현란한 디자인은 피한다.
6. 섹스가 시들해졌다면 물방울이 피어오르는 장식용 어항을 두면 사랑의 감정이 좋아진다.
7. 미혼자들은 방의 중앙에서 동쪽이나 동남쪽, 남쪽에 침대를 놓는 것이 좋다.
8. 잠시라도 상대를 그리워하며 파트너의 소중함을 깨우칠 수 있도록 침대를 트윈으로 사용하는 것도 무난하다.
9. 와인과 와인 잔을 놓아도 자극적인 사랑을 할 수 있다.
10. 사랑과 섹스를 위한 침실의 연출 포인트는 프라이버시를 지켜주는 것이다.

사수자리 | sagittarius : 11/23~12/24 | 때론 바다처럼, 때론 냇물처럼

사수자리
(sagittarius: 11/23~12/24)

사수자리는 낙천적이고 명랑하면서도 부드러운 성품이며 웬만한 일은 신경 쓰지 않는다. 자잘한 일은 관심조차 주지 않는다. 대체로 선이 굵은 모습을 보여준다. 현실적이며 눈앞에 보이는 것, 있는 그대로를 믿는다. 상대방에게 먼저 신뢰를 보이며 정성을 다하면서 사람들에게서 신뢰를 받는 타입이다.

억지로 꾸민 듯한 가식을 싫어한다. 있는 그대로를 보여주는 자연주의자다. 그런데 심리 상태가 조금은 들떠 있어서 마음에 들지 않거나 기분이 상하면 쉽게 흥분하고 크게 화를 낸다.

사랑에 관한 한 책임감이 약하다. 함께하다가도 자신의 뜻과 차이가 생기면 조금의 망설임과 미련도 두지 않고 자신의 길을 찾아 나선다. 황당할 정도로 방향 전환이 신속하게 이루어진다. 생각보다 말이 불쑥 튀어나오는 습관 때문에 파트너와 갈등을 많이 빚는다. 모욕을 주려고 한 것이 아니지만 이미 상대는 상처를 받는다.

사수자리는 얽매이지 않는 자유를 사랑한다. 어디에 묶이지 않고 자유롭게 돌아다니려는 방랑자적 기질이 있다. 한 사람에게 소속되는 것을 싫어하고 구속되지 않는 사랑을 추구한다. 책임감과 협동심이 강하며 규율과 법칙을 잘 지키는 모습에 반해 교제를 했다면 나중에 파트너의 소유욕을 자극할 가능성이 크다.

♥ **어울리는 별자리 - 좋아 좋아**
  양자리, 사자자리, 천칭자리, 염소자리

■ **무덤덤한 별자리 - 그냥 그냥**
  황소자리, 게자리, 처녀자리, 물병자리

✖ **어울리지 않는 별자리 - 미워 미워**
  쌍둥이자리, 전갈자리, 사수자리, 물고기자리

♥ 좋아 좋아

사수자리 ＋ 양자리 > 마른 장작에 불난 듯

미래지향적인 성공적인 만남. 지나치게 당차 보이는 파트너의 행동을 이해할 수 있다면 훌륭한 커플이 된다. 삶의 밝은 면을 보고 서로를 만족스럽게 생각할 것이다.

- **Advice** … 꼭 필요할 때는 적절하게 타협하라
- **배울 점** … 균형 감각, 낙천적, 침착한 언행
- **나쁜 점** … 소모적, 비현실적, 의식적 행동
- **고칠 점** … 공동의 책임 의식을 배워라

사수자리 ＋ 천칭자리 > 전부 혹은 전무

두 사람 모두 온화한 성격에 독립심이 강한 원만한 커플. 위험 요소는 둘 사이의 관계를 너무 좋게 끝내려 하다가 서로에 대한 관심이 흐려질 수도 있는 점이다.

- **Advice** … 섹스주기표를 달력에 표시하라
- **배울 점** … 성실성, 정열적, 부드러운 배려
- **나쁜 점** … 의존적, 변덕, 무원칙적인 행동
- **고칠 점** … 무조건 양보하는 것이 사랑은 아니다

사수자리 ＋ 사자자리 > 한 지붕에 세 가족

파트너의 독특한 매력과 영리함, 당신의 적극적인 태도가 합쳐진다면 멋진 커플이 될 수 있다. 다만 함께 있으면서도 가끔은 다른 곳을 쳐다보기도 하는 묘한 관계.

- **Advice** … 사랑이란 외로움을 달래주는 것
- **배울 점** … 혁신적, 감각적, 긍정적 애정관
- **나쁜 점** … 강박감, 전투적, 쉽게 좌절한다
- **고칠 점** … 융통성을 가지고 상대를 바라보라

사수자리 ＋ 염소자리 > 커피와 생크림

만족스럽게 잘 어울리는 커플. 붙임성 있는 당신은 파트너의 기분을 적절한 방법으로 띄워줄 수 있다. 생활력 강한 파트너는 당신에게 안락한 생활을 제공한다.

- **Advice** … 침대에서의 대화는 짧게 끝내라
- **배울 점** … 신뢰감, 가정적, 철저한 통제력
- **나쁜 점** … 고압적, 공격적, 궁상맞은 생활
- **고칠 점** … 가끔씩은 가계부를 덮고 여행을 떠나라

양자리
(aries: 3/21~4/20)

사자자리
(leo: 7/23~8/22)

천칭자리
(libra: 9/24~10/22)

염소자리
(capricorn: 12/25~1/19)

■ 그냥 그냥

사수자리 + 황소자리 > 계산기와 주판

소유욕이 강한 두 사람. 현실적인 부분에서 상대방의 뛰어난 장점을 발견하면 어떠한 장애가 있어도 상대방에게 맞춰가면서 좋은 관계를 만들려고 노력한다.

- **Advice** … 적절한 비밀은 삶의 활력소가 된다
- **배울 점** … 절제력, 굳건함, 효율적인 금전 관리
- **나쁜 점** … 타산적, 의심, 공연한 주도권 다툼
- **고칠 점** … 금전의 노예가 되는 것은 피하라

사수자리 + 처녀자리 > 머리와 꼬리

썩 잘 어울리는 커플은 아니다. 파트너는 어딘가 부족함을 느낀다. 당신 역시 크게 주는 것도 없이 유별나게 따지는 파트너의 태도가 달갑지는 않다.

- **Advice** … 육체적 사랑이 더 진솔할 수 있다
- **배울 점** … 다양성, 실용성, 강인한 설득력
- **나쁜 점** … 비평적, 비협조, 포기하는 태도
- **고칠 점** … 삶이 다양하다는 것을 깨우쳐라

사수자리 + 게자리 > 나눔과 실천

타산적이고 탐욕적인 당신은 지나치게 민감하면서도 비현실적인 이상 세계를 꿈꾸는 파트너의 삶과는 분명한 차이가 있다. 파트너의 강한 소비성이 당신을 힘들게 할 것이다.

- **Advice** … 작은 친절에도 감사하라
- **배울 점** … 친절함, 관대함, 차분한 분석력
- **나쁜 점** … 탐욕적, 좌절감, 타산적인 태도
- **고칠 점** … 사랑은 영화가 아니다

사수자리 + 물병자리 > 여름날의 얼음

물병자리 역시 잘 어울리는 커플은 아니다. 다혈질이며 자기중심적인 파트너는 당신의 자존심에 큰 상처를 줄 것이다. 또한 당신이 너무나 많은 요구를 한다고 생각할 것이다.

- **Advice** … 규칙적인 섹스, 감정이 황폐해지리라
- **배울 점** … 현실적, 감정적, 강한 리더십
- **나쁜 점** … 파괴적, 다혈질, 자기중심적
- **고칠 점** … 상대방을 개조하려 하지 말라

황소자리
(taurus: 4/21~5/20)

게자리
(cancer: 6/22~7/22)

처녀자리
(virgo: 8/23~9/23)

물병자리
(aquarius: 1/20~2/18)

✖ 미워 미워

사수자리 ➕ 쌍둥이자리 > 고장난 수도꼭지

사소한 일에도 다투는 신경이 곤두서는 커플. 자립심이 강하고 활동적인 두 사람은 끊임없이 움직이는 활동성과 일관성 없는 태도로 서로 애를 먹을 수 있다.

- **✚ Advice** ⋯ 갈등이 생기면 침대에서 풀어라
- **✚ 배울 점** ⋯ 감각적, 생산적, 부지런한 생활 태도
- **✚ 나쁜 점** ⋯ 독재적, 저돌성, 남의 탓을 하는 자세
- **✚ 고칠 점** ⋯ 함께 어우러지기 위한 노력을 하라

사수자리 ➕ 사수자리 > 실험정신

성실하고 가정적이다. 그렇지만 성격이 흡사해서 상대방에 대한 관심이 식는 경향이 있다. 서로를 이해하려고 노력하지만 속물적이고 타산적인 면이 강하다.

- **✚ Advice** ⋯ 한 번은 내 맘대로, 또 한 번은 상대 뜻대로
- **✚ 배울 점** ⋯ 개방적, 예측력, 근면 성실한 삶
- **✚ 나쁜 점** ⋯ 질투심, 이기심, 지나친 참견
- **✚ 고칠 점** ⋯ 조금 손해를 보면 베풀었다고 생각하라

사수자리 ➕ 전갈자리 > 모래로 쌓은 방파제

삶에 대한 열정이 강한 커플. 정신적·육체적으로 상대방에게 매력을 느낄 수 있다. 다만 조심스럽지 못해서 갑작스런 결론 등의 판단 착오를 할 수 있다.

- **✚ Advice** ⋯ 지나친 자유는 방종, 결국은 타락
- **✚ 배울 점** ⋯ 협상력, 자립심, 예측 불능의 사치
- **✚ 나쁜 점** ⋯ 이기심, 자포자기, 자제력이 부족
- **✚ 고칠 점** ⋯ 시시때때로 뒤를 돌아볼 것

사수자리 ➕ 물고기자리 > 엽기적인 만남

평범하지 않는 부부 관계를 맺는 커플. 두 사람 모두 가정생활을 좋아하고 현실적인 목표를 세운다. 그러나 아주 가끔 성적인 문제에서 변태적 행동을 할 수도 있다.

- **✚ Advice** ⋯ 간지럽다는 표현은 절대 금물
- **✚ 배울 점** ⋯ 활동적, 사교적, 가정적인 행동
- **✚ 나쁜 점** ⋯ 자괴심, 간교함, 예민한 감수성
- **✚ 고칠 점** ⋯ 조바심 내지 말고 여유를 가져라

✖ 쌍둥이자리
(gemini: 5/21~6/21)

✖ 전갈자리
(scorpio: 10/23~11/22)

✖ 사수자리
(sagittarius: 11/23~12/24)

✖ 물고기자리
(pisces: 2/19~3/20)

★ 사수자리 남자의 사랑

사수자리 남자는 솔직하다. 유머가 풍부하고 화제가 무궁무진하다. 사람들 앞에서 재주부리는 것을 좋아하며 스포트라이트 받는 것을 즐긴다. 특히 처음 본 사람과도 막힘없는 대화를 한다. 그래서 처음 만난 여자에게 호감을 받으며 여자의 마음을 아주 간단하고도 쉽게 흔들어놓는다.

남들의 시선을 의식하며 온몸으로 섹스 어필하는 타입이다. 타고난 낙천성과 달변으로 초면인 사람도 쉽게 사로잡아 로맨스를 만들어낸다. 여자의 입장에서는 함께 있는 것만으로도 인생이 즐겁다는 것을 느끼게 만들어주는 매력덩어리다. 그러나 섬세한 면이 부족해서 결정적인 실수를 할 때가 많다.

자유를 사랑하는 낙천주의자이기에 성생활도 자유분방하다. 일반적 규범에 구속받지 않고 자신이 좋으면 그만이다. 게다가 야외에서 시간을 보내는 것을 대단히 좋아하고, 위험이 가미된 스릴 있는 게임을 좋아하는 특성으로 독특한 장소, 위험한 장소에서의 섹스를 할 때 더할 수 없는 쾌감을 느끼기도 한다.

'오는 여자 막지 않고 가는 여자 잡지 않는다' 는 신념을 가졌으므로 한 사람을 상대로 오래도록 교제하는 것을 부담스러워한다. 만약에 그를 사랑한다면 그의 자유로운 삶을 인정해야 한다. 정신적인 방황까지 구속할 수는 없다. 포근하게 감싸 안아줄 수 있는 낙천적인 여성을 좋아한다.

★ 사수자리 여자의 사랑

사수자리 여성은 독립적이다. 지성과 관능이 조화를 이루는 독특한 매력의 여인이다. 낙천적이고 긍정적인 성격이라 인생을 즐겁게 살아간다. 지적인 분위기를 좋아하는 한편 가벼운 것을 즐기며 신나게 노는 것에 관심을 갖는 이중적 모습이 특징이다. 결혼을 하고난 다음에도 남편에게 형식적인 사랑을 강요하지 않는다.

자유를 사랑하므로 한 사람과의 긴 만남을 좋아하지 않는다. 인정이 많지만 사랑으로 상대를 소유하려고 하지 않으며 옭아매려고 하지도 않는다. 반대로 그것은 자신에게도 똑같이 적용된다. 그러므로 그녀의 마음을 붙잡아두기 위해서는 잠시라도 권태롭지 않게 만들어야 한다. 유머 감각을 익히고 끊임없는 이벤트를 준비해서 마음을 묶어놓아야 한다.

자신을 비판할 때는 용서치 않는다. 작은 일에 민감하게 반응하는 섬세한 신경을 가지고 있다. 직관력이 강해 뒤에 닥칠 위험을 어느 정도는 미리 감지한다. 천진난만할 정도의 솔직함은 때로 오해를 사기도 한다. 사랑을 위한 대상이 정해지면 그것이 쾌락이건 진리이건 목표를 향해 저돌적으로 돌진한다.

당신이 소유욕이 강하다면 사수자리 여성과의 사랑은 심사숙고해야 한다. 그녀의 마음을 얻으려면 수많은 땀과 피눈물을 흘려야 하기 때문이다. 많은 노력, 많은 정성, 많은 시간을 할애하여 장기전으로 나가야 한다. 다만 어렵사리 사랑에 빠지게 되면 파트너의 조건 따위는 신경 쓰지 않는 화끈한 여인이 바로 사수자리 여성이다.

★ 사수자리의 섹스 스타일과 침실 풍수 컨설팅

좋거나 혹은 싫거나 있는 그대로를 보여주려는 당신. 억지로 꾸미는 듯한 가식을 무엇보다 싫어하는 당신은 분명 자연주의자이다. 그렇듯 대쪽같이 곧고 바른 직선적인 사고방식과 어디에도 묶이지 않으려는 자유로운 기질이 연애의 감정으로 나타날 때는 문제가 사뭇 복잡하다. 원리 원칙을 추구하면서도 구속되지 않는 자유로운 사랑이라는 이중적인 모습으로 보일 수 있기 때문이다.

당신은 정신적 사랑과 육체적 사랑에서 방황할 수 있다. 그런 갈등은 섹스에서 비정상적인 행위로 나타날 수도 있다. 무분별·무차별적인 사랑에 탐닉하느라 허망하게 세월을 보낼 가능성도 있다. 이를 방지하기 위하여 종교와 관련된 물질을 적극 활용하는 것도 좋다. 당신에게 정신적으로 안정을 찾을 수 있는 침실의 풍수 인테리어 연출 포인트는 시야가 넓게 트인 공간을 활용하는 것이다.

사수자리에게 꽃다발로 만든 드라이플라워 같은 죽은 식물은 좋지 않다. 드라이플라워는 인테리어 소품으로 많이 애용하지만 풍수에서는 적절하지 못한 재료이다. 이미 죽은 식물이 흉한 에너지를 발산하기 때문이다. 더욱이 사랑을 할 때마다 좀 더 이국적이며 색다른 방법을 찾는 당신에게 죽은 식물은 도움이 되지 못한다.

세련되고 우아한 침실로 꾸미는 것이 사수자리의 기운을 북돋아주는 포인트이다.

평범함을 싫어하고 얽매이는 것을 싫어하는 당신. 고급스러우면서도 문화적인 분위기를 좋아하는 당신이기에 침실은 세련되고도 우아하게 꾸미는 것이 좋다. 창문은 크면 클수록 좋으며 바람이 잘 통하게 침실의 베란다에는 물건을 쌓아두지 않는다.

우아하고 부드러운 분위기를 연출하기 위하여 침대는 고급스러운 목재 제품을 사용하도록 한다. 새로운 기운을 받기 위하여 머리는 동쪽이나 남쪽으로 두는 것이 좋다. 머리맡에는 반드시 따뜻한 색상의 스탠드를 놓아둔다.

북쪽으로 머리를 두고 싶다면 침실의 패브릭을 노란색이나 분홍색, 붉은색, 녹색 등의 따뜻한 색상으로 한다. 침대 커버와 커튼은 오렌지색이나 분홍색 등의 화려한 색상을 사용하면 긍정적인 사랑의 감정을 키울 수 있다. 조명은 간접조명보다 직접조명을 사용하여 밝은 느낌을 주는 것이 포인트이다. 액자를 걸 때는 풍요롭고 평화로운 목가적 느낌의 풍경화가 좋은 기운을 부른다.

당신은 쉽게 누를 수 없는 지적 호기심을 가지고 있으며 그런 것을 자극하는 여러 과정들을 즐긴다. 파트너에게는 소유욕과 질투심을 자극할 가능성이 있는데, 기분이 좋을 때는 사랑의 표현도 패기만만하고 열정적으로 하지만 그렇지 않을 때는 소극적인 마음이 지나쳐 자신감을 잃게 된다는 점을 각별히 유념해야 한다.

Bedroom

사수자리

Consulting

1. 올바른 성생활을 위하여 종교와 관련된 물질을 활용하는 것이 좋다.
2. 정신적 안정을 찾을 수 있도록 시야가 넓게 트인 공간의 활용이 우선이다.
3. 드라이플라워는 죽은 식물이기에 흉한 에너지를 발산하므로 좋지 않다. 침대 주변에 싱그러운 녹색식물을 놓아둔다.
4. 평범함을 싫어하고 문화적인 분위기를 좋아하는 당신이기에 내부 인테리어는 좀 더 세련되고 우아하게 꾸미도록 한다.
5. 침대는 고급스러운 목재 제품을 사용하고, 머리는 동쪽이나 남쪽으로 두는 것이 좋다.
6. 머리맡에는 반드시 따뜻한 색상의 스탠드를 놓아둔다.
7. 북쪽으로 머리를 두려면 침실의 패브릭을 노란색, 분홍색, 붉은색, 녹색 등의 색상으로 한다.
8. 침대 커버와 커튼은 오렌지색이나 분홍색 등의 화려한 색상을 사용하는 것이 좋다.
9. 조명은 간접조명보다 직접조명을 사용하여 밝은 느낌을 주도록 한다.
10. 액자를 걸 때는 풍요롭고 평화로운 목가적 느낌의 풍경화가 좋은 기운을 부른다.

염소자리 | capricorn : 12/25~1/19 | 바위처럼 혹은 태산처럼

염소자리
(capricorn: 12/25~1/19)

염소자리들은 믿음이 밑바탕 되어야 한다. 이들에게 가벼운 인스턴트 사랑은 있을 수 없다. 염소자리는 주관적이며 자의적이다.

매사에 너무나 진지한 것도 이들의 특징이다. 연애를 하면서 생기는 여러 가지 작은 문제나 사소한 일에도 일희일비한다. 모든 것이 원칙에 충실하고 진지한 듯 보이지만 이들의 내면을 들여다보면 의외성을 발견할 수 있다. 짜릿한 흥분과 적당한 모험을 찾기 때문이다. 그렇지만 결국 실제 행동으로는 옮기지 못한다.

모든 일에 너무나 사려 깊고 신중하다. 완고하며 우직스러울 정도로 충실해서 파트너에게 전폭적인 신뢰를 받는다. 섹스에 임하는 자세도 그와 같다. 섹스를 통하여 얻는 것을 생각하고, 급격한 변화를 싫어하기에 불확실한 미래에 대한 걱정이 많다. 그래서 자신의 본능을 억제하며 금욕적인 태도를 보이기도 한다.

자신의 생각대로 되지 않으면 짜증을 내는 당신 사랑을 하다가도 오해가 생기거나 문제를 발견하면 단념해버린다. 자신을 거절한 사람은 오래 생각하지 않고 포기해버리는 당신에게 사랑은 어쩌면 위선이며 가식적인 요식행위에 불과할 수도 있다. 당신의 내면에 감춰진 본능을 표출하는 것이 참된 사랑을 할 수 있는 방법이다.

♥ **어울리는 별자리 – 좋아 좋아**
　황소자리, 처녀자리, 사수자리, 물고기자리
■ **무덤덤한 별자리 – 그냥 그냥**
　사자자리, 천칭자리, 전갈자리, 물병자리
✖ **어울리지 않는 별자리 – 미워 미워**
　양자리, 쌍둥이자리, 게자리, 염소자리

♥ 좋아 좋아

염소자리 ＋ 황소자리 > 먹과 벼루

품위가 있는 좋은 관계. 두 사람은 지적인 분위기를 선호하므로 정갈한 분위기에서 차를 마시며 담소할 수 있는 공간을 확보하는 것이 사랑을 확인하는 길이다.

- **Advice** 심신이 교감하는 섹스가 바로 천국이다
- **배울 점** 정직함, 성실함, 강한 책임감
- **나쁜 점** 완고함, 비현실적, 공격적 성향
- **고칠 점** 지나친 경쟁은 자멸의 지름길

염소자리 ＋ 사수자리 > 커피와 생크림

만족스럽고 잘 어울리는 커플. 파트너의 붙임성 있는 태도는 당신의 기분을 황홀하게 만들어줄 것이다. 당신의 강인한 생활력은 가정에 풍요로움을 제공할 것이다.

- **Advice** 침대에서의 대화는 짧게 끝내라
- **배울 점** 신뢰감, 가정적, 철저한 통제력
- **나쁜 점** 고압적, 공격적, 궁상맞은 생활
- **고칠 점** 가끔씩은 가계부를 덮고 여행을 떠나라

염소자리 ＋ 처녀자리 > 그대는 나의 행복

행복하고 만족스러운 커플. 자존심과 책임감을 중요하게 생각하는 당신과 성실하면서도 능력 있는 파트너와의 만남은 신뢰를 바탕으로 무엇이든 만들어낼 것이다.

- **Advice** 섹스 할 때 정해진 격식은 필요 없다
- **배울 점** 건설적, 책임감, 객관적인 언행
- **나쁜 점** 세심함, 분석적, 유별난 자존심
- **고칠 점** 사소한 일에 목숨 걸지 말라

염소자리 ＋ 물고기자리 > 사막의 오아시스

정서나 감수성이 부족한 당신. 그러나 심성이 부드러운 파트너가 당신의 감정을 따뜻하게 읽어낸다. 당신의 부족한 점을 충분히 채워주는 봉사와 희생의 커플이다.

- **Advice** 사랑한다면 머뭇거리지 말라
- **배울 점** 로맨틱, 자제력, 봉사와 희생정신
- **나쁜 점** 자의적, 이기적, 비타협적인 언행
- **고칠 점** 부드러움을 유약함으로 혼돈하지 말라

황소자리
(taurus: 4/21~5/20)

처녀자리
(virgo: 8/23~9/23)

사수자리
(sagittarius: 11/23~12/24)

물고기자리
(pisces: 2/19~3/20)

■ 그냥 그냥

염소자리 + 사자자리 > 동료는 Best, 연인으로선?
자신감이 넘치고 상대방이 무엇을 원하는지 잘 아는 관계. 두 사람 모두 성공과 돈을 좋아하지만 자신을 중심으로 이루어져야 한다고 생각한다.
- Advice ... 갈등이 생기면 말보다 몸으로 부딪쳐라
- 배울 점 ... 대범함, 현실적, 비범한 통찰력
- 나쁜 점 ... 비타협적, 우울증, 예민한 반응
- 고칠 점 ... 가볍고 쉽게 생각하라

염소자리 + 전갈자리 > 숨겨진 위험
관능적이며 적극적이고 다양한 취향을 가진 파트너의 특성을 이해하려면 먼저 당신의 비타협적인 완고한 성격을 누그러뜨려야 한다. 그때 좋은 커플이 될 수 있다.
- Advice ... 너무 지나친 것은 부족한 것만 못하다
- 배울 점 ... 희생적, 매혹적, 성공 지향적
- 나쁜 점 ... 우울, 공격적, 신경질적 언행
- 고칠 점 ... 지나친 환상을 조심해야 한다

염소자리 + 천칭자리 > 돈이냐, 명예냐
세속적인 성공을 위하여 노력하는 당신에게 파트너는 속물 같다고 비판하며 짜증을 낼 것이다. 돈과 명예라는 현실적 욕구를 이해하면 합일점을 찾을 수 있는 커플.
- Advice ... 사랑의 행위는 세레나데를 연주하듯
- 배울 점 ... 역동적, 성실성, 진취적인 생각
- 나쁜 점 ... 냉소적, 억압적, 강렬한 권력욕
- 고칠 점 ... 불필요한 적대 감정을 버려라

염소자리 + 물병자리 > 기찻길
기질이 다르다. 파트너는 제도와 권위에 얽매이지 않는 행동주의자이며 당신은 전통과 권위를 중요하게 생각한다. 인생관을 일치시키려면 많은 노력이 필요한 커플.
- Advice ... 모험 정신이 때로는 불륜을 부를 수도 있다
- 배울 점 ... 호기심, 창조성, 강한 도전정신
- 나쁜 점 ... 강압적, 반항적, 정서적 불안정
- 고칠 점 ... 책임과 의무를 다하고 권리를 주장하라

사자자리
(leo: 7/23~8/22)

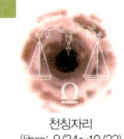
천칭자리
(libra: 9/24~10/22)

전갈자리
(scorpio: 10/23~11/22)

물병자리
(aquarius: 1/20~2/18)

✖ 미워 미워

염소자리 + 양자리 > 너는 바다로, 나는 산으로
다양한 것을 즐기려는 파트너에게 원칙을 강조하는 당신의 태도는 너무나 힘겹다. 상대를 고치려고 하기보다는 상대의 개성을 존중하고 아껴주어야 잘 살 수 있다.
- **Advice** Case by Case
- **배울 점** 세심함, 성공적, 최선을 다하는 모습
- **나쁜 점** 쉽게 긴장함, 파괴적, 호전적인 태도
- **고칠 점** 상대의 고유한 세계를 인정해주어라

염소자리 + 게자리 > 시작…, 그리고 끝
신중하고 인내심이 많은 당신과 다소 감상적이면서 변덕스러운 파트너의 조합은 그리 유쾌하지 않다. 더욱이 저축형인 당신은 소비형인 파트너의 언행에 질릴 것이다.
- **Advice** 일반인에게 금욕 생활은 불필요
- **배울 점** 현실적, 규율, 강인한 결단력
- **나쁜 점** 불안정, 의존, 지나친 도덕심
- **고칠 점** 모든 것을 다 받아줄 수는 없다

염소자리 + 쌍둥이자리 > 괴롭거나 혹은 슬프거나
완전한 조화를 이루기는 어려운 커플. 자신의 욕망을 자유롭게 표현하길 좋아하는 파트너와 근면하고 현실적인 당신은 기본적으로 추구하는 삶의 목표가 다르다.
- **Advice** 일 년에 한두 번은 상대방을 놓아줘라
- **배울 점** 정직함, 독창적, 진실한 생활습관
- **나쁜 점** 은둔, 자포자기, 상황 판단이 서투르다
- **고칠 점** 완벽함이란 결국 아무것도 하지 않는 것

염소자리 + 염소자리 > 은혼식을 맞이한 부부처럼
서로 너무 진지하고 작은 일에도 일희일비하여 다툼이 많은 커플. 관계에 재미나 자극은 없더라도 느긋한 마음으로 편안하고 안정감을 느끼는 것에 만족하도록 한다.
- **Advice** 일 년에 한 번이라도 침대 이외에서 섹스를
- **배울 점** 차분함, 근면함, 절제된 생활
- **나쁜 점** 기계적, 냉정함, 철저한 통제
- **고칠 점** 변칙이 꼭 나쁜 것은 아니다

양자리
(aries: 3/21~4/20)

쌍둥이자리
(gemini: 5/21~6/21)

게자리
(cancer: 6/22~7/22)

염소자리
(capricorn: 12/25~1/19)

★ 염소자리 남자의 사랑

염소자리 남자의 사랑은 예의를 지키는 것에서 시작된다. 처음 키스를 할 때 키스를 해도 되냐고 물어본다는 우스개 소리의 주인공이 바로 당신일 것이다. 책임과 의무를 우선적으로 생각하는 당신. 사랑을 할 때도 감정을 철저하게 조절하기 때문에 사랑의 불길이 뜨겁게 타오르는 데는 너무나 오랜 시간이 걸릴 것이다.

기본 성향도 지극히 보수적이다. 융통성이 부족해서 감정적인 부분과 정서적인 면에서는 삭막하다. 연애의 감정도 계획표를 세워서 진도를 나가려고 시도할 것이다. 파트너에 대한 감정마저도 자신이 책임지는 선까지만 허용하려고 한다. 오랜 교제를 하였어도 상당히 껄끄럽고 메마른 편이다.

자유로운 연애보다는 결혼을 전제로 한 만남을 선호한다. 사랑이라는 것이 움직이는 생물체라는 것에 심적인 부담감을 느낀다. 과묵함과 수줍음 뒤에는 따뜻한 마음이 숨겨져 있다. 자신을 믿고 따르는 사람은 끝까지 책임진다. 이상적인 여성을 만나게 되면 자신의 몸과 마음을 바쳐 열중한다.

사랑의 열매를 귀하게 여기는 순수하고 정직한 사랑을 좋아한다. 만날 때마다 속이 보일 정도로 애교를 부리거나 오버하는 여성은 아예 관심 밖이며 청순하면서도 성실하고 가정을 소중하게 생각하는 여성에게 관심을 갖는다. 섹시한 글래머 타입의 장미꽃보다는 코스모스 같은 청순가련형에게 마음을 빼앗기는 타입이다.

★ 염소자리 여자의 사랑

염소자리 여성은 차분하고 진지하다. 천사처럼 어질고 착한 마음을 가진 전형적인 현모양처의 모습이다. 한 인생을 살면서 시련과 곤경이 닥쳐도 강한 인내심으로 묵묵히 세파를 헤쳐 나가는 당신은 우리네 전통적인 어머니의 모습과 흡사하다. 사랑을 할 때에도 책임과 의무를 우선한다. 어떠한 경우라도 즉흥적인 섹스에 빠지지는 않는다.

자극적인 사랑을 싫어하며 섹스를 가볍게 여기는 사람은 증오의 대상이다. 현실을 중시하는 인생관을 가졌기에 가슴이 무너지는 듯한 뜨거운 사랑보다는 남편감으로서의 남성을 찾는다. 결혼을 하면 누구보다도 완벽한 부인이 될 수 있다. 어떠한 경우라도 가정을 포기하거나 아내, 어머니로서의 책임과 의무를 잊지 않는다.

염소자리 여성의 사랑은 결과를 중시한다. 함부로 섹스를 거론해서는 곤란하다. 순간적인 인스턴트 사랑은 있을 수 없다. 영원히 함께할 수 있는 남성을 찾는다. 늘 그 모습 그대로 편하게 쉴 수 있는 남자, 진심으로 마음을 나눌 수 있는 남자, 순간적인 사랑보다는 힘들 때 생각나는 남성을 선호한다.

염소자리 여성에게 접근할 때는 가벼운 친구처럼 느긋하게 다가가라. 처음에는 낯을 가리며 수줍음을 타지만 탐색의 시간이 지나고 경계의 감정이 허물어지면 외골수의 뜨겁고도 열정적인 사랑을 보여줄 것이다.

★ 염소자리의 섹스 스타일과 침실 풍수 컨설팅

사랑을 위한, 사랑에 의한, 사랑의 숭고함을 높이 존중하는 당신은, 사랑을 가볍게 생각하는 사람을 증오한다. 그런데 그러한 집착이 문제가 될 수 있다. 사랑을 하다가 약간의 갈등이 생기면 그만 세상이 무너질 듯한 좌절감에 빠지기 때문이다. 그렇지만 일단 멀어지게 된 사람, 헤어지게 된 사람에 대해서는 빨리 잊으려고 노력한다. 미련을 갖는 것을 구차하게 사랑을 구걸하는 것이라고 생각하기 때문이다.

스스로 의무감에 묶여 사는 당신이기에 섹스도 삶의 의무라고 생각할 수 있는데 그것은 섹스에 대하여 혹은 파트너에 대하여 이미 커다란 잘못이라는 것을 알아야 한다.

사랑과 섹스를 계산기처럼 생각하고 계산대로 움직이기를 바라는 당신에게 침실의 인테리어는 너무나 중요하다. 당신에게는 화려하지도 음울하지도 않는 적당하게 절제된 조화로운 인테리어가 적합하다. 너무 복잡하면 사랑의 감정이 가라앉을 것이며, 너무 화려하면 스스로도 어색해서 사랑하는 것을 쑥스럽게 여길 것이다.

침구나 소품 등은 튀지 않고 평범한 것이 좋다. 침실은 여러 가지 색상이나 현란한 색상보다는 산뜻한 분위기로 꾸미는 것이 좋다. 침실의 벽면은 이것저것 설치하는 것보다 여백을 많이 두는 것이 좋다.

침대는 온도를 조절할 수 있는 중후한 제품을 사용하는 것이 좋으며 방

연두와 녹색 계열의 침대 커버와 상생이 좋은 염소자리를 위한 침실.

의 중앙에 설치하고 머리는 창 쪽으로 두는 것이 좋다. 침대 커버는 연두색이나 녹색이 좋으며 부분적으로 흰색 무늬가 들어간 것이면 무난하다. 커튼은 침대 커버와 같은 계열의 색상을 사용하거나 흰색 계열로 산뜻하게 꾸미도록 하자.

서쪽에 커다란 창문이 있다면 석양이 방에 들어오는 것을 차단할 수 있도록 반드시 이중 커튼을 설치한다. 음울한 당신의 성격에 노을빛이 들어오면 마음을 더 우울하게 만들 수 있기 때문이다. 커튼의 소재는 두꺼운 것을 사용하는 것이 좋다.

화장대는 스테인리스로 만든 제품을 사용하고 TV나 오디오는 없는 것이 낫지만 둔다면 서쪽에 설치하고 음량을 작게 하여 실내를 정숙하게 하도록 한다. 조명은 직접조명보다는 간접조명이 좋다. 플로어스탠드를 사용할 경우라면 전구 부분은 천으로 된 것을 사용하여 실내 분위기를 아늑하게 만들어보자.

당신은 변화와 개혁, 전진 등의 좋은 기운과 함께 정지와 중지, 탐욕과 사기 등의 부정적인 기운도 가지고 있다. 만남과 이별을 많이 경험하면 할수록 진정한 사랑을 찾기는 어렵고, 사랑이라는 행위 자체를 진부하게 느낄 수도 있다는 점을 유념해야 한다. 적절한 인테리어를 통하여 당신의 마음을 따뜻하게 바꿔야 할 것이다.

Bedroom

염소자리

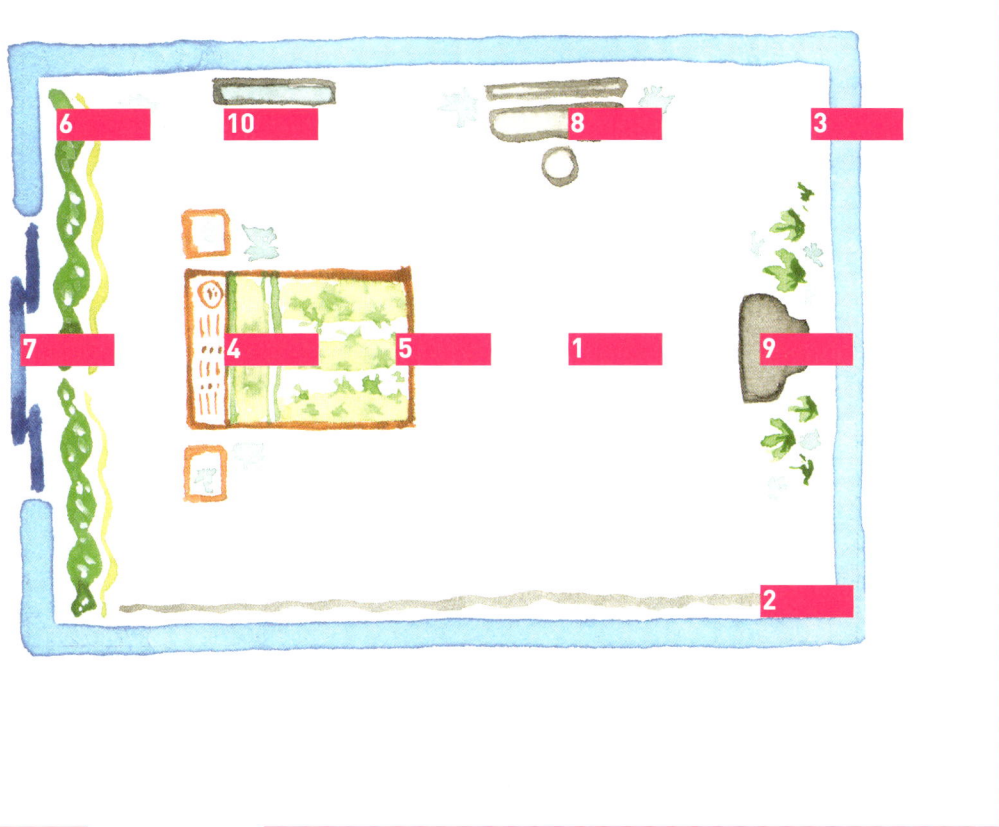

Consulting

1. 섹스를 계산기처럼 생각하는 당신에게 침실은 절제된 조화로움의 인테리어를 해야 한다.
2. 침실의 인테리어는 산뜻한 분위기로 꾸미도록 한다.
3. 침실의 벽면엔 여백을 많이 두는 것이 좋다.
4. 침대는 방의 중앙에 설치하고 머리는 창문으로 두며 온도를 조절할 수 있는 제품을 사용한다.
5. 침대 커버는 연두색이나 녹색이 좋으며 부분적으로 흰색의 무늬가 들어간 것이면 무난하다.
6. 커튼은 침대 커버와 같은 계열의 색상을 사용하거나 흰색 계열을 사용하여 실내를 산뜻하게 만든다.
7. 서쪽에 커다란 창문이 있다면 석양이 방에 들어오는 것을 차단할 수 있도록 반드시 이중 커튼을 설치한다.
8. 화장대는 철제로 만든 제품을 사용한다.
9. TV나 오디오는 없는 것이 낫지만 두려면 서쪽에 설치하고 음량을 낮춰서 정숙하게 한다.
10. 방 안의 침구나 소품 등은 튀지 않는 평범한 것이 좋다.

물병자리 | aquarius : 1/20~2/18 | 때론 봄바람처럼, 때론 폭풍우처럼

물병자리
(aquarius: 1/20~2/18)

사랑의 대상으로는 알다가도 모를 사람이 바로 물병자리다. 그렇다고 바람둥이는 아니다. 그들이 바라는 사랑은 동반자적인 것이다. 진정으로 사랑하고 싶다면 현실과 이상을 넘나드는 사고방식을 이해할 수 있어야 한다. 그렇지만 시시때때로 변하는 무원칙한 사랑의 방정식을 일일이 이해하려고 하면 평생을 걸려도 어려울 것이다.

물병자리의 사랑은 독창적 휴머니즘이다. 박애주의를 실천하려고 하며 이상적 세상을 꿈꾼다. 다만 예측 불가능한 성격 때문에 분명한 정의를 내리긴 곤란하다. 호기심이 남다르고 미래를 내다보는 예지능력, 새로운 일을 두려워하지 않는 추진력으로 기존의 질서를 깨트리는 데 앞장선다.

지적인 분위기로 상대방을 사로잡지 않고는 견디지 못한다. 강하게 끌리는 상대라도 자신이 원하는 이상적인 상태가 아니라는 것을 알게 되면 가혹할 정도로 매정하게 연락을 끊는 냉정함도 있다. 걸핏하면 절교를 선언하고 달아나려고 하기 때문에 상대방은 가슴앓이를 하게 된다.

한두 사람과 꾸준하게 교제하기보다는 언제 어디서나 부담 없는 관계의 친구를 선호한다. 완전한 요구보다는 관대한 이해로 세상을 품는 아가페적 사랑을 추구한다. 현실을 뛰어넘어 한 발 앞서가는 선지자적 사고방식을 가지고 있기 때문에 자칫 고독해질 수도 있다.

♥ **어울리는 별자리 - 좋아 좋아**
  양자리, 쌍둥이자리, 천칭자리, 전갈자리
■ **무덤덤한 별자리 - 그냥 그냥**
  사수자리, 염소자리, 물병자리, 물고기자리
✖ **어울리지 않는 별자리 - 미워 미워**
  황소자리, 게자리, 사자자리, 처녀자리

♥ 좋아 좋아

물병자리 + 양자리 > 늘 처음처럼

이들은 늘 새로운 것을 찾고 성급하게 일을 벌이는 성향이 강하다. 단둘이서 자신들의 세계에 몰입하다 보면 서로에게 구속감을 느껴 결국 지겨워질 것이다.

- **Advice**　　때로는 지는 것이 이기는 것이다
- **배울 점**　　역동적, 활기참, 조화로운 행동
- **나쁜 점**　　불안정함, 위태로움, 메마른 감정
- **고칠 점**　　스트레스를 쌓아두지 말라

물병자리 + 천칭자리 > 사랑의 봄날

매력적이고 인간적인 이상적인 결합. 두 사람은 서로의 요구를 잘 받아들이는 편이고 상대방의 사생활을 인정하고 침범하지 않는 현대적이며 만족을 주는 커플.

- **Advice**　　오르가슴은 느릿한 애무로부터 시작된다
- **배울 점**　　성실성, 논리적, 적절한 이해심
- **나쁜 점**　　충동적, 즉흥적, 순간적인 결정
- **고칠 점**　　함부로 판단하는 것은 주의하라

물병자리 + 쌍둥이자리 > 마음과 마음의 교류

균형이 잡힌 조화로운 커플. 융통성이 좋은 두 사람은 문제가 생기면 슬기롭게 푼다. 늘 정열적인 교제를 열망하며 예기치 못한 행동도 잘 참아낼 수 있을 것이다.

- **Advice**　　기내가 크면 실밍도 크다
- **배울 점**　　이해심, 직관적, 융통성 많은 행동
- **나쁜 점**　　비현실적, 타산적, 자유분방한 기질
- **고칠 점**　　이기적인 행동은 결별로 가는 지름길

물병자리 + 전갈자리 > 손에 손잡고

행복한 커플이 될 수 있는 관계. 봉사와 희생정신이 강한 두 사람. 자신의 목표도 중요하지만 상대방의 목표를 실현하기 위해 적극적인 노력을 기울인다.

- **Advice**　　진정한 사랑은 적절하게 절제된 표현
- **배울 점**　　정열적, 신뢰감, 헌신적인 행동
- **나쁜 점**　　물질추구, 변덕, 무절제한 사치
- **고칠 점**　　목표를 세우고 일관성 있게 움직여라

양자리
(aries: 3/21~4/20)

쌍둥이자리
(gemini: 5/21~6/21)

천칭자리
(libra: 9/24~10/22)

전갈자리
(scorpio: 10/23~11/22)

■ 그냥 그냥

물병자리 ＋ 사수자리 > 여름날의 얼음

잘 어울리는 커플은 아니다. 자기중심적인 당신은 파트너가 많은 요구를 한다고 생각할 것이다. 당신의 다혈질적인 언행에 파트너는 자존심에 상처를 받게 된다.

- ✚ Advice · · · 규칙적인 섹스, 감정이 황폐해지리라
- ✚ 배울 점 · · · 현실적, 감정적, 강한 리더십
- ✚ 나쁜 점 · · · 파괴적, 다혈질, 자기중심적
- ✚ 고칠 점 · · · 상대방을 개조하려고 하지 말라

물병자리 ＋ 물병자리 > 영원한 라이벌

두 사람 모두 개인적으로는 매력적이다. 그러나 부부의 인연으로 함께 있으면 문제가 생긴다. 반항적이며 고집이 세기 때문에 팽팽한 긴장감이 감돌 것이다.

- ✚ Advice · · · 목숨 건 사랑은 쉽게 종말이 찾아온다
- ✚ 배울 점 · · · 열정적, 책임감, 헌신적인 봉사와 노력
- ✚ 나쁜 점 · · · 충동적, 경쟁적, 통제 불능의 자유로움
- ✚ 고칠 점 · · · 즉흥적인 구매로 인한 재정 상태 악화

물병자리 ＋ 염소자리 > 기찻길

기질이 다르다. 당신은 제도와 권위에 얽매이지 않는 행동주의자이며 파트너는 전통과 권위를 중요하게 생각한다. 인생관을 일치시키려면 많은 노력이 필요한 커플.

- ✚ Advice · · · 모험 정신이 때로는 불륜을 부를 수도 있다
- ✚ 배울 점 · · · 호기심, 창조성, 강한 도전정신
- ✚ 나쁜 점 · · · 강압적, 반항적, 정서적 불안정
- ✚ 고칠 점 · · · 책임과 의무를 다하고 권리를 주장하라

물병자리 ＋ 물고기자리 > 역할 바꾸기

화합이 잘 되는 커플이라고 할 수는 없다. 다만 당신이 리드를 한다면 무난한 편이다. 통 큰 당신에게 파트너는 봉사하고 헌신할 준비가 되어 있기 때문이다.

- ✚ Advice · · · 사랑과 섹스는 정말 아름답고 고귀한 것이다
- ✚ 배울 점 · · · 창조적, 침착함, 확실한 결단력
- ✚ 나쁜 점 · · · 부정적, 의외성, 2퍼센트가 부족하다
- ✚ 고칠 점 · · · 상대의 장점을 가볍게 생각하지 말 것

사수자리
(sagittarius: 11/23~12/24)

염소자리
(capricorn: 12/25~1/19)

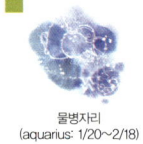
물병자리
(aquarius: 1/20~2/18)

물고기자리
(pisces: 2/19~3/20)

✖ 미워 미워

물병자리 ➕ 황소자리 > 동전의 앞뒤

피곤한 만남. 두 사람 모두 상대방을 의심하고 부정적인 측면만 주목한다. 게다가 타산적인 성향이라서 너무 많은 것을 기대하다가 크게 실망하는 커플.

- ➕ Advice ···· 스킨십은 돈 들지 않는 교제술이다
- ➕ 배울 점 ···· 낙관적, 열정적, 새롭게 시작하는 여유
- ➕ 나쁜 점 ···· 타산적, 물질적, 바라는 게 많다
- ➕ 고칠 점 ···· 사다리는 한 계단씩 올라가는 게 빠르다

물병자리 ➕ 사자자리 > 없으면 보고 싶고, 있으면 짜증 나고

서로 다른 세계에서 살고 있는 두 사람. 변덕스럽고 자기도취적인 모습을 버리지 않는다면 만남이나 결혼조차도 두 사람에게 큰 도움이 되지는 못할 것이다.

- ➕ Advice ···· 립 서비스도 자주하면 진실이 된다
- ➕ 배울 점 ···· 솔직함, 창조적, 인간적인 모습
- ➕ 나쁜 점 ···· 경계심, 우울증, 괜한 빈정거림
- ➕ 고칠 점 ···· 가슴이 시키는 대로 움직여라

물병자리 ➕ 게자리 > 침묵하는 사랑

쾌활한 성격의 당신은 돌아다니는 것을 즐기며 통이 큰 편이다. 그렇다고 파트너는 당신이 원하는 것을 모두 들어주지 않는다. 다혈질적인 당신이 더 참아야 한다.

- ➕ Advice ···· 상대방의 생활 방식을 이해하라
- ➕ 배울 점 ···· 가정적, 추진력, 긍정적 사고방식
- ➕ 나쁜 점 ···· 우유부단, 불만, 대책 없는 무관심
- ➕ 고칠 점 ···· 자기 연민의 감정에 빠지지 말라

물병자리 ➕ 처녀자리 > 불난 집에 부채질

자유인을 꿈꾸는 이상주의자인 당신, 날카로운 지성의 소유자인 파트너가 어느 정도 이해할 수 있을까. 서로 적절히 타협할 수 있다면 그럭저럭 짝을 이룰 수 있다.

- ➕ Advice ···· 결혼은 뚜껑을 덮어놓은 음식임을 명심하라
- ➕ 배울 점 ···· 넉넉함, 계획적, 세련된 언행
- ➕ 나쁜 점 ···· 비판적, 집착, 지나친 현실감
- ➕ 고칠 점 ···· 설득보다는 차라리 침묵하는 게 낫다

황소자리
(taurus: 4/21~5/20)

게자리
(cancer: 6/22~7/22)

사자자리
(leo: 7/23~8/22)

처녀자리
(virgo: 8/23~9/23)

★ 물병자리 남자의 사랑

물병자리 남자의 사랑은 독특하다. 가슴 가득 사랑을 채워놓았다가 다시 비우려고 하는 사랑, 하나의 사랑에는 결코 만족하지 않는 사랑, 틈만 나면 새로운 분위기를 향해 손짓하는 이타적인 사랑, 영원을 넘나드는 듯한 구속되지 않는 자유로운 사랑이 바로 물병자리 남자의 사랑이다.

진실을 놓치지 않는 판단력과 폭넓은 사랑을 베풀려는 이상주의자다. 미지의 세계에 대한 공상을 좋아하는 등 지적 탐구를 즐긴다. 침대에서도 마찬가지다. 심지어 관계를 하면서도 낮에 회사에서 있었던 일을 생각한다든가, 친구와의 채무 관계를 생각하는 등 잡다한 생각을 하기 때문에 성적인 행위를 오래 유지하지는 못한다.

친절하고 개방적인 성격이지만 애정 표현에서는 차가운 면이 있다. 여성은 보호받아야 한다고 믿고 있으며 어느 특정인보다는 여성, 그 자체를 사랑하는 휴머니스트다. 그래서 우정으로 만나서 사랑으로 발전하는 경향이 많다. 한 여성에게 쉽게 빠지는 편은 아니지만 결혼 후에는 훌륭한 남편이자 좋은 아빠가 된다.

적당히 튕길 줄 알며 자신의 주장을 당당하게 펼칠 수 있는 여성, 융통성 있고 명랑하며 지적 센스를 지닌 여성을 좋아한다. 너무 착한 여자나 남들을 따라하는 개성 없는 여성은 쳐다보지도 않는다. 자신만의 독특한 개성을 가진 여성, 꾸밈이 없는 듯 자연스러운 분위기를 연출하는 여성을 선호한다.

★ 물병자리 여자의 사랑

물병자리 여성은 예민한 관찰력과 유창한 웅변술로 사람을 설득시키려고 한다. 차가운 지성과 따뜻한 정감을 발휘하며 인생의 아름다움을 연출하려고 한다.

늦게 결혼하는 대부분의 독신 여성이 물병자리에 속한다. 눈이 높고 따지는 것이 많아서 인연을 쉽게 만나지 못하기 때문이다. 너무 정확한 태도는 인정 없는 매정한 사람으로 비춰질 수도 있다. 때로는 당돌하고 거만하기도 하며 돌발적인 행동을 하기도 한다. 속박을 싫어하고 변화를 즐긴다. 냉정할 정도로 차가운 본성을 지녔다. 지적이며 액티브한 마인드로 접근해야 한다. 그녀의 정신세계를 두드려야 사랑의 에너지가 생성된다. 때문에 뜨거운 섹스를 기대한다면 정이 깊어지기 전에 다른 별자리를 찾아야 할 것이다. 사랑보다는 우정에 대해 강한 믿음을 갖고 있으므로 연인 관계가 끝났어도 친구로 남기를 원하기도 한다.

매력적인 외모를 가진 이지적 분위기의 남성에게 마음을 빼앗긴다. 자신보다 지식 수준이 월등할 때 성적으로, 인간적으로 매력을 느낀다. 하지만 결혼을 한 다음에도 남편에게 남녀평등을 요구하며 자신만의 프라이버시를 갖길 원하는 면을 보인다.

자유롭고 편안한 상태를 좋아하므로 자유를 억압하면 누구든 함께할 수 없을 것이다. 전업주부로 묶어두려면 결혼 생활을 지속할 수 없다. 구속당한다고 느끼는 순간 바로 집을 나갈 것이기 때문이다.

★ 물병자리의 섹스 스타일과 침실 풍수 컨설팅

당신은 알다가도 모를 사람이다. 가까이 다가가면 도망가고, 저만큼 갔다가는 다시 돌아오는 당신은 마치 신기루와도 같다.

친구를 사귈 때 한두 사람과 친밀하게 교제하는 것보다는 여러 사람들과 언제 어디서나 스스럼없이 대할 수 있는 관계를 편안하게 생각한다. 사랑을 할 때도 마찬가지다. 구속받고 구속하는 것을 싫어해서 서로를 얽어매지 않는 것을 선호한다. 그렇다고 바람둥이는 아니다. 당신이 바라는 사랑의 유형은 사막을 걸어가는 동반자와 같은 것이다.

침대에서도 마찬가지이다. 관계를 하면서도 번잡한 생각에서 벗어나지 못하므로 당연히 성생활의 즐거움을 제대로 알지 못할 것이며 성행위도 오래 유지하지 못할 것이다.

그렇듯 인간의 기본적인 욕구인 섹스에 대하여 불균형한 감각을 가진 당신은 사회생활을 할 때도 예측 불가능하고 균형 잡히지 않는 삶을 살아가게 된다. 그런 당신에게는 평범하면서도 독특한 침실이 어울린다.

무엇보다 태양의 활기찬 기운을 받는 것이 중요하다. 침대의 위치를 동쪽으로 배치하여 아침 해가 떠오를 때 강렬한 기운을 온전히 받을 수 있도록 한다. 소극적인 성격이라면 침실 패브릭을 바이올렛 톤으로 하는 것이 좋다. 적극적이고 안정적인 기운이 필요하면 흰색이나 노란색의 소품으

• 물병자리들은 바이올렛 톤의 꽃으로 침대 주변을 장식해주는 것이 좋다.

로 화려하게 꾸미는 것이 좋다. 꽃을 장식할 때는 바이올렛 계열의 색상을 사용하는 것이 좋다.

    침대의 재질은 목재가 좋으며 색상은 원목 색상이나 갈색으로 한다. 헤드는 곡선으로 처리된 제품을 선택한다. 침대 커버와 베개 커버는 따뜻한 색으로 한다. 머리맡에는 반드시 심플한 디자인의 스탠드를 놓아둔다.

    창문이 서쪽에 있다면 석양빛을 차단하고 창가나 침대 옆에는 관엽식물을 둔다. 화장대나 옷장 등은 밝은 색상을 사용하도록 한다. TV, 오디오는 동쪽에 두는 것이 좋으며 조명은 다소 환하다는 느낌이 들 정도로 밝게 하는 것이 좋다.

    침실에 있는 잡동사니를 깨끗하게 치우는 것도 중요하다. 필요하지도 않은데 버리기 아깝거나 미련이 남아서 보관하고 있는 낡은 잡동사니는 당신의 좋은 기운을 가로막는 장애물이다. 또 아무 생각 없이 그저 허전하다는 이유로 벽에 걸어둔 액자도 당장 떼어내는 것이 행운을 부르는 비결이다.

Bedroom

물병자리

Consulting

1. 긍정적인 삶의 에너지를 충전받기 위하여 내부 인테리어는 평범하면서도 무난하게 꾸며야 한다.
2. 태양의 활기찬 기운을 받기 위하여 침대는 동쪽으로 배치하는 것이 좋다.
3. 소극적인 성격이라면 침실 패브릭을 바이올렛 톤으로 한다.
4. 적극적이고 안정적인 기운을 필요로 하면 분홍색이나 노란색 소품으로 화려하게 꾸미는 것이 좋다.
5. 침대는 목재의 원목 색상이나 갈색으로 한다. 헤드는 곡선으로 처리된 제품을 선택한다.
6. 침대 커버와 베개 커버는 따뜻한 색으로 한다.
7. 머리맡에는 단조로운 디자인의 스탠드를 놓아둔다.
8. 화장대나 옷장 등은 밝은 색상을 사용하도록 한다.
9. TV, 오디오는 동쪽에 두는 것이 좋다.
10. 조명은 다소 환하다는 느낌이 들 정도로 밝게 하는 것이 좋다.

물고기자리 | pisces : 2/19~3/20 | 신기루처럼 혹은 무지개처럼

물고기자리
(pisces: 2/19~3/20)

물고기자리는 영적인 면에 민감하게 반응하며 큰 가치를 둔다. 삶에 대한 자각이 높으며 한결같은 열정으로 젊음을 갈망한다. 금욕적인 태도와는 거리가 멀어서 세속적인 면에도 관심이 많다. 사랑을 할 때도 그와 같다. 뛰어난 직감력으로 신비스럽고 황홀한 사랑을 연출해나가려고 한다.

당신은 바다와 같은 포용력을 가지고 있다. 설령 이루어질 수 없는 안타까운 사랑일지라도 상대방이 돌아올 자리를 마련해놓고 상대를 위하여 오랜 시간 마음을 비워두는 순정파이기도 하다. 하지만 현실을 깊이 통찰할 때 행운이 곁에 온다는 것을 기억해야 한다. 자신을 보호할 사람은 결국 자신밖에 없음을 명심해야 한다.

어떤 일을 하든 완벽을 추구한다. 심성이 따뜻하여 남들이 고통스러운 처지에 놓여 있으면 모르는 척 지나치지 않는다. 그래서 파트너의 달콤한 말에 속아서 크게 상처를 받거나 눈물을 흘리며 절망하는 등 정신적, 육체적 손해를 보는 경우가 많다.

나이를 짐작할 수 없을 정도로 젊은 마인드를 갖고 있다. 생동감이 넘치고 다정다감한 모습으로 파트너에게 좋은 말을 많이 해주기 때문에 사랑을 하게 되면 짧은 시간에 상대방의 호감을 받는다. 인정이 많고 이해심이 좋지만 남의 일에 깊숙이 개입하는 것은 싫어한다.

♥ 어울리는 별자리 - 좋아 좋아

　게자리, 천칭자리, 전갈자리, 염소자리

■ 무덤덤한 별자리 - 그냥 그냥

　양자리, 황소자리, 물병자리, 물고기자리

✖ 어울리지 않는 별자리 - 미워 미워

　쌍둥이자리, 사자자리, 처녀자리, 사수자리

♥ 좋아 좋아

물고기자리 ＋ 게자리 > 설중매

낭만적인 만남. 동정심이 많고 섬세한 파트너의 여린 마음을 처음부터 끝까지 이해하고 감싸주는 당신에게 파트너는 진정으로 사랑의 힘이 무언가를 느낄 것이다.

- **Advice** ··· 여자는 조금씩 접근하는 것을 즐긴다
- **배울 점** ··· 동정심, 결단력, 가정적인 언행
- **나쁜 점** ··· 의존심, 과보호, 심각한 자존심
- **고칠 점** ··· 상대의 적절한 충고를 받아들여라

물고기자리 ＋ 전갈자리 > 야망 혹은 안주

상대를 배려하는 커플. 재능이 많고 두뇌회전이 명석한 당신은 파트너의 행동을 제대로 파악하고 서로가 원하는 라이프사이클을 제시하고 고쳐나갈 것이다.

- **Advice** ··· 오르가슴을 가장하는 것은 피하라
- **배울 점** ··· 긍정적, 도전적, 넘치는 자신감
- **나쁜 점** ··· 도피 성향, 의존적, 없어도 있는 척
- **고칠 점** ··· 불평불만을 쌓아두지 말라

물고기자리 ＋ 천칭자리 > 용서와 포용

힘들 때는 서로를 격려하면서 용기를 주는 잘 어울리는 커플. 상대방을 배려하며 합리적인 요구를 한다. 결국 서로에게 신뢰를 통한 인간적인 만족을 느끼는 관계.

- **Advice** ··· 사랑은 영혼의 형이상학,
  섹스는 사랑의 형이하학
- **배울 점** ··· 논리적, 적극적, 끊임없는 격려
- **나쁜 점** ··· 무관심, 우울증, 갑작스런 변덕
- **고칠 점** ··· 좋은 것이 꼭 좋은 것만은 아니다

물고기자리 ＋ 염소자리 > 사막의 오아시스

감수성이 부족한 파트너에게 심성이 부드러운 당신은 파트너의 생각과 감정을 정확하게 읽고 교감할 것이다. 부족한 점을 채워주는 봉사와 희생이 돋보이는 만남.

- **Advice** ··· 사랑한다면 머뭇거리지 말라
- **배울 점** ··· 로맨틱, 자제력, 봉사와 희생정신
- **나쁜 점** ··· 자의적, 이기적, 비타협적인 언행
- **고칠 점** ··· 부드러움을 유약함으로 혼동하지 말라

게자리
(cancer: 6/22~7/22)

천칭자리
(libra: 9/24~10/22)

전갈자리
(scorpio: 10/23~11/22)

염소자리
(capricorn: 12/25~1/19)

■ 그냥 그냥

물고기자리 ＋ 양자리 > 연인보다는 배우자로

독립심이 강하며 쾌활한 성격의 파트너는 내성적이고 타산적인 당신의 모습에 많이 실망할 것이다. 다만 결혼을 하면 현실적이면서도 진취적인 커플이 될 수 있다.

- **Advice** 가끔씩 각방을 쓰며 상대를 그리워하라
- **배울 점** 다재다능함, 성공적, 이해심이 많다
- **나쁜 점** 반항적, 혼란스러움, 자기중심적인 모습
- **고칠 점** 공동의 목표를 세워라

물고기자리 ＋ 물병자리 > 역할 바꾸기

화합이 잘 되는 커플이라고 할 수는 없다. 다만 파트너의 리드를 부정하지 않는다면 무난하다. 당신이 순종한다면 통 큰 파트너는 멋지게 리드할 것이다.

- **Advice** 사랑과 섹스는 정말 아름답고 고귀한 것이다
- **배울 점** 창조적, 침착함, 확실한 결단력
- **나쁜 점** 부정적, 의외성, 2퍼센트가 부족하다
- **고칠 점** 상대의 장점을 가볍게 생각하지 말 것

물고기자리 ＋ 황소자리 > 계란에 소금

서로의 장점을 살려주면 좋은 커플이 될 수 있다. 세련된 취미와 아름다움을 좋아하는 두 사람, 그러나 냉정하고 부정적으로 생각하면 어떤 대화도 나눌 수 없다.

- **Advice** 문화 공간으로의 외출을 즐겨라
- **배울 점** 다재다능, 사교적, 희생하는 마음
- **나쁜 점** 냉정함, 파괴적, 냉정한 판단력
- **고칠 점** 지나친 관용은 굴복이다

물고기자리 ＋ 물고기자리 > 화무십일홍

무난한 커플. 두 사람은 차분하게 가정을 꾸려나가는 타입이다. 다만 일정한 한도까지만 만족을 느낄 수 있다. 과도한 것을 피하며 꼭 필요한 일만 하기 때문이다.

- **Advice** 정기적인 애정 확인이 꼭 필요하다
- **배울 점** 현실적, 차분함, 냉정한 분석력
- **나쁜 점** 이기적, 의타적, 차가운 애정관
- **고칠 점** 봉사와 희생 정신을 가질 것

양자리
(aries: 3/21~4/20)

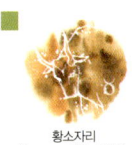
황소자리
(taurus: 4/21~5/20)

물병자리
(aquarius: 1/20~2/18)

물고기자리
(pisces: 2/19~3/20)

✖ 미워 미워

물고기자리 ＋ 쌍둥이자리 > 하룻밤 풋사랑

휴일 날, 한 사람은 쉬거나 혼자 지내려고 하고 또 한 사람은 함께 돌아다니기를 좋아한다. 이러한 차이를 벗어나려면 참으로 많은 노력이 필요한 커플이다.

- **Advice** ... 세 번은 길게, 세 번은 짧게
- **배울 점** ... 감성적, 열정적, 진취적 사고방식
- **나쁜 점** ... 의외성, 파격적, 지나친 비판정신
- **고칠 점** ... 즉흥적 감정 표현을 자제하라

물고기자리 ＋ 처녀자리 > 바람 앞의 등불

결혼하기는 쉽지만 결혼 생활을 지속하는 건 힘든 커플. 서로 일치하지 않는 부분도 있지만 서로를 존중해 준다면 차이를 어느 정도는 극복할 수도 있다.

- **Advice** ... 의무적인 섹스라도 건너뛰지는 말라
- **배울 점** ... 사색적, 근면성, 솔직한 감정
- **나쁜 점** ... 직선적, 독선적, 유별난 성격
- **고칠 점** ... 결점을 장황하게 늘어놓는 것을 피하라

물고기자리 ＋ 사자자리 > 한 지붕 두 가족

인생을 살아가는 태도가 전혀 다른 커플. 자신이 처한 상황을 비관적으로 생각한다. 자신이 상대방에게 손해를 본다고 생각하기 때문에 더 나은 사람을 찾으려 한다.

- **Advice** ... 결국은 그놈이 그놈이다
- **배울 점** ... 적극적, 진취적, 매력적인 성격
- **나쁜 점** ... 투쟁적, 이기심, 지나친 현실감
- **고칠 점** ... 흥분하지 않는다면 사랑할 수 있다

물고기자리 ＋ 사수자리 > 엽기적인 만남

평범하지 않는 부부 관계를 맺는 커플. 두 사람 모두 가정 생활을 좋아하고 현실적인 목표를 세운다. 그러나 아주 가끔 성적인 문제에서 변태적 행동을 할 수도 있다.

- **Advice** ... 간지럽다는 표현은 절대 금물
- **배울 점** ... 활동적, 사교적, 가정적인 행동
- **나쁜 점** ... 자괴심, 간교함, 예민한 감수성
- **고칠 점** ... 조바심 내지 말고 여유를 가져라

쌍둥이자리
(gemini: 5/21~6/21)

사자자리
(leo: 7/23~8/22)

처녀자리
(virgo: 8/23~9/23)

사수자리
(sagittarius: 11/23~12/24)

★ 물고기자리 남자의 사랑

물고기자리 남자는 싱그럽다. 로맨틱한 낭만주의자다. 처음 대하는 여성에게는 말이 적은 편인데, 사랑을 하면 순식간에 정열적인 모습으로 변한다. 뛰어난 상상력과 창조적인 능력으로 파트너를 위하여 시를 만들고 꽃을 바칠 정도로 감수성이 풍부하다.

순수한 적응력과 감수성이 뛰어나지만 이중적인 면도 갖고 있어서 세상에 대해 부정적이고 냉소적인 태도를 보이기도 한다. 때로는 이룰 수 없는 일에 사로잡히기도 하며 사람들과 거리를 두고 깊은 관계를 맺지 못할 수도 있다. 무분별한 행동으로 환락에 빠지기도 하는 극과 극의 모습을 보여주기도 한다. 그러므로 물고기자리 남성들은 알코올 중독이나 약물 중독을 조심할 필요가 있다.

사람들을 만날 때 자신의 속마음까지 털어놓지는 않는다. 자신만의 공간을 좋아하는 몽상가적 기질이 있기 때문이다. 다만 동정심이 많고 마음이 약해서 파트너와 눈물을 흘리면 함께 우는 모습을 보여주기도 한다. 누구든 편안하게 기대어 울 수 있도록 자신의 어깨를 빌려주기도 한다.

애인으로서의 자질은 훌륭한 편이다. 친절하며 파트너를 대하는 태도가 솔직하다. 그러나 예측할 수 없는 상황을 즐기는 속성 때문에 의외로 이상한 여성에게 매혹될 위험성도 많다.

개성이 뛰어난 여성보다는 평범한 여자를 좋아한다. 일상생활 속에서 달콤한 이야기를 주고받을 수 있는 여성다운 여성을 좋아한다.

★ 물고기자리 여자의 사랑

물고기자리 여성은 다양한 욕구를 가지고 있다. 온순하고 부드러운데 극에서 극으로 치달리는 양극성을 가지고 있다. 사랑을 할 때도 정신과 육체가 심각한 갈등을 일으킨다. 침대에서의 성적 문제를 도덕적 기준으로 생각하는 것이 그런 것이다. 영혼과 육체라는 이원성의 기질 극복이 선행되어야 사랑을 더 키울 수 있을 것이다.

동정심이 많으며 영적인 직감력으로 삶을 깊이 이해하려고 한다. 사랑을 할 때도 섬세하고 꼼꼼하다. 파트너를 위하여 헌신적으로 뒷받침한다. 감정과 분위기에 매우 민감하기 때문에 자신을 유혹하는 사람을 거절하지 못한다. 그러다가 원치 않는 상황에 휘말려 후회할 수도 있으므로 감정의 균형을 유지할 수 있도록 신경 써야 한다.

멋진 외모의 남성을 좋아한다. 스스로 의지력이 약해서 힘들 때 기댈 수 있는 듬직한 남자를 선호한다. 삶의 방향을 안내할 수 있는 아버지 같은 남자를 좋아하며 여러 가지 여건이 조금 부족해도 자신만을 바라보는 남자에게 마음을 연다. 한 사람만을 사랑하고 그와 영원하기를 원하는 여성이다.

결혼을 하면 집 안을 예쁘게 꾸미고 남편을 내조하는 것에서 행복을 느낀다. 그러나 잠시라도 사랑에 대한 확인을 게을리 하면 안 되므로 한결같이 자신만을 사랑하고 있음을 느끼게 해 주어야 한다. 자신에게 충실하지 않다고 생각하면 어느 날 갑자기 파트너 곁을 떠나버릴 수도 있다.

★ 물고기자리의 섹스 스타일과 침실 풍수 컨설팅

당신은 리드미컬하면서도 신비주의적 성향이 강하다. 교과서적이며 이상주의적 완벽성을 갈망한다. 어떤 형태로든 완전이라는 극단적 이론에 치우치기에 간혹 현실감 없는 주장을 펼치기도 한다. 그것은 침대에서도 똑같다. 파트너에게 육체적 만족과 로맨틱한 감정까지 충족시켜주기 위하여 나름대로 최선의 노력을 다할 것이다.

당신의 섹스 스타일은 부드러우면서도 자상한 편이다. 파트너를 세심하게 배려하는 당신은 섹스를 하면서도 상대방을 만족시키기 위하여 모든 노력을 다할 것이다. 파트너에게 최선을 다하는 당신은 육체뿐만 아니라 감정적으로도 완벽을 추구할 것이다. 그렇듯 상대방에게 민감하게 반응하는 당신은 파트너에게 정신적인 보상을 바라기도 하고, 심적인 중압감을 느낄 수도 있다.

당신은 신비적이며 낭만적인 성격이기에 정신적으로 차분하게 진정이 되어야 여유를 가지며 그런 분위기가 조성될 때 성충동을 느낀다. 또한 당신의 마음이 극단을 오고가기 때문에 섹스에 집착하게 될 가능성이 크며, 가변적인 기질은 섹스에 너무 몰입하거나 탐닉하는 모습으로 나타날 수도 있다.

무엇보다 중독성 물질을 주의해야 한다. 당신은 정신적 스트레스에 민감하게 반응한다. 남들보다 쉽게 지치며 활기를 잃을 수 있으므로 담배나 술 등의 중독성 물질에 의지할 수 있다. 그래서 사랑도 시들어지고 성생활도 무미건조해질 수 있으므로 중독성 물질을 아예 가까이 하지 않는 것이 좋은 풍수 인테리어 교정법이 될 수 있다.

내부의 색상은 연두색과 파랑색 계열의 색상을 사용하는 것이 좋다. 해왕성을 수호신으로 태어난 당신에게 연두색과 파란색은 마음을 차분하게 만들어주는 한편 현실적으로 새롭게 도전할 수 있는 긍정적인 기운을 부르기 때문이다.

침대는 심플한 디자인의 높이가 낮은 원목 제품이 좋다. 침대의 방향은 싱글은 동쪽이 좋으며 결혼한 사람은 서쪽이 좋다. 좋은 인연을 만나고 싶을 때는 남쪽으로 머리를 두면 좋은 결과를 얻을 수 있다.

화장대는 목재가 좋은데 거울이 서쪽에 있다면 외부에서 들어오는 좋은 기운이 거울에 반사되어 밖으로 나가기 때문에 다른 방향으로 옮기는 것이 좋다. 창문의 크기는 큰 영향이 없지만 석양빛을 차단할 수 있도록 두꺼운 이중커튼을 설치해야 한다. 남성인 경우는 연두색, 파란색이 좋고 여성은 분홍색, 보라색 계열이 좋다.

TV와 오디오 등 소리 나는 물건은 동남쪽에 둔다. 주변에 꽃을 장식하는 것이 좋다. 젊은 사람은 화려한 꽃이 좋으며 나이 든 사람들은 푸른색 꽃이 길하다. 조명은 밝은 느낌을 주는 것이 포인트이므로 간접조명보다는 직접조명이 좋다.

가리개 형식의 파란색 계열 커튼을 이중으로 연출하여 더욱 색깔 있는 공간으로 만든 침실.

Bedroom

물고기자리

Consulting

1. 내부 색상은 연두색과 파랑색 계열의 색상을 사용하는 것이 좋다.
2. 침대는 심플한 디자인의 높이가 낮은 원목 제품이 좋다.
3. 침대의 방향은 싱글은 동쪽이 좋으며 결혼한 사람은 서쪽이 좋다.
4. 좋은 인연을 만나고 싶을 때는 남쪽으로 머리를 두면 좋은 결과를 얻을 수 있다.
5. 화장대는 목재가 좋다. 거울이 서쪽에 있다면 외부에서 들어오는 좋은 기운이 거울에 반사되어 밖으로 나가므로 조심한다.
6. 침체될 수 있는 마음을 조절하기 위하여 자주 환기를 시켜준다.
7. 커튼은 남성은 연두색, 파랑색으로, 여성은 분홍색, 보라색 계열이 좋다.
8. TV와 오디오 등 소리 나는 물건은 동쪽이나 동남쪽에 둔다.
9. 가전제품 주변에는 싱싱한 꽃을 장식하는 것이 좋다.
10. 조명은 간접조명보다 직접조명이 좋다.

풍수는 '바람 풍風, 물 수水'의 조합으로, '바람을 잘 다스리는 방법과 물을 제대로 관리하는 것'이라고 한다. 그러니 이름만 봐도 물과 직접적인 관련이 있는 욕실·화장실의 인테리어는 풍수적으로 얼마나 중요한지 충분히 헤아릴 수 있을 것이다. 특히 몸의 더러움을 씻고 불순물을 내보내는 욕실·화장실은 건강과 밀접한 관련이 있다. 때문에 욕실·화장실을 제대로 관리하지 못해 탁한 기운이 쌓이면 가족의 건강이 위협받기도 한다. 지금부터 가족의 건강을 좌우하는 욕실·화장실의 풍수 인테리어에 대하여 살펴보기로 하자.

Part 5
건강을 좌우하는 공간 욕실 · 화장실

행복의 완성인 욕실·화장실 풍수 인테리어

욕실·화장실에서는 신체의 전부 혹은 일부분을 노출해야 한다. 그중에서도 이곳은 생식기와 직접적인 관련이 있다. 생식기는 일차적으로는 종족 보존을 위한 것이라고 할 수 있지만 평상시에는 남녀의 애정 및 건강과 밀접한 관계가 있는 부위다. 그런 이유로 욕실·화장실의 적절한 관리는 삶에서 매우 중요하다 할 수 있다.

풍수에서는 '사람의 건강을 살펴보려면 물을 다루는 욕실·화장실의 상태를 점검하면 알 수 있다'고 한다. 따라서 욕실·화장실을 청결하게 관리하면 애정 문제 및 건강이 좋아지는 것은 지극히 당연한 일이다.

욕실·화장실 풍수 인테리어에서 첫 번째로 살펴보아야 할 포인트는 배수이다. 물의 흐름은 건강은 물론 가족 관계, 대인 관계 그리고 금전운 등에 큰 영향을 미친다. 배수가 좋지 않다면 모든 것들이 막히게 된다. 하수구가 막히지 않도록 자주 점검해야 하는 이유가 바로 여기에 있다.

두 번째 포인트는 환기이다. 욕실·화장실은 배설물을 처리하므로 내부가 탁하다. 그런데 하루에도 몇 번씩이나 드나들면서 신체를 노출하므로 탁한 기운에 직접적인 영향을 받는다. 더욱이 창문이 작거나 아예 없기 때문에 탁한 기운을 정화시키기가 여의치 않다. 때문에 환풍기 등의 물리적인 방법을 동원해서라도 환기에 각별히 신경을 써야 한다.

세 번째 포인트는 청결이다. 욕실·화장실은 신체의 지저분함을 깨끗하게 해주는 곳으로, 깨끗함과 더러움이 함께 공존하는 곳이다. 보통 물을 다루기 때문에 깨끗하다고 생각할 수 있으나 그렇지 않다. 눈으로 보이지 않는 기운이 탁하므로 욕실·화장실 자체의 흉한 냄새와 탁한 기운을 정화할 수 있도록 항상 청결하게 관리해야 한다.

★ 욕실·화장실 관리 포인트 - 배수·환기·청결

★ 욕실·화장실의 출입문은 닫아두어라

욕실·화장실은 아무리 철저하게 관리해도 흉한 기운이 많이 발생할 수밖에 없다. 탁한 기운이 밖으로 새어나오지 않도록 항상 출입문을 닫아두는 습관을 들이는 것이 좋다.

식구들이 이유 없이 아프거나 갑자기 금전의 지출이 많아지면 욕실문 밖에 거울을 걸어둔다. 그렇게 하면 좋은 기운이 화장실을 통해서 밖으로 새어나가는 것을 방지해준다.

욕실·화장실은 다른 곳에 비하여 크고 작은 소품들이 많은 공간이다. 자잘한 물건들을 여기저기 놓아두어야 하는데, 세면대 주위만은 산뜻하게 비워둔다. 세면대가 복잡하면 체면이 손상되는 일이 많이 생기기 때문이다.

개인 주택의 경우 변기는 출입문에서 멀리 떨어진 곳에 설치하도록 한다. 가족의 프라이버시가 존중되고 가족의 건강이 좋아지는 한편 말도 많고 탈도 많은 구설수에서 해방될 수 있다.

욕실·화장실은 침침하고 생기가 약한 곳이다. 녹색식물이나 붉은색 화초를 두면 좋은 기운이 자라난다. 생화를 관리하기 곤란하면 조화를 두는 것도 좋다.

★ 향이 좋은 비누는 사람들을 향기롭게 만든다

욕실·화장실의 물품은 몸에 닿기 때문에 길흉이 빠르게 전달된다. 목욕용품을 구입할 때나 보관할 때는 세심하게 신경을 써야 한다. 향이 좋은 제품을 사용하면 주변 사람들에게 좋은 인상을 심어줄 수 있다.

● 좋은 향이 나는 소품과 차분한 베이지 톤으로 꾸민 풍수적으로 길한 욕실 인테리어.

샴푸나 비누의 경우 대형 용기의 제품을 그대로 사용하지 않고 작은 용기에 옮겨서 쓴다. 너무 커다란 제품을 사용하면 머리가 복잡해지는 일이 많이 생긴다. 특히 인간관계가 이상하게 꼬이는 일이 많이 생긴다.

풍수에서는 방향이 매우 중요하다. 제품을 만든 곳의 지명에 따라 제품의 기운이 달라진다. 특히 외국과 관련된 일을 할 때는 그 지역에서 만든 제품을 사용하면 지역에 대한 적응력이 좋아지게 된다.

욕실·화장실의 물건은 차분한 색상이 좋다. 베이지색, 연두색, 옅은 청색 등이 무난하다. 너무 화려한 색은 기운이 강해서 크고 작은 영향을 끼친다. 특히 노약자에게는 매우 흉하다.

화장실에 청소 도구를 아무렇게나 두는 것은 금물. 가족 문제로 신경 쓰는 일이 많아지고 아이들의 학업 문제로 속 썩는 일이 많이 생긴다. 보관할 장소가 마땅치 않다면 녹색식물로 가리도록 한다.

★아름다운 욕실은 가족을 행복하게 만든다

욕실 매트는 맨발로 만나는 소품이다. 대지의 기운을 흡수하는 발바닥과 닿기 때문에 건강 및 자존심과 관련이 있다. 때가 묻은 매트를 사용하면 자존심 상하는 일이 많아지므로 자주 세탁한다.

수납장에 타월을 많이 넣어두면 음의 기운이 타월에 스며든다. 특히 목욕을 끝낸 청결한 상태에서 흉한 기운이 몸에 전달될 수 있기에 더 흉하다.

방향제를 사용할 때 향이 너무 강한 것은 좋지 않다. 화장실의 향기가 밖으로 새어나오면 불필요한 일에 휘말리게 된다. 명예가 손상되거나 쓸데없는 구설수에 오르내리는 등 입소문을 탈 수 있다.

욕실·화장실에 인형을 두는 것도 좋지 않다. 사람을 연상시키는 조각품이나 소품 등도 좋지 않으며 인물화나 인형 등이 그려진 포스터 등도 흉하다. 사람의 크기와 비슷한 큰 그림은 신속히 제거하자.

그림을 걸 때 문의 오른쪽에 걸면 재물운이 좋아진다. 그러나 달력을 거는 것은 스케줄 관리에 차질이 생기거나 관리 소홀로 실수를 할 수 있다. 신문이나 잡지를 두는 것도 좋은 방법은 아니다.

아기자기하고 경쾌한 분위기의 욕실이지만 사람 그림의 포스터는 흉하므로 당장 바꾸는 것이 좋다.

내 별자리에 맞는 욕실·화장실의 풍수 인테리어

12사인과 삶의 변화 : 봄, 여름, 가을, 겨울

★ 문화권마다 세계를 이해하는 방식은 다양하다. 동양 문화권에서는 인간을 우주적 존재로 간주했으며 인간의 삶의 주기를 우주적 자연현상과 동일한 시각으로 이해했다. 우주의 기운이 일정한 법칙과 패턴을 지니고 움직이듯이 인간의 삶도 자연계의 변화와 함께한다고 믿었다.

★ 운동과 변화는 시간이 전제되어야 하는데, 생물로서의 인간 역시 끊임없이 운동하는 존재다. 이러한 성격에 대해 라이얼 왓슨은 "생물은 시간에 의하여 변화된다. 인간의 맥박은 지구의 회전과 거대한 우주의 흐름과 호흡이 같은데, 그것은 아득한 시절부터 결정된 것이다"라고 말한 바 있다. 이처럼 인간은 우주의 흐름과 맥을 같이 한다.

★ 최근 연구를 통해 동양 사상의 근간인 천지인합일 사상과 별자리 점성학은 결국 같은 맥락이라는 것이 밝혀졌다. 다시 말해서 인간의 삶이 우주의 움직임, 즉 12사인의 흐름에 깊은 영향을 받고 있다고 한다면, 삶의 변화를 사계절의 순환기적 상황으로도 알 수 있다는 뜻이다.

★ 위에서 살펴본 것처럼 변화는 시간을 전제한다는 것으로 해석할 수 있다. 동양의 고전에서는 시간의 개념을 사시四時, 즉 사계절로 구분하였다. 그에 근거한다면 인간의 삶 혹은 인간의 생활 형태를 봄, 여름, 가을, 겨울의 사계절로도 구분해서 특징을 살펴볼 수 있는 것이다.

★ 봄에는 세상 만물이 태어나서 자리를 잡으며 성장하고, 여름은 자기의 존재를 역동적이면서도 왕성하게 펼치고, 가을에는 열매를 맺으면서 수확을 안겨주고, 겨울에는 다음의 봄을 기약하며 은둔의 시간을 보내게 된다. 이것을 다시 별자리의 주기표로 맞추어보면 봄의 삶은 0세부터 21세까지이며, 여름의 삶은 21세부터 42세까지가 된다. 가을의 삶은 42세부터 63세까지가 되며, 겨울의 삶은 63세부터 84세까지에 해당된다.

★ 봄, 여름, 가을, 겨울의 모습이 다르듯이 인간의 신체 반응도 각각 다르다. 풍수 인테리어의 접근 방법으로 12사인의 사계절 변화에 따른 특징을 살펴보도록 하자.

봄의 별자리 | spring Sign : 0~21세

양자리(0~7세)·황소자리(7~14세)·쌍둥이자리(14~21세)

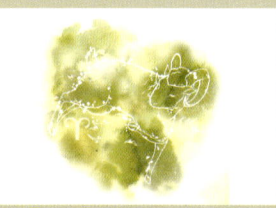

양자리
(aries: 3/21~4/20)

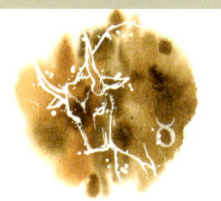

황소자리
(taurus: 4/21~5/20)

쌍둥이자리
(gemini: 5/21~6/21)

봄의 기운을 받고 태어난 당신의 기질은 얼어 있는 땅을 뚫고 세상에 나온 것과 비슷하다. 그래서 새로움을 시작하는 기운과 무에서 유를 만들어내는 창조의 기운이 강하다.

풍수에서 봄을 주관하는 힘은 젊음과 개척으로 표현한다. 그런 기운을 받은 당신은 젊은 사람처럼 활기차고 도전적인 생활을 좋아한다. 그렇지만 봄의 기운이 나쁘게 작용할 때는 꽃샘추위가 닥치듯 컨디션에 기복이 생겨, 우울증 등 정신적, 정서적인 면에서 크게 침체될 수 있다.

당신은 선천적으로 기관지, 갑상선, 간염, 호흡기 질환 이외에 실어증이나 자폐증의 위험 요인을 가지고 있다. 그런 기운을 순화시켜줄 수 있는 풍수 인테리어 방법이 있다. 바로 욕실에 흰색이나 노란색 소품을 사용하는 것이다. 또한 통풍이 잘 되게 환풍기를 설치하고 불필요한 물건들을 모두 정리하여 치우는 것이 좋다.

내부 인테리어는 화사하고 화려하게 꾸민다. 색상은 분홍색이나 청색 계열이 좋다. 커튼, 블라인드, 샤워 커튼, 매트 등도 같은 색상으로 통일시킨다. 이때 부분적으로 포인트를 주기 위하여 흰색이나 붉은색을 사용하는 것은 괜찮다. 바닥 타일은 흰색, 청색, 분홍색 등이 좋으며 벽면 타일은 모자이크 타일이나 부분적으로 그림이 그려진 것을 사용한다.

당신은 소리와 상생이 좋다. 욕실을 사용할 때 흥겹게 콧노래를 부르거나 욕실용 라디오를 두고 음악을 듣도록 한다. 욕실 출입문에 종을 걸어놓아 출입할 때마다 맑은 소리를 듣는 것도 당신에게는 좋은 풍수 처치법이다.

거울은 큰 것을 사용하는 것이 좋다. 만약 파트너와 자주 다툰다면 투명한 화병에 빨간색이나 분홍색 꽃을 장식하면 다툼을 줄일 수 있다.

마지막으로 변비 증상이 있다면 내부 인테리어를 노란색으로 하고 벽면에 맑은 하늘이 보이는 그림을 걸어두면 좋은 효과를 볼 수 있다.

Bathroom

봄의 별자리

Consulting

1. 욕실을 사용하면서 가벼운 음악을 들을 수 있다면 몸과 마음이 건강해질 수 있다.
2. 내부 인테리어는 화사하고 화려하게 꾸민다.
3. 커튼, 블라인드, 샤워 커튼, 매트 등의 색상은 분홍색이나 청색 계열의 같은 색상으로 통일시키는 것이 좋다.
4. 부분적으로 포인트를 주려면 흰색이나 붉은색 등을 사용한다.
5. 바닥 타일은 흰색, 청색, 분홍색 등이 좋으며 벽면 타일은 모자이크 타일이나 부분적으로 그림이 그려진 것을 사용한다.
6. 거울은 가능하면 큰 것을 사용하는 것이 좋다.
7. 파트너와 자주 다툼을 한다면 투명한 화병에 빨간색이나 분홍색의 꽃을 장식한다.
8. 변비가 있으면 벽에 맑은 하늘의 그림을 걸어두면 좋은 효과를 볼 수 있다.

여름의 별자리 | summer Sign : 21~42세

게자리(21~28세) · 사자자리(28~35세) · 처녀자리(35~42세)

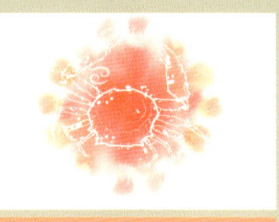
게자리
(cancer: 6/22~7/22)

사자자리
(leo: 7/23~8/22)

처녀자리
(virgo: 8/23~9/23)

여름의 기운을 받고 태어난 당신은 누구보다도 직관력이 좋으며 긍정적인 사고방식을 가지고 있다. 또한 삶에서 중요한 것이 무엇인가, 원하는 것이 무엇인가를 정확히 깨닫고 행동으로 옮기는 실천력이 강한 사람이다.

풍수에서 여름을 주관하는 힘은 명예와 직감력, 그리고 사교성 등이다. 인테리어가 적절하게 되어 있으면 결정적인 순간에 자신에게 도움을 주는 사람을 만날 수 있다.

당신은 눈, 코, 귀의 질병, 심장병 등으로 고생할 수 있으며 불면증과 위장병도 주의해야 한다. 그런 기운을 조절할 수 있는 풍수 인테리어 방법으로 녹색식물을 적극 활용하면 매사에 긍정적이고 건강한 모습으로 살아갈 수 있다. 화사한 꽃이나 소금 종지를 쌍으로 준비하여 욕실의 구석에 놓아두는 것도 좋다. 위장이 약하다면 내부 인테리어에 노란색으로 포인트를 주면 증세가 호전된다.

내부 인테리어는 이국적인 분위기를 강조한다. 금속 제품도 잘 어울린다. 금도금으로 장식된 제품을 사용하면 파트너에게 귀한 대접을 받을 수 있고 행운을 높일 수 있다. 또한 바닥의 배수구를 크게 만들어 물의 소통이 잘 되게 해야 한다. 바닥과 벽의 타일은 흰색, 베이지색, 연두색 등이 좋으며 욕조는 연두색이나 아이보리색을 사용한다. 샤워 커튼은 역동적이며 정열적인 디자인으로 선택한다.

당신은 종교적 소품과 상생 작용을 한다. 검정색이나 황금색의 종교화를 활용하도록 한다. 여름은 불을 상징하므로 물과 충돌이 생긴다. 욕조를 사용한 다음에는 반드시 물을 빼도록 하자.

만약 일이 잘 풀리지 않는다면 향긋한 방향제나 꽃을 세면대에 진열한다. 꽃을 장식할 공간이나 여유가 없다면 꽃무늬 타일이나 꽃무늬 스티커를 벽타일에 붙인다. 꽃무늬 샤워 커튼을 사용하는 것도 운을 상승시켜주는 방법이다.

Bathroom

여름의 별자리

Consulting

1. 선천적인 불면증과 위장병으로 고생하고 있다면 녹색식물을 적극 활용하는 것이 좋다.
2. 일이 잘 풀리지 않는다면 향긋한 방향제나 꽃을 세면대에 진열한다.
3. 금도금으로 장식된 제품을 사용하면 파트너에게 귀한 대접을 받을 수 있다.
4. 바닥의 배수구를 크게 만들어 물의 소통이 잘되게 하면 구설수에서 해방된다.
5. 바닥과 벽의 타일은 흰색, 베이지색, 연두색 등이 좋다.
6. 욕조 컬러는 연두색이나 아이보리색을 사용한다.
7. 샤워 커튼은 역동적이며 정열적인 디자인으로 선택한다.
8. 종교적 소품과 상생 작용을 하므로 종교를 상징하는 그림을 걸어두는 것도 좋다.

가을의 별자리 | fall Sign : 42~63세

천칭자리(42~49세) • 전갈자리(49~56세) • 사수자리(56~63세)

천칭자리
(libra: 9/24~10/22)

전갈자리
(scorpio: 10/23~11/22)

사수자리
(sagittarius: 11/23~12/24)

가을의 기운을 받고 태어난 당신은 세상 만물이 풍성하게 열매를 맺고 있는 것처럼 여유가 넘친다. 삶의 방식도 금전적인 이익을 추구하는 편이다. 수확의 계절 가을처럼 맺고 끊는 것도 분명하다.

풍수에서 가을은 대화와 연애, 그리고 결실을 상징한다. 그런 기운을 받은 당신은 대인 관계도 상당히 좋으며 승부사 기질도 강하다. 사람들과의 대화를 즐기며 이를 통해 활동 영역을 넓힌다. 그러나 가을의 기운이 나쁘게 작용할 때는 정도를 지키지 못하고 스스로 타락할 수도 있다. 가을은 은둔과 은퇴를 상징하기도 하기 때문이다.

당신의 선천적인 건강 상태는 호흡기, 변비, 소화기 질환에 걸리기 쉽다. 또한 신장 질환으로 고생할 가능성도 크며 정력 감퇴로 고민하는 사람도 많다. 그런 기운을 조절하는 풍수 인테리어 방법으로 녹색식물을 이용한다. 식물을 관리하기 어렵다면 식물 그림이나 조화를 포푸리와 함께 장식하고 내부 디자인은 정사각형보다는 직사각형이나 자유로운 모양이 좋다.

내부 인테리어는 흰색으로 통일한다. 부분적으로 분홍색, 아이보리색 등의 옅은 색으로 마감하는 것이 좋다. 거울은 녹색의 화려한 장식이 있는 것이 좋으며 테두리에 녹색이 인쇄되어 있는 것을 사용하는 것도 좋은 방법이다.

당신은 좋은 향기와 상생 작용을 한다. 화장품이나 화장지 등의 소모품을 사용할 때도 가급적 향기가 좋은 것을 사용한다. 실내에 분홍색, 노란색, 빨간색 등 화려한 원색의 향기가 좋은 꽃을 두는 것이 좋다. 화병은 외형이 금장으로 장식된 고급스러운 제품을 골라서 꽃을 낮게 꽂는다.

가을의 기운은 여성에게 심리적, 정서적으로 위험할 수 있다. 만약 우울증이 생기면 내부 디자인을 환상적인 분위기로 연출하면 침울한 분위기가 사라지고 긍정적인 마음이 생긴다.

Bathroom

가을의 별자리

Consulting

1. 내부 디자인은 정사각형보다는 직사각형이나 자유로운 모양으로 한다.
2. 내부 인테리어는 흰색으로 하는 것이 좋으며, 부분적으로 분홍색, 아이보리 색 등 옅은 색으로 마감하도록 한다.
3. 그림을 걸려면 일출 그림 같은 역동적인 것이 좋다.
4. 벽과 천장은 베이지색 계열로 하고 바닥은 흰색 계열의 인조 대리석이나 그와 흡사한 소재를 사용한다.
5. 거울은 녹색의 화려한 장식이 있는 것이나 테두리에 녹색이 있는 것이 좋다.
6. 좋은 향기와 상생 작용을 하므로 화장품이나 화장지 등은 향기가 좋은 것을 사용한다.
7. 꽃을 두려면 분홍색, 노란색, 빨간색 등의 화려한 원색 꽃을 비치한다.
8. 화병은 외형이 금장으로 장식된 고급스러운 제품을 골라서 꽃을 낮게 꽂는다.

겨울의 별자리 | winter Sign : 63~84세

염소자리(63~70세) • 물병자리(70~77세) • 물고기자리(77~84세)

염소자리
(capricorn: 12/25~1/19)

물병자리
(aquarius: 1/20~2/18)

물고기자리
(pisces: 2/19~3/20)

겨울의 기운을 받고 태어난 당신은 차분한 마음으로 내일의 희망을 기약하며 설계하는 기운이 강하다. 겨울은 눈과 얼음의 계절인 만큼 차갑고 냉정한 면도 있으며 또 속을 잘 보이지 않는 점도 당신만의 독특한 특징이다.

풍수에서 겨울을 주관하는 힘은 결단과 주인 의식, 그리고 정신력 등이다. 인테리어가 적절하게 되어 있으면 사회생활을 패기만만하고 열정적으로 할 수 있다. 그렇지만 나쁜 기운으로 작용하면 매사에 소극적으로 대처하여 실수를 거듭하다가 자신감을 잃어버릴 수도 있다.

당신은 선천적으로 감기에 자주 걸리고 냉증으로 고생할 수 있다. 그리고 위장병, 신장병에 걸릴 확률도 상당히 높다. 정신적 스트레스에 유난히 약한 모습을 보이기도 한다. 그런 기운을 조절할 수 있는 풍수 인테리어 방법으로 선인장을 두는 것이 좋다. 다만 선인장은 풍수적으로 위험한 물질에 해당되므로 선인장을 여러 개 놓는 것보다 한 개를 놓고 잘 관리하도록 하자.

내부 인테리어는 따뜻하게 느껴지는 색상을 선택한다. 바닥은 요철이 있는 미끄럽지 않은 소재로 마감한다. 색상은 황토색이나 분홍색, 베이지색 계열이 좋다. 벽면 타일은 따뜻한 계열의 색상으로 하고 욕조에서 반신욕을 자주 하는 것이 좋으므로 가능하면 욕조를 설치하도록 하자.

당신은 따뜻한 물과 상생작용을 한다. 따라서 욕조를 설치하여 자주 목욕하는 것이 당신의 건강을 도와주는 풍수 처치법이다. 목욕을 할 때 분홍색 계열의 꽃잎을 띄워서 목욕하면 파트너에게 귀한 대접을 받을 수 있다.

당신은 사람들에게 상처받기 쉽다. 구설수에 휘말리지 않도록 배수구는 항상 막아놓는 습관을 들이고, 유리창과 거울을 깨끗하게 닦는다. 타월은 따뜻하게 느껴지는 색상을 선택하는 것이 좋다. 혈압에 문제가 있는 사람은 난방 기능이 있는 비데를 사용한다. 냉증이나 환절기 감기로 고생을 한다면 내부 조명을 밝게 하면 큰 도움이 된다.

Bathroom

겨울의 별자리

Consulting

1. 욕실에 선인장을 두되, 여러 개 놓지 말고 한 개만 두고 잘 관리한다.
2. 내부 인테리어는 따뜻하게 느껴지는 색상을 선택한다.
3. 바닥은 요철이 있는 미끄럽지 않은 소재로 마감하고, 색상은 황토색이나 분홍색, 베이지색 계열이 좋다. 벽면 타일은 난색 계열로 한다.
4. 욕조에서 하반신 목욕을 자주 하는 것이 좋으므로 가능하면 욕조를 설치한다.
5. 소품을 사용할 때는 난색 계열이 좋으며 짙은 녹색이나 연두색, 노란색도 괜찮다.
6. 구설수에 휘말리지 않도록 배수구는 항상 막아놓는 습관을 들인다. 유리창과 거울도 깨끗하게 닦는다.
7. 혈압에 문제가 있는 사람은 난방 기능이 있는 비데를 사용한다.
8. 목욕을 할 때 분홍색 계열의 꽃잎을 띄워서 목욕하면 파트너에게 귀한 대접을 받을 수 있다.

tip

컬러로 건강을 지키는 욕실·화장실의 방위별 인테리어

동쪽 현관 ★ 타월이나 소품을 방위의 행운색인 빨간색으로 사용하면 건강한 기운이 상승한다. 바닥 색상은 빨간색 혹은 청색 타일이나 합성수지로 한다. 검정색 변기나 세면대는 동쪽의 기운을 저하시키므로 금물이다.

동남쪽 욕실·화장실 ★ 바닥재는 무늬가 있는 타일을 사용하는 것이 좋다. 벽과 천장은 따뜻한 색의 꽃무늬나 줄무늬가 길하다. 변기는 분홍색, 베이지색이 좋다. 타월, 슬리퍼, 매트 등 소품도 꽃무늬가 있는 녹색 또는 연두색 제품을 사용한다.

남쪽 욕실·화장실 ★ 남쪽은 차가운 계열의 색으로 통일하는 것이 좋다. 변기는 흰색, 연두색, 청색 계열로 선택한다. 바닥이나 벽, 천장의 색상도 차가운 계열의 색이 좋다. 다만 단조로움을 피하기 위하여 휴지걸이 등 작은 장식품에 빨간색으로 포인트를 주는 것은 무난하다.

남서쪽 욕실·화장실 ★ 내부는 흰색이나 옅은 살색으로 통일한다. 녹색식물을 놓거나 꽃 그림을 거는 것도 좋다. 무엇보다 환기에 신경을 써야 한다. 원하는 것이 있을 때는 타월을 어두운 색상으로 바꾸고 종교적 상징이 있는 그림을 건다.

서쪽 욕실·화장실 ★ 내부 색상은 흰색, 분홍색, 아이보리 등의 옅은 색으로 마감한다. 바닥 역시 흰색 계열의 인조대리석 소재가 좋다. 벽과 천장은 베이지 계열로 하고 타월과 소품은 짙은 브라운이나 연두색을 사용한다.

서북쪽 욕실·화장실 ★ 내부에 나무 색상의 장식품을 포인트로 사용한다. 벽 타일은 물이 많이 닿는 데까지 연두색 계열로 마감한다. 변기와 세면대는 진한 색상을 사용하고 매트, 슬리퍼, 변기 커버는 연두, 아이보리색으로 통일하는 것이 좋다.

북쪽 욕실·화장실 ★ 변기는 흰색, 아이보리색이 좋다. 변기 맞은편에 화사한 그림이나 꽃 그림을 거는 것이 좋다. 벽과 천장은 난색 계열로 따뜻한 분위기를 연출한다. 매트와 슬리퍼 역시 따뜻한 색상이나 화사한 꽃무늬가 좋다.

북동쪽 욕실·화장실 ★ 내부 색상은 베이지색이나 아이보리색, 흰색으로 하는 것이 좋다. 바닥, 벽, 천장 역시 밝은 색상이 좋다. 슬리퍼나 매트, 타월도 같은 색상으로 하고 꽃을 장식할 때는 노란색, 빨간색 등의 강렬한 색으로 한다.

욕실 ★ 이것만은 꼭 지키자

- 금속 부분은 반짝반짝 빛나도록 닦아놓으면 재물운이 좋아진다.
- 세면대에 때가 끼면 체면과 신분이 깎인다.
- 샤워 커튼, 목욕 타월 등은 제대로 건조시킨다.
- 욕조에 물을 받아둔 채 밤을 새우면 구설수가 생긴다.
- 목욕 매트를 자주 세탁하지 않으면 컨디션이 저하된다.

화장실 ★ 이것만은 꼭 지키자

- 환기가 되지 않으면 매우 흉하므로 환기에 신경 쓰도록 한다.
- 매트가 있다고 슬리퍼를 사용하지 않으면 흉하다.
- 내부가 지저분하면 사생활이 문란해진다.
- 변기 커버가 더러우면 건강이 나빠지므로 수시로 세탁한다.
- 조명기구의 불이 켜지지 않으면 운이 나빠진다.

화장실의 방위에 따른 질병 ★

- 동쪽   : 간 질환, 우울증, 호흡기 질환
- 동남쪽 : 중풍, 뇌일혈, 신경통, 갑상선
- 남쪽   : 혈압, 불면증, 눈·코·귀 질환
- 남서쪽 : 위장병, 소화기 질환, 정력 부족
- 서쪽   : 치통, 두통, 부인병, 구강 질환
- 서북쪽 : 현기증, 변비, 스트레스, 열
- 북쪽   : 우울증, 신장염, 심장병, 냉증
- 북동쪽 : 식욕부진, 허리관절, 반신불수

세상엔 다양한 사람들이 살고 있고 그들은 모두 저마다의 다른 소망을 안고 살아가고 있다. 어떤 이는 좋은 배우자를 원할 것이고, 또 어떤 이는 내 집 마련의 꿈을 키워갈지도 모른다. 또 어떤 이는 직장에서의 승진에 가슴을 졸이고 있을지도 모르고, 또 다른 이는 대박의 꿈을 안고 복권을 구입하고 있을지도 모를 일이다. 때문에 풍수 인테리어 역시 목적에 따라 달라져야 한다. 이제부터 당신의 소망과 그에 따른 풍수 인테리어에 대해 알아보도록 하자.

목적별 풍수 컨설팅

Part 6

낯선 곳에서 행운을 낚는 소품 풍수 컨설팅

우연한 만남은 그것이 악연이든 행운이든 마음을 설레게 하는 묘한 매력이 있다. 낯선 곳에서의 만남은 더더욱 감성을 자극하게 마련이다. 모처럼의 휴가에서 오랫동안 기다려 온 좋은 인연과의 만남을 기대한다면 여행을 떠나기 전부터 좋은 기운을 만들자. 우선 주거 공간을 세심히 살펴보자. 작은 소품에도 운명을 변하게 하는 기운이 숨겨져 있다.

사람들은 예전에 만난 사람이 지금은 곁에 없고, 지금까지 그런 일이 반복된 탓에 사랑에 대해 불안한 마음을 갖게 된다. 하지만 스스로 변화하려면 마음의 문을 열어야 한다. 어쩌면 자신이 소망하는 반쪽은 최상의 상대가 아닐지도 모른다. 새로운 사랑을 찾을 수 있도록 두 눈과 마음을 맑게 비우자. 당신의 짝은 전혀 기대하지 않았던 곳에서 찾아올지도 모른다.

바캉스의 계절엔 특히 어딘지 모를 낯선 곳에서 불어오는 유혹에 마음이 흔들린다. 바다가 우리의 영혼을 치료해줄 수 있는 것은 거기에 무한한 동경이 있고, 끊임없이 넘실대는 파도의 성실함이 있으며, 감성을 자극하는 감미로움이 있기 때문이다. 여기에 세상을 감싸 안는 수평선이 있기에 더욱 아름답다.

일상에 지친 몸과 마음을 재충전하기 위해 여행을 떠나 낯선 곳에서 사랑의 행운을 낚을 수 있다면 그보다 더 좋은 충전이 어디 있을까. 자연 속에 흐르는 천지만물의 기운을 실생활에 적용하여 낯선 곳에서 인연을 만나는 비법을 찾아보자.

★ 사랑에 지친 당신, 바꿔라!

특정한 색상과 물건은 사랑을 의미한다. 흰색, 핑크색, 빨간색, 녹색 등이 바로 그것이다. 현실의 사랑이란 아름다운 소리나 향긋한 냄새가 나는 것이 아니다. 그렇다고 혀끝을 마비시킬 만큼 강렬한 맛도 아니다.

사랑이란 느낌이다. 나른하도록 감상적이며 전율이라도 일 것처럼 직관적인 것이다. 풍수 인테리어는 그런 감성적인 직관력을 더욱 강하게 만들어준다. 주의해야 할 점은 사랑이 다가올 때 더불어 밀려오는 격한 감정의 물결에 대비해야 한다는 것이다. 가장 기본적인 것은 방 안에 있는 물건이나 환경을 점검하여 양의 기운이 강하면 음의 기운으로 보충하고, 음의 기운이 강하면 양의 기운으로 보충해주는 것이다.

양의 기운은 남성적이다. 날카롭고 강인한 선으로 디자인되어 있다. 색상은 빨간색, 노란색, 오렌지색 등 난색 계열이다. 물건의 형태는 단단한 것, 뾰족한 것 등이다. 방 안의 분위기가 너무 밝으면 음의 기운을 보충해주어야 한다.

음의 기운은 여성적이라고 할 수 있다. 디자인이 부드럽고 원만한 선으로 되어 있다면 음의 기운이 강한 것이다. 방 안의 색상이 녹색, 청색, 회색, 푸른빛이 도는 자주색 등 한색 계열이 많다면 음의 색상이 강한 것이고, 방 안의 장식물이 움푹 들어간 것 등으로 되어 있어도 마찬가지다. 또 방 안의 분위기가 조금 어두운 편이거나 간접조명 등을 사용하고 있다면 양의 기운을 보충해주어야 한다.

기본적인 음양의 조화를 맞추었다면 이제부터 마음의 캔버스에 사랑의 그림을 그리는 풍수 인테리어를 활용해보자.

★ 낯선 곳에서 행운을 낚을 수 있는 색상

양자리 • 흰색, 연두색, 빨간색, 베이지색　　**천칭자리** • 흰색, 노란색, 베이지색, 줄무늬

황소자리 • 흰색, 녹색, 빨간색, 오렌지색　　**전갈자리** • 흰색, 노란색, 연두색, 핑크색

쌍둥이자리 • 흰색, 청색, 빨간색, 베이지색　　**사수자리** • 흰색, 빨간색, 녹색, 회색, 검정색

게자리 • 흰색, 녹색, 노란색, 회색, 검정색　　**염소자리** • 흰색, 노란색, 핑크색, 갈색

사자자리 • 흰색, 녹색, 노란색, 회색, 검정색　　**물병자리** • 흰색, 노란색, 빨간색, 황갈색, 체크무늬

처녀자리 • 흰색, 빨간색, 노란색, 분홍색　　**물고기자리** • 흰색, 빨간색, 자주색, 청색

★ 사랑의 기운을 끌어당기는 물건들

깨끗한 속옷 ● 사랑이란 보이지 않는 곳에서 영글어가는 것. 가장 소중한 곳을 깨끗하게 감싸고자 하는 당신의 마음만으로도 이미 상대방에게 청결한 느낌을 준 것이다. 특히 핑크나 빨간색은 직접 착용하지 않고 보관만 해도 정열적인 기운을 샘솟게 하므로 매우 길하다.

욕조 ● 물은 풍수에서 극과 극의 물질로 해석한다. 특히 뜨거운 물은 음의 기운을 양의 기운으로 바꾸기 때문에 매우 긍정적인 힘을 가졌다. 수증기가 몽실몽실 피어오르는 욕조의 뜨거운 물은 사랑의 열기와 파도를 상징한다. 또한 피부를 감싸는 촉촉한 느낌은 사랑의 의미를 상징한다. 욕실은 언제나 청결하게 유지하는 것이 좋다.

싱싱한 들꽃 ● 한적한 길가에 핀 이름 모를 작은 꽃을 보면 누구나 색다른 느낌을 갖게 마련이다. 만약 전혀 예상치 못했던 장소에서 발견했을 때는 더욱 강한 느낌으로 다가온다. 그것은 당신이 낯선 곳에서 누군가에게 그렇게 선택받을 수 있는, 또는 선택할 수 있는 기운을 만들어준다. 들꽃으로 집 안을 장식하거나 여행 시에 들꽃을 꺾어 작은 컵에 꽂아두면 다음 날 우연한 만남이 이루어질 수 있다.

허브 양초 ● 자신을 태워 주변을 밝게 비추는 양초는 풍수에서 남을 위해 자신을 희생하는 생명체로 본다. 허브 향초를 켜두면 방 안 가득 향기로움이 넘쳐 마음의 안정을 찾을 수 있다. 허브 향초 몇 개쯤은 침실에 두고 거듭된 사랑의 실패로 차갑게 식어버린 마음을 뜨겁게 달구어 다가올 사랑에 대비해보자.

거울 ● 사랑이란 살아서 숨 쉬는 생명체다. 거울 역시 풍수에서는 살아 있는 생명체로 본다. 따라서 거울을 적극적으로 사용하면 긍정적인 힘을 얻을 수 있다. 거울은 에너지를 흡수하는 힘이 있다. 당신이 소중하게 관리하는 거울은 잠자고 있는 시간에도 당신의 짝을 강하게 끌어당긴다. 거울의 형태는 원형이나 팔각형이 좋다.

★ 사랑의 기운을 약하게 만드는 물건들

불결한 상태 ● 사랑의 신은 신경이 매우 예민하다. 따라서 날짜가 지난 신문, 굴러다니는 손톱 조각, 더러워진 베갯잇, 실밥이 터져서 속이 나온 인형 등 불결한 잡동사니가 눈에 띈다면 사랑의 신은 저만치서 발길을 돌릴 것이다.

외로운 물건 ● 사랑이란 더불어서 함께하는 것. 한 쌍을 이루고 있던 물건이 짝을 잃어버렸다면 나머지도 처분하는 것이 좋다. 침대 사이드 테이블에 놓인 혼자 찍은 사진은 잠시 다른 곳에 두자. 특히 헤어진 옛 연인과 함께 찍은 사진은 무조건 치워버려야 한다. 베개는 두 개를 사용하는 것이 길하다.

차가운 색상 ● 검정색이나 회색 그림, 빙산 혹은 설원의 사진 등은 사랑의 열기를 식힌다. 패브릭도 차가운 색상은 피하는 것이 좋다. 다만 양의 기운이 너무 강한 침실일 경우, 음양을 조절하는 기능으로 포인트를 준 것이라면 차가운 색도 괜찮다.

불행한 이미지 ● 흔히 작품 사진에서 많이 볼 수 있는 몹시 고독해 보이는 노인의 사진은 좋지 않다. 또 끊어진 다리나 처연하도록 슬퍼 보이는 석양의 그림 등 불행한 이미지가 연상되는 그림이나 사진 등은 사랑을 부르는 데 전혀 도움이 되지 않는다.

날카로운 이미지 ● 선인장은 꽃이 피었거나 가시가 없는 것이라도 좋지 않다. 이상한 냄새가 나는 물건, 특히 관리하지 않는 골동품에서 나는 퀴퀴한 냄새 역시 좋지 않다. 은장도, 칼, 화살 등 장식용일지라도 무기 종류는 사랑의 기운을 몰아내는 역할을 한다.

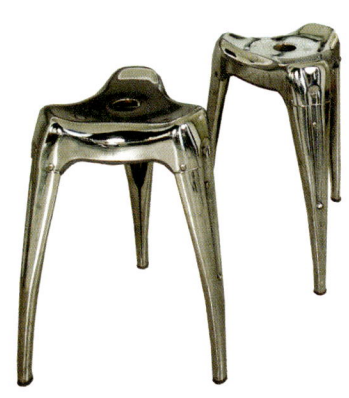

tip

사랑을 찾는 당신, 떠나라!

포수는 총을 들고 산으로 가야 호랑이를 잡을 수 있다. 또 어부는 그물을 들고 바다로 가야 고기를 잡을 수 있는 법이다. 포수가 바다로 가거나 어부가 산으로 간다면 뜻을 이루기 어렵다. 이와 같이 사람들에겐 저마다 자신의 뜻을 이룰 수 있는 적절한 장소가 있다.

양자리	★	제주도, 강화도, 안면도, 거제도 등 큰 섬이나 우아한 뷔페 식당
황소자리	★	동쪽 바닷가, 야외 디스코장
쌍둥이자리	★	해안도로 혹은 드라이브 코스의 휴게소
게자리	★	외딴 섬 혹은 계곡의 산장, 오래된 나무 아래의 벤치
사자자리	★	호텔이나 유원지의 수영장, 극장이나 공연장 혹은 공개방송 장소
처녀자리	★	기업체의 휴양소가 있는 해수욕장, 세미나 등 모임이 있는 장소
천칭자리	★	남쪽 계곡, 산자락에 위치한 콘도, 야외 술집
전갈자리	★	동남쪽에 통나무집이 있는 휴양림, 그룹의 미팅 장소
사수자리	★	남쪽 산자락에 위치한 콘도, 해질녘 야외 커피숍
염소자리	★	서쪽이나 북쪽, 콘도의 나이트클럽, 화려한 곳
물병자리	★	남서쪽의 바닷가 백사장, 송림이 있는 해수욕장
물고기자리	★	해운대나 경포대 같은 대규모 해수욕장, 분위기 있는 카페

아름답고 날씬해지기 위한 풍수 컨설팅

아름다운 여성의 조건으로 보통 고운 피부, 날씬한 몸매, 세련된 패션, 우아한 매너 등을 꼽을 수 있다. 때문에 많은 여성들은 성형수술 등의 물리적인 방법을 동원해서라도 아름다움을 얻고자 온갖 노력을 기울인다. 또 날씬한 몸매를 위해서 의약품을 복용하는 등 여러 가지 방법을 동원하지만, 대부분 큰 효과를 보지 못한 채 오히려 부작용으로 고생하는 경우가 더 많다.

모든 사람들에게 호감을 얻을 수 있는 진정한 아름다움이란 건강한 육체와 밝은 마음, 건전한 성격에서 비롯된다. 그리고 그런 기운은 많은 시간을 보내는 주거 공간의 변화에서부터 시작해야 한다.

설령 많은 돈을 투자하여 외모 가꾸기에 성공했다 해도 본질적인 아름다움은 가질 수 없다. 그런 것들은 임시방편일 뿐이기 때문이다. 이제 방위와 색상을 이용하여 효율적인 다이어트를 시작해보자.

다이어트를 위해 가장 이상적인 집의 배치는 거실이 남향에 있어 햇빛이 잘 들고, 남쪽에 커다란 창이 있으며 출입문이 동쪽에 있는 것이다. 남쪽 창가에 체중계와 전신 거울을 놓고, 창 옆에는 바닥에 세우는 스탠드를 쌍으로 둔다. 거실의 서쪽 구석에는 코너 가구를 두고 흰 꽃으로 장식하면 더욱 좋다.

★ 침실 인테리어를 점검하자

다이어트에 앞서 가장 먼저 점검해야 할 곳은 침실. 잠자는 방향과 위치가 올바르면 잠을 자는 동안에도 비만인 몸을 날씬하게 만들 수 있기 때문이다. 물론 피부 미용에도 큰 도움을 주니 당장 실행에 옮겨보자.

자신이 비만이라고 생각된다면 잠자는 방향을 정북향으로 바꾼다. 화장대나 책상 등의 배치도 북쪽을 향하게 한다. 만약 현실적으로 어려움이 있다면 차선책으로 동쪽을 사용하도록 한다.

침실 내부는 약간 어둡게 하는 것이 좋다. 침실이 너무 밝으면 숙면을 취하지 못하여 스트레스를 받게 되므로 좋지 않다. 밤새 불을 켜두거나 TV를 켜놓고 자는 버릇이 있다면 빨리 고치자. 피부는 물론 건강에도 좋지 않을 뿐 아니라 침실의 운기도 약하게 만든다. 침실도 휴식을 취해야 하기 때문이다.

또 다이어트 중에는 신경이 곤두서는 경우가 많은데 이때는 차가운 계열의 색을 이용한 인테리어로 마음을 가라앉힌다. 커튼이나 침대 커버 등 침실 패브릭은 청색이나 녹색, 회색 계열을 선택하고, 특히 가벼운 마음으로 음악을 듣는 등 여가를 보낼 때는 북쪽이나 동쪽 코너를 적극 활용한다. 운동기구나 운동복은 침대 가까이 손에 잡히는 곳에 두도록 한다.

★ 다이어트를 돕는 욕실의 방위와 색상

동쪽 욕실 ● 동쪽의 밝고 건강한 기운은 욕실 특유의 습한 기운을 제거해준다. 그러나 동쪽 욕실은 자유분방한 기운이 강하게 작용하기 때문에 적절한 제어가 필요하다. 다이어트에 성공하기 위해서는 엄격한 자기 관리가 필수적이다. 인테리어 컬러는 화려한 색상이 좋다. 커튼이나 블라인드, 샤워 커튼, 매트 등은 블루, 바이올렛, 화이트 계열의 색상을 사용한다.

동남쪽 욕실 ● 동남쪽은 주변의 평판에 너무 신경을 쓰는 약점을 보인다. 대수롭지 않은 일에도 귀가 솔깃해져 그로 인한 마음의 상처를 받을 수 있다. 가장 신경 써야 하는 부분은 환기이다. 환풍기에 때가 타 있거나 먼지가 쌓여 있으면 주위에서 불평을 듣거나 구설수에 오를 수 있다. 인테리어는 밝고 연한 색이 좋으며 한색 계열의 진한 컬러도 무난하다. 거울은 큰 것을 사용하는 것이 좋다.

남쪽 욕실 ● 남쪽은 음과 양이 교차하는 지점으로 까닭 없는 외로움과 슬픔으로 노이로제에 걸릴 가능성이 높다. 특히 세면대를 지저분한 채로 두면 여러 가지로 곤란한 상황에 놓이게 된다. 남쪽은 불을 상징하므로 욕조를 사용하고 나면 반드시 물을 뺀다. 인테리어 컬러는 흰색, 녹색, 베이지, 바이올렛, 블루 등 한색 계열이 길하다. 창문은 환기용의 작은 크기 정도면 좋다.

남서쪽 욕실 ● 정신적 건강 문제로 트러블이 발생하기 쉽다. 인테리어 색상이 어둡거나 햇빛이 들지 않으면, 그런 경향은 더욱 높아진다. 통풍에 각별한 신경을 써야 한다. 욕조의 물은 밤을 보내지 않도록 바로바로 빼놓는다. 인테리어 컬러는 부드러운 색조가 좋다. 창문이 작으면 유리창에 그린 색상의 선팅지를 붙이고, 창문이 크다면 흰색, 녹색, 노란색의 블라인드를 설치한다.

서쪽 욕실 ● 서쪽은 쉽게 포기하고 체념하는 기운이 강해 다이어트에 불리한 장소다. 여기에 창문 역시 석양이 강하게 드는 서쪽에 있다면 그러한 경향은 더 강해진다. 석양빛은 베이지나 브라운 계열의 블라인드로 신속하게 막아준다. 인테리어 컬러는 핑크빛 무드를 만드는 것이 무난하다. 타월이나 매트, 샤워 커튼, 거울 등의 소품은 화사하고 화려한 꽃무늬가 좋다.

서북쪽 욕실 ● 서북쪽은 은밀함이 강한 방위다. 따라서 적극적으로 나서서 결정을 내려야 하는 순간 뒤로 물러나는 경향을 보인다. 이러한 문제를 해결하기 위해서는 내부에 나무 느낌을 살리는 것이 포인트이다. 여기에 그린과 베이지 컬러로 자연스러운 분위기를 연출한다. 소품의 색상은 베이지, 갈색, 녹색 혹은 흰색도 무난하다.

북쪽 욕실 ● 북쪽은 냉기가 강하므로 욕조의 물은 목욕 후에 반드시 빼야 한다. 욕실 내부 공간에 여유가 있다면 욕조를 설치하는 것이 좋고, 색상은 흰색이나 아이보리색이 좋다. 소품은 기본적으로 난색 계열로 짙은 그린이나 노란색이 길하다. 인테리어를 할 때에는 따뜻한 계열의 색을 적극적으로 사용해야 한다. 또한 북쪽은 환기가 잘 안 되는 특성을 가지고 있으므로 환기에도 신경을 써야 한다.

북동쪽 욕실 ● 북동쪽은 정신력이 흐트러질 수 있는 방위이다. 따라서 자신감 결여로 판단력이 흐려져 낭패를 볼 수 있다. 흉한 작용을 억제하기 위해서는 내부 인테리어를 정갈하게 하는 것이 중요하다. 여러 가지 색상을 사용하는 것은 기운을 혼란하게 하므로 절대 금물이다. 내장재와 소품, 타월 등을 모두 흰색으로 통일한다. 부분적으로 포인트를 주는 것은 무방하다.

★ 건강한 미인을 만들어주는 색상 컨설팅

활기가 부족할 때	빨간색, 초록색
진실하지 못할 때	갈색, 노란색, 주황색
기회주의 성격일 때	초록색, 청색
이기적일 때	검정색, 빨간색
융통성이 부족할 때	검정색, 흰색, 초록색
수동적인 성격일 때	빨간색, 주홍색
너무 성급할 때	검정색, 연녹색
정신 집중을 못할 때	초록색, 하늘색
편집증적일 때	노란색, 갈색, 검은색
자기주장이 강할 때	검정색, 초록색
둔감한 편일 때	검정색, 빨간색
신경질이 많아질 때	초록색
대인 관계가 나쁠 때	검정색, 초록색, 갈색, 노란색, 주황색

tip
색상으로 질병을 치료하는 방법

다이어트를 하면 몸에 무리가 오게 된다. 즉 불규칙적인 식습관으로 복통이 올 수 있는데 노란색이나 빨간색 옷을 입으면 복통 치료에 효과적이다. 또 메스꺼운 증상이 나타나기도 하는데 이럴 때는 지체 없이 초록색을 가까이 한다. 이와 같이 풍수오행의 색상을 이용하여 질병 치료에 도움을 받을 수도 있다.

복통	★	노란색, 빨간색
두통	★	초록색, 분홍색
비만	★	흰색
감기	★	오렌지색, 베이지색
고혈압	★	검정색, 흰색, 파란색, 초록색
심장병	★	황토색, 검정색, 흰색, 빨간색은 절대 금물
우울증	★	연두색, 보라색
신경통	★	오렌지색, 초록색
불면증	★	흰색, 검정색, 오렌지색, 초록색
신경과민	★	흰색, 노란색, 초록색
소화불량	★	황토색, 흰색, 연녹색, 노란색
안면 경련	★	흰색, 초록색

이사운을 좋게 하는 풍수 컨설팅

누구나 좋은 집과 인연 맺기를 바란다. 들어섰을 때 기분 좋고 마음이 안정되는 집이면 OK. 주변 환경도 놓치지 말자. 대단지 아파트라도 막다른 골목에 위치하지는 않았는지, 유독 큰 건물에 막혀 있거나 주변이 산만하지는 않은지 눈여겨 살펴봐야 한다.

맹자의 어머니가 자식을 위해 세 번 이사했다는 맹모삼천지교 孟母三遷之敎는 주변 환경의 중요성을 일깨워준다. 주택센서스의 조사에 의하면 우리나라 사람은 평균적으로 내 집 마련 전에 적어도 5회 이상 이사하는데, 행복 지수에 관한 설문 조사 항목을 보면 사람들이 행복을 느끼는 첫째 여건이 좋은 환경을 가진 집에서 생활하는 것이라고 대답했다.

이처럼 집과 환경은 우리 삶의 질을 바꿀 만큼 중요하다. 그렇다고 삶의 질을 높이기 위해 함부로 집을 옮길 수는 없는 법. 이사해놓고 집이 마음에 안 든다고 물릴 수도 없거니와 비용도 만만치 않고 직장, 학교 등 걸리는 일이 한두 가지가 아니기 때문이다.

기억을 더듬어보면, 어느 집에서는 행복한 기억만 있고 어느 집에서는 유난히 몸이 아프고 가족들은 서로 다투는 등 불행이 겹치기만 했을 것이다. 또 살던 사람이 모두 잘 되어 이사 갔다는 집이 있는가 하면, 이상하게도 일이 꼬여 도망치다시피 떠났다는 집도 있다.

이사를 할 때 주변 환경이 좋은 집과 천지만물의 기운이 좋게 흐르는 곳을 찾아서 우리의 삶이 좀 더 편안한 길로 갈 수 있도록 풍수 컨설팅을 받아보자.

★ 주변과 어울리는 집이 좋다

사람들이 모이다 보면 유독 혼자만 튀는 사람이 있게 마련이다. 이들은 옷차림이 유별나거나 언행이 과장되거나 해서 주변 사람들을 피곤하게 하고 결국 따돌림을 당한다.

주택도 마찬가지이다. 허허벌판에 세워진 집, 높은 지형에 혼자만 불쑥 솟아오른 집 등이 그에 해당한다. 그런 집에 살게 되면 가족들이 화합하지 못하고 재물이 나가며 집안에 우환이 끊이지 않고 풍파가 심해진다. 좋은 집이란 첫째로 주변 경관과 잘 어울려야 한다. 물론 아파트의 경우도 예외는 아니다.

집을 둘러싸고 있는 도로의 상태도 주택의 길운을 좌우한다. 좋은 도로란 주택의 전면과 평행으로 나 있는 도로이다. 나쁜 도로란 바람과의 관계에서 살펴보아야 한다.

길은 사람이나 차가 다니는 곳이면서 바람이 통과하는 곳이기도 하다. 따라서 막다른 골목에 위치한 집은 가장 좋지 않은 경우다. 집 앞의 도로가 구불구불해도 나쁘다. 출입구 앞으로 여러 길이 모여드는 형상 역시 좋지 않다. 집 주변으로 삼면이 도로로 둘러싸인 경우도 흉하다.

★ 집을 구하는 것도 때가 있다

집을 구할 때, 점심 무렵부터 시작해 오후 시간 동안 다니는 경우가 많다. 그러나 오후에는 대기 중에 여러 가지 복잡한 기운이 흘러 이사 갈 집에 생기가 흐르는지 여부를 가늠하기 곤란하다. 저녁이나 밤에 집을 보러 가는 것은 더욱더 바람직하지 못하다.

풍수로 볼 때 좋은 집의 기본 조건은 동쪽이나 동남쪽으로 창문이 있어 아침 햇살의 활기찬 기운이 집 안으로 들어와야 한다. 늦은 오후나 저녁에는 햇볕이 제대로 들어오는지 확인할 수 없기 때문에 피해야 한다. 어쩔 수 없는 경우라면 저녁에는 교통 문제나 자녀의 학교 위치 정도만 확인하고, 오전 9시에서 오후 1시 전후에 방문한 다음 최종 결정을 내리는 것이 좋다.

오전 시간에 집 안에 들어갔을 때 햇빛이 적당히 들어와 분위기가 밝고 따스하다면 좋은 집이라고 판단해도 좋다. 그러나 오후에 방문했는데 집이 밝고 환한 느낌을 주었다면 서향집이거나 서쪽에 큰 창문이 있는 집일 가능성이 많다. 서향집은 일몰의 음습한 태양빛이 너무 강하게 집 안으로 들어오기 때문에 좋지 않다. 집 안에 음의 기운이 지나치게 높아져 음양의 조화가 깨지게 되므로 집 안에 탁한 기운이 서리게 될 수 있다.

★ 이사는 '손 없는 날'을 택한다

이사를 하거나 집을 수리할 때 혹은 멀리 여행을 떠나려 할 때 흔히 '손 없는 날', '손 없는 방향'을 택한다. 손 없는 날이란 음력 9일, 10일을 말한다. 즉 음력으로 9, 10, 19, 20, 29, 30일은 손 없는 날로 이사를 하거나 수리를 해도 괜찮은 날이다.

일부에서는 미신으로 치부하기도 한다. 그러나 손 없는 날은 천지만물에 흐르는 기운이 가장 부드러울 때라는 조상들의 오랜 경험에서 유래된 통계적 생활 상식이니만큼 일부러 무시할 필요는 없다.

★ 삼살방·대장군방이란 무엇일까

삼살三殺이란 것은 사고를 의미하는 겁살劫殺, 재앙을 불러오는 재살災殺, 불가항력적인 일을 당한다는 천살天殺 등 세 가지의 나쁜 흉신을 말한다.

삼살방은 삼살이 동서남북 각 방향에 1년씩 머무르며 나쁜 작용을 한다는 뜻이다. 따라서 이사 갈 때 새로운 환경에 부딪치지 않고 효과적으로 적응하기 위해서는 삼살 방향을 피하는 것이 좋다.

대장군방이란 삼살방과 비슷하지만 효력은 다소 약하다. 삼살과는 달리 한 장소에서 3년 동안 머무는 특성을 가지고 있다.

이 두 가지 흉신이 같은 방향에 있을 때는 특히 조심해야 한다. 2007년 정해년의 경우 서쪽에 삼살과 대장군이 함께 있었고 2010년 경인년에는 북쪽에 삼살과 대장군이 함께 있으며, 2013년 계사년에는 동쪽에 삼살과 대장군이 함께 있으므로 각별한 주의가 필요하다.

tip 쉽게 보는 이사 방향

방향 \ 나이			20 29 38 47	21 30 39 48	22 31 40 49	23 32 41 50	24 33 42 51	25 34 43 52	26 35 44 53	27 36 45 54	28 37 46 55
좋은 방향	천록방	남	서남	북	남	동북	서	서북	중앙	동남	동
		여	동	서남	북	남	동북	서	서북	중앙	동남
	식신방	남	동남	동	서남	북	남	동북	서	서북	중앙
		여	중앙	동남	동	서남	북	남	동북	서	서북
	합식방	남	서	서북	중앙	동남	동	서남	북	남	동북
		여	동북	동북	서북	중앙	동남	동	서남	북	남
	관인방	남	남	동북	서	서북	중앙	동남	동	서남	북
		여	북	남	동북	서	서북	중앙	동남	동	서남
나쁜 방향	안손방	남	동	서남	북	남	동북	서	서북	중앙	동남
		여	동남	동	서남	북	남	동북	서	서북	중앙
	증파방	남	중앙	동남	동	서남	북	남	동북	서	서북
		여	서북	서북	동남	동	서남	북	남	동북	서
	오귀방	남	서북	중앙	동남	동	서남	북	남	동북	서
		여	서	서	중앙	동남	동	서남	북	남	동북
	진귀방	남	동북	서	서북	중앙	동남	동	서남	북	남
		여	남	동북	서	서북	중앙	동남	동	서남	북
	퇴식방	남	북	남	농북	서	서북	중앙	동	동	서남
		여	서남	북	남	동북	서	서북	중앙	동	동

천록방天祿方 ★ 원하는 곳으로 자리를 옮기거나 진급, 연봉이 오른다.
식신방食神方 ★ 새로운 사업을 할 수 있거나 하는 일이 번창한다.
합식방合食方 ★ 동업을 할 수 있거나 대인 관계가 좋아진다.
관인방官印方 ★ 시험운이 좋아지거나 재물이 늘어나게 된다.
안손방眼損方 ★ 판단력이 흐려지거나 손재수 때문에 재산이 줄어든다.
증파방曾破方 ★ 주변의 도움을 받을 수 없으며 사업이 부진하다.
오귀방五鬼方 ★ 교통사고나 질병 등으로 고생하고 힘든 일을 많이 겪는다.
진귀방進鬼方 ★ 국가고시나 자격시험에 불리하고 구설수가 많아진다.
퇴식방退食方 ★ 투병 중인 환자가 매우 위험해지거나 재산을 잃게 된다.

마음의 안정을 찾게 해주는 풍수 인테리어

현대인들은 누구나 크고 작은 스트레스에 시달린다. 스트레스는 마음의 병이며, 복잡다단한 주변 환경이 자신과 맞지 않을 때 생기기 쉽다. 풍수 인테리어는 주변에서 흔히 발생하는 음양의 기운을 조절해서 몸을 자연 상태에 근접하게 만들어 편안하고 건강하게 살 수 있도록 하는 데 그 목적이 있다.

마음이 불안정한 사람들은 고급스러운 옷으로 치장하고 값비싼 화장품을 사용했어도 어딘지 모르게 어색해 보인다. 그러나 마음이 편안한 사람들은 특별히 가꾸거나 꾸미지 않아도 한결같이 밝고 건강해 보인다. 자연스런 건강미는 그 어떤 화장법보다 아름다운 것이다.

질병이란 우리 몸의 음양의 어느 한쪽으로 치우쳐 부조화를 이룰 때 나타나는 징조이다. 즉 몸의 기운이 불균형 상태가 되었을 때 고통을 느끼는 것이다. 식물의 성장이 햇볕을 적절히 받은 것과 그렇지 않은 것에서 결과가 다르게 나타나는 것과 마찬가지라고 할 수 있다.

주변 환경이 자신과 맞지 않으면 음양의 조화가 깨지고 인체의 밸런스를 잃어버리게 된다. 그러므로 스트레스를 없애고 인체 밸런스를 맞춰야만 건강한 삶을 누릴 수 있다. 좀 더 건강한 삶을 위한 풍수 인테리어 비법을 찾아보자.

★ 만병의 근원, 스트레스 벗어던지기

현대인의 질병은 대부분 잘못된 생활 습관에서 비롯된 결과이다. 아무리 가벼운 증상의 질병이라 할지라도 시간이 지나면 치료하기 곤란할 정도로 발전한다. 따라서 통증이 나타난 후에 치료하기보다는 평상시에 올바른 생활 습관으로 건강을 지키는 것이 현명한 방법이다.

육체는 마음의 집이다. 육체가 건강하지 못하면 올바른 정신을 가질 수 없고, 진정한 행복도 느낄 수 없다. 건강한 육체를 가지려면 나에게 맞는 환경을 찾아야 한다.

풍수 인테리어의 목적은 물질에 국한된 것이 아니라 마음의 풍요를 얻는 데 있다. 마음이 풍요로워지면 삶에 탄력이 생긴다. 더불어 적극적인 사고방식과 행동 양식으로 주변이 변화되어 현재보다 더 행복하고 더 의미 있는 삶을 살 수 있다.

일반적으로 스트레스라는 질병은 대부분 업무에 시달리는 30~40대 직장인에게서 많이 발견되었지만 이제는 초등학생과 가정주부, 장년층 등 남녀노소를 막론하고 다들 스트레스에 시달리고 있다. 심지어 현대인의 성패는 스트레스의 극복에 달려 있다고 해도 과언이 아니다. 스트레스를 치료하는 가장 좋은 방법은 즉시 푸는 것. 그때그때 풀지 못하면 만병의 근원이 되기 때문이다.

초기 스트레스는 편안한 수면과 목욕, 적절한 식생활로도 충분히 해소할 수 있다. 따라서 침실과 욕실, 부엌의 인테리어를 점검하여 만병의 근원인 스트레스를 물리쳐보자.

★ 침실 방향에 맞는 인테리어로 문제를 해결한다

침실의 벽면은 이것저것 설치하는 것보다 여백을 많이 두는 것이 좋다. 불필요한 액자나 그림 등은 다른 곳으로 치우고, 패브릭은 단조로운 디자인에 은은한 색상을 사용한다. 특히 끝이 날카로운 물건이나 장식품은 금물이다. 침실 안에 화장실이 있는 경우 머리를 화장실 쪽으로 두지 않는다.

침대는 편안하고 큼직한 것이 좋으며 문을 열었을 때 대각선의 형태를 이루도록 설치한다. 침대는 사이드 테이블과 함께 배치한다. 머리는 서쪽으로 두는 것이 충분한 수면을 취할 수 있다.

동쪽 침실 ● 동쪽 침실의 패브릭은 청색이나 회색 계열이 좋다. 약간의 변화를 원한다면 붉은색이나 짙은 남색 장식품으로 포인트를 준다. 여러 개를 두면 산만해지므로 한두 개만 장식한다. 머리의 방향은 서쪽이 좋은데, 여의치 않다면 동쪽으로 두는 것도 괜찮다. 동쪽 침실은 아침 햇살이 강하므로 커튼은 두툼한 소재를 사용해야 새벽의 단잠을 방해받지 않는다.

남쪽 침실 ● 남쪽 침실은 태양의 기운이 강하기 때문에 마음이 들뜨기 쉽다. 창문 근처에 관엽식물을 양쪽으로 놓으면 강렬한 양의 기운을 누그러뜨릴 수 있다. 커튼이나 침대 커버, 이불 등은 연두색이나 녹색으로 한다. TV 등 가전제품은 두지 않는 것이 좋지만 꼭 사용해야 한다면 동쪽에 두는 것이 길하다. 침대는 가능하면 북쪽에 두도록 하고 머리는 동쪽을 향하도록 한다.

서쪽 침실 ● 서쪽 침실은 해가 질 때의 서쪽 햇살이 침실로 들어오지 않도록 두꺼운 커튼으로 확실하게 차단한다. 인테리어 색상은 갈색 계통이나 베이지색으로 하며 침대의 매트리스는 딱딱한 것보다 푹신한 것을 사용한다. 서쪽은 방위의 특성상 분위기가 가라앉을 수 있다. 잠자기 전에 간단한 대화라도 나눌 수 있도록 부부가 함께 잠자리에 들면 마음에 안정을 가져다줄 것이다.

북쪽 침실 ● 북쪽 침실은 방위의 특성상 불면증이 우려된다. 때문에 인테리어가 잘못되면 심각한 상황이 발생할 수 있다. 따뜻한 색상을 사용하는 것이 길하므로 커튼, 침대 커버 등은 핑크, 오렌지 등 따뜻한 계열의 색상이 좋다. 가구 역시 베이지나 갈색 등으로 한다. 침대는 서쪽에 두는 것이 좋으며 머리의 방향도 서쪽으로 둔다. 철제 침대는 음의 기운이 강하기 때문에 피해야 한다.

★ 욕실은 깔끔하게 정돈하는 것이 기본

욕실은 물을 사용하기 때문에 거주자의 기운에 큰 영향을 미친다. 욕실은 하루를 시작하는 출발점이며 갖가지 스트레스와 질병 등과 직접적인 연관이 있다. 밝은 생활을 위해서는 몸과 마음이 건강해야 하는 법. 따라서 욕실 인테리어가 중요한 것이다.

욕조가 없는 욕실은 스트레스 해소에 좋지 않다. 하루에 한 번 이상은 욕조에 몸을 담그는 것이 정신을 맑게 하기 때문이다. 욕조는 물이 깨끗하게 보이도록 화이트나 아이보리 계열의 밝은 색상이 좋다. 욕조를 사용한 후에는 바로바로 닦아서 항상 깨끗하게 관리한다. 욕실은 습기가 많기 때문에 조금만 소홀히 하면 곰팡이가 생기므로 자주 청소해야 하며 창틀의 먼지를 없애는 것은 필수. 또 환풍기에 때가 끼지 않도록 세심하게 관리한다.

몸 상태가 좋지 않을 때는 빨강이나 노랑, 핑크 등의 양기가 강한 색상의 타월을 사용한다. 컨디션이 지나치게 고조될 때는 청색과 같은 한색 계열의 타월을 사용하면 마음이 차분하게 가라앉는다.

스트레스를 풀어주는 욕실을 만들기 위해서는 타월은 늘 새것처럼 깨끗하게 관리하고 가급적 흰색으로 준비하는 것이 길하다. 목욕 가운도 흰색이 좋다. 집 안에 습기가 차 있으면 스트레스 해소를 위한 재충전의 효과가 떨어진다. 목욕이 끝나고 욕조에 쓰다 남은 물은 아까워하지 말고 남김없이 버리는 것이 좋다.

★ 편안하고 즐거운 식사로 스트레스를 푼다

가정에 좋은 기운이 넘치게 하기 위해서는 부엌을 항상 깨끗하게 청소하고 방위에 맞는 물건을 적절하게 배치해야 한다. 좋은 기운이 넘치는 부엌이 가족에게도 좋은 영향을 미치는 것은 당연하다. 바로 음식을 만드는 공간이기 때문이다. 식사는 인간의 절대적인 에너지원이다. 따라서 행복한 마음으로 음식을 만들고, 좋은 마음으로 식사를 한다면 건강과 함께 행운도 찾아올 것이다.

식탁을 설치할 때는 공간의 넓고 좁음을 떠나서 벽에서 약간 떼어 놓아야 기의 흐름이 원활해진다. 식탁 위의 조명기구는 단조로운 것보다는 은은하게 분위기를 돋울 수 있는 고급스러운 제품을 선택한다. 가능하면 환하게 하는 것이 좋은데 조금 어두워도 테이블에 좋은 기가 흐른다면 괜찮다.

식탁의 형태는 사각형이나 직사각형이 좋다. 최근에는 원형 테이블을 사용하는 경우가 많은데 이는 좋지 않다. 더욱이 좁은 공간에서 궁상맞게 식사를 한다면 스트레스가 더 쌓이게 된다. 식탁에 흠집이 있거나 칠이 벗겨졌다면 페인트를 칠해서 깨끗하게 사용한다.

● 부엌은 건강과 직접적인 관련이 있는 공간이다. 식탁의 모양은 사각형이나 직사각형이 좋으며 굳이 천이나 비닐을 씌우지 않는 것이 더 좋다.

더러워질 것을 우려해서 비닐 천 따위를 씌우는 것은 매우 흉하다. 유리를 사용할 때는 천으로 된 패브릭을 사용하여 음기를 차단시킨다. 테이블 위에는 꽃이나 과일을 놓는다. 꽃은 흰색이 무난하고 계절에 맞는 옅은 색상으로 준비한다. 과일을 놓을 때는 세 종류를 준비하여 나무 바구니에 담아서 놓는다.

조명은 간접조명을 사용하는 것이 길하다. 특히 촉수가 낮은 백열등이나 갓 없는 백열전구는 스트레스를 더 쌓이게 만들므로 피해야 한다. 테이블 주변에는 싱싱한 관엽식물을 놓는 것이 좋다. 의자는 앉기 편한 팔걸이의자가 좋으며 고급스러운 것이 스트레스 해소에 도움을 준다.

교제운을 높이는 풍수 인테리어 비법

사람마다 자신을 평가하는 방법은 제각각이다. 대부분 자가당착적인 왜곡과 편견을 지극히 당연한 것처럼 생각한다. 많은 사람은 육체적 건강에 대해서는 지나칠 만큼 관심을 갖지만, 심리적인 영향과 주변 사물에 대해서는 무관심하고 소홀하다. 특히 인간과 인간의 만남이란 매우 세심하고 예민한 기운에 의하여 좋고 싫음이 결정된다.

직장에서 성공할 수 있는 첫 번째 방법은 동료나 상사, 혹은 거래처 사람에게 호감을 느끼도록 하는 것이다. 사람을 처음 만나는 순간 이미 상대방에 대한 감정은 어느 정도 결정된다. 어딘지 모르게 끌리는 사람이 있는 반면, 괜히 거부감이 느껴지는 사람이 있다. 이유야 여러 가지가 있겠지만 가장 중요한 것은 그 사람을 감싸고 있는 기의 흐름 때문이다. 기운이 맑고 깨끗한 사람은 밝은 성격을 가지게 되고 다른 사람들에게 좋은 인상을 줄 수 있다. 그렇다면 그런 기운은 어디에서 어떻게 만들어지는 것일까? 바로 자신이 살고 있는 주거 공간에서 만들어진다.

성격이 밝은 사람은 행운을 부를 수 있는 확률이 상당히 높다. 그렇기 때문에 항상 긍정적이고 희망적인 생각을 가져야 한다. 만나는 사람들에게 불안감을 조성하거나 불편하게 만들어서는 안 된다. 그러나 그런 사실을 안다고 해도 항상 밝고 명랑한 모습으로 살 수는 없다. 더욱이 자신이 거주하는 공간이 불편하면 매사 짜증스러울 수밖에 없다. 따라서 많은 시간을 보내는 주거 공간의 기운을 좋게 만드는 것이 아주 중요하다.

풍수 인테리어를 이용하여 자신이 거주하는 공간을 좋은 기운을 불러들이는 공간으로 바꿔보도록 하자.

★ 교제운을 높이고 싶다면 현관과 침실을 살펴본다

대인 관계에서 좋은 평가를 받지 못하는 사람들은 크게 두 부류로 나눌 수 있다. 자신에게 커다란 결점이 있는 듯 좌절하는 경우와 모든 잘못은 상대방에게 있다고 생각하는 경우가 그것이다. 이들은 남의 도움 자체를 거부하면서 독단적으로 일을 처리하려는 부정적인 생각을 갖고 있다. 그러나 사람은 혼자서 살 수 없다.

올바른 인생이란 내가 남을 도와주고, 남이 나를 돕도록 유도하는 기나긴 여행이다. 이제 자신이 처한 상황을 새로운 각도로 조명해보자.

교제운을 높이기 위해 집 안에서 가장 신경을 써야 할 곳은 현관이다. 현관은 집 안에서 가장 밝은 곳이 되도록 한다. 그 다음으로 현관에 설치하는 거울을 살펴본다. 최근에 분양하는 아파트는 대부분 커다란 붙박이 거울이 설치되어 있는데, 큰 거울은 사람의 기운을 빼앗아갈 수 있으므로 화분이나 그림을 이용하여 절반 정도는 가려주도록 한다.

다음으로 침실을 살펴본다. 침실은 집에서 생활하는 공간 중 가장 많은 시간을 보내는 곳이다. 따라서 거주자의 기운에 많은 영향을 미친다. 또 대부분 남편이 구석에서 취침하는 경우가 있는데 이는 바람직하지 않다. 방의 중심에 생기가 몰려 있으므로 중앙에 가까운 곳에 취침하는 것이 좋은 기운을 받을 수 있어 교제운을 높여준다. 침대 헤드 옆에 좌우로 사이드 테이블이나 서랍장을 두고 지갑이나 서류, 자동차 열쇠나 사무실 열쇠 등을 두는 것이 좋다.

과로로 지쳐 있거나 피곤하다면 사람들을 만날 때 지친 모습을 보여 상대방에게 좋지 않은 인상을 심어줄 수 있다. 이때는 침실 출입문에 맑은 소리가 나는 예쁜 모양의 종이나 풍경 등을 매달아두면 생기를 부르기 때문에 기운이 상승한다.

대인 관계가 좋아지는 간단한 방법이 있는데, 그것은 주방에서 사용하는 칼에 녹이 슬지 않도록 날이 서 있게 하고 빛이 나게 관리하는 것이다. 그 다음에 싱크대와 가스레인지를 항상 새것처럼 관리하면 처음 만나는 사람에게도 좋은 인상을 심어주어 훌륭한 대인 관계를 유지할 수 있다.

★ **출입문의 방위에 따라 달라지는 침실 인테리어**

인간을 가장 매력적으로 만들어주는 장소는 침실이다. 침실은 대인 관계를 상징하는 동남쪽에 위치하는 것이 가장 좋으며 내부는 약간 어둡게 한다. 그럼 출입문의 방위에 따라서 약간씩 달라지는 침실 인테리어의 포인트를 알아보자.

동쪽 출입문 ● 실내 색상은 블루 계열의 꽃무늬가 좋다. 잠잘 때 머리를 서쪽으로 향하면 숙면할 수 있다. 남쪽이나 서쪽 벽에는 세련된 유럽풍의 풍경화를 걸고, 가벼운 음악을 틀어놓는 것이 좋다.

남쪽 출입문 ● 관엽식물과 그린 계열의 컬러가 인테리어 포인트. 조명은 너무 밝게 하지 않는 것이 좋고 간접조명을 쓰는 것이 무난하다. 침대는 구석에 두는 것보다 중앙에 놓고, 머리는 북쪽으로 두는 것이 좋다.

서쪽 출입문 ● TV, 오디오, 전화, 팩스 등은 동쪽에 둔다. 그림을 걸 때는 일출 그림을 동쪽 벽에 건다. 가구는 원목의 느낌이 느껴지는 브라운 계열이 좋으며 침대는 중앙에 두고, 머리는 북쪽으로 향하는 것이 가장 좋다.

북쪽 출입문 ● 실내 색상은 핑크 계열의 꽃무늬, 소품은 유리 제품이 무난하고 유리 테이블을 사용하는 것도 괜찮다. 동쪽으로 붉은색 꽃 화분을 두도록 하고, 잠잘 때는 머리가 서쪽을 향하도록 하는 것이 좋다.

결혼운을 좋게 만드는 풍수 인테리어 노하우

인간은 혼자서는 살아갈 수 없다. 강한 듯하지만 너무나 약한 존재가 바로 인간이다. 자신이 속한 사회가 싫어 상관없이 지내려고 해도 사회를 떠나서는 살아갈 수 없다. 그렇다면 나에게 피해를 주는 사람보다는 도움을 주는 사람들을 많이 만난다면 좀 더 행복한 사회생활을 할 수 있지 않을까? 그런 것들을 풍수에서는 '상생相生과 상극相剋의 기운'이라고 한다.

누구에게나 저마다의 고통이 있다. 하물며 애정에 관한 것이라면 남들에게 말하지도 못한 채 가슴에 안고 가야 하는 가슴 아픈 상처가 있기 마련이다.

오래된 이야기인데도 사랑의 아픔이 아물지 않았다고 생각하고, 다시 또 그런 사랑에 빠지느니 차라리 혼자 사는 것이 낫다고 생각하는 사람도 많다. 그러나 남을 믿지 못한다는 것은 자신을 믿지 않는다는 말과 같다.

인생이란 돌고 도는 것. 사랑에 상처를 받은 사람이라면 참된 사랑만이 그 아픔을 치유할 수 있다. 스스로 결정하여 선택한 사랑에 실패를 하고, 그래서 고통을 받고 있다면, 남들의 판단으로 새로운 사랑을 할 수도 있고, 그래서 행복을 얻을 수도 있다. 그렇게 되도록 인식을 바꾸자. 그것이 풍수로 볼 때 자연스런 음양의 법칙에 해당하기 때문이다.

★ 집 안에 좋은 기운을 상승시키는 포인트

행운이 흐르는 곳에 무거운 것들이 있다면 다른 곳으로 치우도록 한다. 인체에 비유하면 사람의 머리나 가슴 등 중요한 부분에 무거운 돌을 올려놓은 것과 같은 이치이기 때문이다. 또한 집 안의 모서리나 기둥에는 나쁜 기운이 몰려 있기 쉽다. 따라서 모서리 부분에 잡다한 물건들을 쌓아놓지 않아야 한다. 가족들의 건강과 갈등으로 가정의 평화가 깨질 수 있다. 모서리 부분과 기둥 주변에는 싱싱한 화분을 놓도록 하자. 나쁜 기운과 흉한 영향력을 화분이 걸러주고 막아줄 것이다.

벽면은 여백의 미를 살려주는 것이 좋다. 또 불필요한 물건들은 정리하여 실내 공간을 넓게 해주면 흉한 기운이 머무를 수 없다. 하루에 한 번 이상은 창문을 활짝 열어 환기를 시켜주는 것이 좋다. 이렇게 하면 음습하고 칙칙한 액운이 외부의 신선한 기운에 밀려 밖으로 나가게 된다. 유리창의 때는 즉시 청소하여 항상 맑고 투명한 상태를 유지한다.

사람이 사용하지 않는 방은 흉한 기운이 가장 좋아하는 곳이므로 빈 방을 만들지 않도록 한다. 사용하지 않는 물건 역시 흉한 기운이 도사리고 있으므로 자주 청소를 하고 낮에는 방을 열어놓아 나쁜 기운이 자리 잡지 못하도록 해야 한다. 불가피하게 오랫동안 빈 방으로 놓아둘 수밖에 없다면 음악이 흐르게 하거나 자명종 시계, 뻐꾸기 시계 등을 놓아 좋은 기가 흐를 수 있도록 한다.

좋은 기운은 밝고 생동감 있는 것을 좋아한다. 때문에 조명기구를 잘 이용하면 흉한 기운이 집 안에 뿌리를 내리지 못한다. 절전을 이유로 끊어진 전구를 방치하고 있는 것은 좋지 않다. 사용하지 않더라도 새것으로 교환해놓는다. 조명기구의 부속품이 망가지거나 분실했다면 수리를 해서 사용한다. 특히 어둡고 습한 곳에는 흉한 기운이 머물지 못하도록 조명기구를 설치하도록 한다.

장롱이나 신발장, 혹은 출입문이 삐걱거리면 즉시 수리한다. 이사를 하면서 찢어지거나 상처가 난 벽지도 그냥 두지 않고 고치도록 한다. 출입문에는 작은 풍경이나 종을 매달아 이따금 소리가 날 수 있도록 건드려주는 것이 길하다.

★ 결혼운을 높이고 싶다면 침실과 부엌을 살펴본다

침실은 목재나 원목 색상으로 꾸미도록 한다. 침대는 출입문을 열었을 때 대각선 방향에 설치하고, 가능하면 문을 열었을 때 보이지 않도록 한다. 침대는 높이가 낮은 목재 제품이 가장 좋으며, 머리는 동쪽을 향하도록 한다. 침대 커버는 꽃 그림이 길하고, 커튼은 은은한 꽃무늬를 선택한다. 화장대는 북쪽에 두고 주변에 관엽식물을 둔다. 책장이나 소지품을 두는 곳은 북쪽이 좋다.

　사이드 테이블 위에 친구들과 함께 찍은 사진을 나무 액자에 넣어둔다. 남동쪽에는 관엽식물을 두거나 붉은색 화분을 놓는다. 창문은 하루에 한 번 이상 활짝 열어 환기를 시킨다. 동쪽이나 남쪽에 창문이 없는 경우 전화나 컴퓨터 등 외부와 연락이 가능한 물건을 둔다. 남서쪽에는 예쁜 화병을 여러 개 두거나 종교적 상징물을 걸어놓는다.

　부엌에 아침 햇살이 들어오는 창문이 있으면 좋은 기운을 받을 수 있다. 부엌에서 악취가 나지 않도록 반드시 환풍기를 달고 자연스런 환기가 될 수 있도록 신경을 쓴다. 싱크대 위에 음식물 쓰레기가 쌓이지 않도록 자주 청소하고 쓰레기통에도 쓰레기가 쌓이지 않도록 자주 비운다.

　가스레인지 덮개에 오물이 묻지 않도록 자주 닦아주고, 바닥에는 기름때가 끼지 않도록 한다. 인테리어는 밝고 따뜻한 색이 좋으며 싱크대 위에 날카로운 물건 즉, 식칼이나 과도, 포크, 가위 등을 늘어놓지 않는다. 부엌에는 시계나 일정표를 두어 시간에 대한 개념과 함께 긴장감을 갖는 것이 길하다. 창문 근처에 관엽식물을 두거나 평화로운 분위기의 그림을 거는 것도 결혼운을 높일 수 있다.

횡재운을 높이는 풍수 인테리어 테크닉

우리는 지금 일확천금이라는 횡재가 곳곳에 넘실거리는 기회의 시대에 살고 있다. 경품, 경마, 경륜, 성인 오락실, 카지노, 수십억 원의 당첨금이 걸려 있는 복권 등등 도박 공화국이라는 말이 무색할 정도이다.

감을 먹고 싶으면 감나무 밑에서 감이 떨어지길 기다리는 것이 아니라 감나무에 올라가는 수고를 해야 한다. 마찬가지로 일확천금의 행운을 잡고 싶다면 그에 따르는 노력을 기울여야 한다. 간밤에 돼지꿈이라도 꾼 경우라면 누구라고 할 것도 없이 너도나도 복권 판매소로 달려가지만, 복권이란 것이 그렇게 쉽게 당첨되는 것은 아니다.

그렇다면 특별히 선택받을 수 있도록 평상시 자신이 생활하는 주거 공간의 기운을 좋게 만들어보도록 하자.

★ 승부운이 좋아지는 인테리어 방법, 침실에 있다

침실은 가능하면 넓게 사용하는 것이 좋다. 침실은 수면을 취하는 곳이기 때문에 미세한 자극에도 큰 영향을 받게 된다. 따라서 내부의 가구들이나 소품 등에도 세심한 신경을 써야 한다.

동쪽에 창이 있으면 창 근처에 TV, 오디오, 컴퓨터 등을 놓는다. 창이 없다면 붉은색 원형 스탠드를 세워놓는다. 붉은 꽃을 놓거나 그림을 걸어놓으면 동쪽을 지배하는 힘, 창의력의 기운이 상승하여 재물에 관계된 직감력을 높여준다.

남쪽에 큰 창이 있고 넓은 발코니가 있다면 매우 좋다. 발코니에는 편하게 쉬면서 감각을 높일 수 있도록 흰색 테이블과 흰색 의자를 놓는다. 창 근처에 관엽식물을 한 쌍 놓으면 재물에 관한 직감력이 예리해진다.

이때 주변에 어항이나 시든 화분, 등이 있다면 즉시 다른 곳으로 치운다. 수분은 재물운을 꺾어버리기 때문이다. 벽지는 베이지 계열의 컬러가 좋은데 오렌지 컬러의 띠 벽지로 포인트를 주면 승부운이 더욱 상승한다.

침대는 목재 제품으로 높이가 낮으며 침대 사이즈는 가장 큰 것을 사용한다. 침대는 중앙에 두고 머리는 서쪽이나 서북쪽, 혹은 북쪽에 두고 자는 것이 가장 길하다. 침실 패브릭은 핑크나 스카이블루 컬러가 좋고 커튼 역시 같은 컬러로 하는 것이 좋다.

조명은 방 중앙에 간접조명을 하고 서쪽, 서북쪽, 북동쪽에 보조등을 설치한다. 복권 등 현상품을 두는 장소는 서북쪽이 좋은데, 높이가 낮은 보석함 안에 넣어서 보관하면 좋은 효과를 볼 수 있다.

최근에는 홍보용이나 행사용으로 은행이나 카드 회사에서 행운권, 백화점이나 기업체 등에서 많은 상품을 걸어놓고 추첨권, 복권, 상품권 등을 발행하고 있다. 그와 같은 상품권에 당첨이 되고 싶으면 상품권을 오렌지 컬러의 천으로 만든 주머니에 넣어서 침실 서북쪽이나 화장대 좌측 서랍에 보관한다.

침실의 서쪽에는 재물을 부르는 노란색 소품을 놓아두고 추첨 발표가 있을 때까지 장식해둔다. 또 잡지나 신문사의 상품 추첨 엽서를 응모할 때는 방의 중앙에서 남쪽을 바라보면서 작성한다. 시간은 오전 11시 30분부터 오후 1시 30분 사이가 가장 좋다.

★ 원룸의 인테리어

주택은 현관·거실·침실·부엌·화장실 등에서 이루어지는 행위가 분명하기 때문에 공간의 개념이 확실하다. 그러나 원룸은 좀 다르다. 주택처럼 획일적으로 구분할 수 없는 복잡한 공간이기 때문이다. 한 공간에서 잠을 자고, 옷을 갈아입으며, 책을 보거나 음악을 듣고, 손님을 접대하기도 하며, 식사나 간식을 먹기도 하는 등 한 곳에서 매우 다양한 행위가 이루어진다. 따라서 매우 복잡하고 다각적인 기운이 흐르기 때문에 모든 것을 충족시키기 위한 인테리어를 하는 데는 어려움이 많다.

원룸의 가구 구성은 침대, 책상, 의자, TV, 오디오, 옷장 등인데 배열하는 방법에 따라 기운이 전혀 다르게 작용하므로 배치의 중요성이 강조된다. 전반적인 인테리어는 차분하게 하고, 가구의 문이 서로 부딪치지 않도록 주의하여 배치한다.

침대는 현관문을 열었을 때 베개가 보이지 않도록 배치한다. 구조상 어쩔 수 없는 경우라면 관엽식물로 가리도록 한다. 침대 패브릭은 핑크나 오렌지 등 난색 계열의 화려한 것을 선택한다. 꽃을 두려면 활짝 피어 있는 것이 좋으며 침대 머리맡에 석류나 바다 그림을 걸어두면 뜻하지 않게 횡재를 얻을 수 있다.

부엌의 싱크대 주변에는 투명한 화병에 노란 꽃을 두세 개 두도록 하고, 소품은 빨간색을 사용하는 것이 길하다. 부엌은 물을 사용하는 곳이기 때문에 재물과 밀접한 관계가 있다. 따라서 늘 청결하게 유지해야 한다. 부엌이 지저분하면 횡재운과는 거리가 멀어진다. 때문에 부엌은 항상 깨끗이 청소해두고 지저분해지기 쉬운 싱크대 주변도 자주 닦아준다.

화장실은 어디에 있어도 흉한 작용을 하므로 좋은 기운을 높이기 위해서는 항상 깨끗하세 관리하고 조명을 밝게 해야 한다. 창문이 없는 경우에는 반드시 환풍기를 달아, 샤워나 목욕 후 환풍기를 틀어 습기를 제거한다. 목욕 매트와 타월도 햇빛에 잘 건조시킨다. 이때 해질 때까지 널어놓는 것은 금물이다.

소품은 옅은 노란색이나 금색을 쓰는 것이 재물운을 좋게 한다. 또 화장실의 나쁜 냄새가 방 안으로 새어나가는 것은 좋지 않으므로 사용한 후에는 반드시 문을 닫는 습관을 들이도록 한다.

Point

횡재운이 좋아지는 배치도

Consulting

1. 편하게 쉬면서 감각을 높일 수 있도록 흰색 테이블과 흰색 의자를 놓는다.
2. 관엽식물을 한 쌍 놓으면 재물에 관한 직감력이 예리해진다.
3. 커튼은 핑크나 스카이블루 컬러가 좋다.
4. 침대 양쪽으로 반드시 사이드 테이블을 놓는다.
5. 침대는 목재 제품으로 높이가 낮으며 사이즈는 가장 큰 것을 사용한다.
6. 카펫을 깔려면 녹색이 가장 좋다.
7. 천으로 된 소파를 놓는다.
8. 정보를 얻을 수 있는 잡지나 관련 서적을 둔다.
9. 테이블은 목재로 만든 것이 가장 길하다.
10. 웅장한 붉은 태양 그림은 재물에 관계된 직감력을 높여준다.
11. 동쪽에 창이 있으면 창 근처에 TV, 오디오, 컴퓨터 등을 놓는다.
12. 붉은색 꽃을 놓는다.
13. 선명한 색상의 화장대를 놓는다.
14. 동쪽에 창이 없다면 원형의 붉은색 스탠드를 세워놓는다.
15. 벽지는 베이지 계열의 컬러가 좋다.

당첨운과 시험운을 좋게 하는 풍수 인테리어

동등한 조건을 가진 수많은 사람들 중 특별한 행운을 잡고 싶다면 그에 따르는 적절한 노력을 기울여야 한다. 그 열쇠는 바로 자신이 살고 있는 주거 공간에 있다. 주거 공간의 기운을 좋게 해서 당첨운과 시험운이 좋아지는 행운을 받도록 하자.

당첨운과 시험운이 좋아지게 하기 위해서는 각각의 특성에 맞는 여러 가지의 기운을 골고루 받아들여야 한다. 우선 적잖은 액수의 시세 차익을 기대할 수 있는 여러 가지의 분양과 관련된 추첨운이 좋아야 한다.

그와 같이 복합적 기운을 좋게 만들어주기 위해서는 가족 모두의 힘을 이용해야 하는 것은 물론, 동쪽, 서북쪽, 동북쪽, 남서쪽 등의 방위를 잘 활용해야 한다.

★ 당첨운과 시험운이 좋아지는 인테리어 비법

동쪽은 좋은 정보를 불러들이는 힘이 있다. 또 발전과 젊음, 창조와 개척 정신을 상징하기도 하고 중요한 순간에 능동적인 계획을 세울 수 있는 힘이 있다. 따라서 동쪽에 위치한 방은 자녀들이 사용하는 것이 길하다.

방은 항상 산뜻하고 청결하게 유지하도록 한다. 책상이나 가구는 밝은 색을 사용하도록 하고 검정이나 회색 톤의 무겁고 칙칙한 컬러는 무조건 피한다. 실내 인테리어 컬러는 남자 아이가 사용할 때는 하늘색 계열이 좋으며 여자 아이의 경우라면 아이보리나 핑크 계열이 길하다.

거울이 서쪽에 걸려 있다면 신속히 다른 장소로 옮겨야 한다. 동쪽에서 들어오는 좋은 기운을 밖으로 몰아내기 때문에 매우 흉하다. 창문은 아침 햇살을 받아들일 수 있도록 크면 클수록 좋다. 창문으로 아침 햇살을 온전히 받아들일 수 있도록 커튼은 두꺼운 천을 사용하지 않는 것이 좋다. 컴퓨터, 오디오, 비디오 등은 방의 중심에서 보아 동쪽에 두는 것이 좋다.

서북쪽은 재물을 부르는 힘이 강하다. 또 주인 의식이 강해지며 투자를 할 때 과감한 결단을 할 수 있는 기운이 강하기 때문에 승부에 강한 모습을 보이게 된다. 그러므로 서북쪽은 가족들이 모두 사용할 수 있는 거실로 사용하는 것이 길하다.

서북쪽에는 차분하면서 감각적이며 역동적인 인테리어가 좋다. 벽지는 베이지 계열이 좋은데 천장이나 벽 중간에 띠 벽지를 활용하여 포인트를 주는 것이 좋다. 장식장이나 가구는 베이지나 그린 컬러로 마감한 것이 길한데 전체적으로 크고 튼튼한 나무로 만든 것이 좋으며 금속 제품은 흉하다. 이때 바닥을 마루판으로 마감하면 매우 효과적이다. 소파는 천으로 만든 것이 적합하다. 너무 화려한 색은 서북쪽의 기운을 빼앗아가므로 각별히 주의한다.

커튼은 화이트, 베이지, 그린 계열의 색상으로 두툼한 질감의 중후하고 차분한 디자인이 좋다. TV는 크면 클수록 좋은데 오디오, 전화와 함께 동쪽에 놓는다.

거실의 서북쪽에 가장의 물건을 놓아두거나 간이 서재를 꾸미면 매우 좋다. 가장이 즐겨 보는 책이나 여기는 손때 묻은 물건, 손수 그린 그림이나 글씨 등이 이에 해당된다.

남서쪽은 다른 방위에 비하여 부동산 운을 상승시켜주는 기운이 강하다. 항상 청결하게 관리하면 생각지도 않은 상황에서 누군가의 도움으로 원하는 것을 얻을 수 있다. 때문에 휴지통이나 시든 꽃, 칠이 벗겨진 가구 등 낡고 지저분한 것들이 자리하지 않도록 각별히 주의해야 한다.

남서쪽 방위의 가장 큰 특징은 부인의 영향력이 증대된다는 점이다. 따라서 주부가 사용하는 공간으로 꾸미면 재물 관리에 남다른 면을 보이고 당첨운도 증가한다.

인테리어는 노란색, 아이보리, 흰색 등 정결한 컬러가 좋다. 창문이 있으면 두터운 커튼으로 빛을 차단하는 것이 길하고 관엽식물을 두면 좋은 기운을 받아들일 수 있다. 주부의 전용 공간이 아니라고 할지라도 하루에 한 번 이상은 청소를 하는 것만으로도 운을 좋게 바꿀 수 있다.

북동쪽은 건축물과 인연이 좋은 방위이다. 이곳을 주방이나 식탁, 아이 방, 발코니 등으로 사용하면서 항상 깨끗하게 관리하면 남서쪽의 기운과 조화되어서 가족들이 원하는 좋은 아파트에 당첨될 수 있다. 따라서 세심한 주의로 나쁜 기운이 침입하지 못하게 하고 적절한 인테리어로 좋은 기운을 상승시키도록 해야 한다.

북동쪽에서 가장 주의해야 할 점은 색상의 조화이다. 가장 좋은 방법은 차분하고 안정적인 흰색으로 통일하는 것. 소품이나 물건들도 흰색으로 통일하는 것이 길하다. 그러나 흰색은 아무리 청결하게 사용하더라도 지저분해지기 쉬우므로 항상 깨끗한 이미지를 유지할 수 있도록 각별히 관심을 기울여야 한다.

창문이나 출입문이 있으면 자주 여닫지 않도록 하는 것이 길하다.

Point

당첨운이 좋아지는 거실

Consulting

- **1** 노란색의 물건이나 모빌을 만들어서 달아두면 재물운이 좋아진다.
- **2** 가족의 바람을 담은 그림이나 사진 등을 진열한다.
- **3** 재물과 관계된 책이나 그림, 글씨 등을 진열하는 것도 매우 효과적이다.
- **4** 벽지는 베이지 계열이 좋다. 띠 벽지로 포인트를 준다.
- **5** 테이블, 장식장, 가구 등은 나무로 만든 것이 길하며 금속 계통은 흉하다.
- **6** 바닥은 마루판으로 하는 것이 가장 좋다.
- **7** TV는 크면 클수록 좋다.
- **8** 가장 보기 좋은 곳에 녹색이나 붉은 상자를 두고 보석을 넣어 두면 재물운이 수직 상승한다.
- **9** 커튼은 화이트, 베이지, 그린 계열의 중후한 컬러를 선택한다.
- **10** 조명은 거창해 보이는 것이 좋으며 스탠드는 둥근 모양의 디자인이 길하다.

Point

시험운이 좋아지는 아이방

Consulting

1. 책상은 나무로 된 제품이 좋고 색상은 갈색 등의 안정된 컬러로 한다.
2. TV, 오디오는 동쪽에 두고 가벼운 음악을 듣는 것이 길하다.
3. 바닥의 색상은 짙은 브라운 컬러가 길하다.
4. 옷장은 나무로 된 제품이 좋고 책상과 똑같은 형태로 한다.
5. 커튼은 여자 아이는 베이지나 노란색, 아이보리색이 섞인 것으로 한다. 남자아이는 노란색, 녹색의 세로 줄무늬가 길하다.
6. 창가 근처와 침대 옆에 관엽식물을 둔다.
7. 침대 커버는 회색 톤으로 해도 좋지만 따뜻한 계열의 색이 무난하다.
8. 침대는 동쪽으로 향하도록 배치하고 머리를 동쪽으로 두는 것이 좋다.
9. 종교적인 그림을 거는 것이 길하다.

사고를 예방하는 풍수 컨설팅

성인식을 치르는 남녀에게 어른이 되면 가장 먼저 갖고 싶은 것이 무엇인가라는 설문조사에서 가장 높은 자리를 차지한 것이 바로 멋진 자동차였다. 이와 같이 자동차는 이미 우리들에게 의식주와 함께 삶의 중요한 부분으로 자리 잡았다.

또한 살면서 우리는 수없이 많은 여행을 한다. 특히 주 5일 근무의 확산으로 많은 사람들이 주말이면 가족들과 함께 여행을 떠나면서, 자동차에서 생활하는 시간은 더욱 길어지게 되었다. 특히 봄이 오는 길목인 3, 4월에는 많은 사람들이 들과 산으로 여행을 떠나는 시즌이기에 자동차를 사용하는 시간이 더욱 많아진다.

이처럼 자동차는 우리가 생활하는 데 필수 불가결한 도구다. 그러나 그 편리함만큼이나 피해 또한 적지 않다. 특히 교통사고의 경우 그 후유증은 상상을 초월한다. 그렇다면 어떻게 해야 교통사고의 위험을 피해 갈 수 있을까? 열쇠는 바로 컬러다.

통계적으로 검정색이나 회색의 어두운 색상보다 흰색이나 베이지 등 밝은색 계열의 자동차가 교통사고의 위험이 낮다. 특히 야간 운행 중에는 어두운 색상보다 흰색 등 밝은 색상이 눈에 잘 띄어 사고 위험이 적다. 그러나 자동차 사고는 그런 상식적이고 표면적인 이유보다 운전자가 자동차에 얼마나 애착을 갖느냐에 따라서 사고 비율이 달라진다. 즉 자동차가 운전자의 마음에 들었을 때보다 그렇지 않을 때 사고가 더 많이 발생한다고 한다.

그렇다면 당신에게 딱 맞는 색으로 교통사고를 예방하는 건 어떨까?

★ 자동차의 색상은 운전자의 성격과 맞아야 한다

일반적으로 자동차를 구입할 때 대형차는 어두운 색상을, 그리고 소형차의 경우는 밝은 색으로 구입하는 성향을 보인다. 그러나 그것은 운전자의 안전도 측면에서 볼 때 약간의 문제점이 있다. 즉 운전자의 성격에 따른 색상의 변화를 생각하지 않았기 때문이다.

일테면 쉽게 흥분하는 다혈질의 사람이라면 빨간색 자동차는 피해야 한다. 특히 자극이 강한 색상으로 자동차 내부를 꾸미는 것은 매우 위험하다. 음양오행에서 빨간색은 격렬하며 도전적인 모습의 불을 상징한다. 따라서 성질이 급한 사람이 빨간색을 사용하면 불을 피운 것처럼 지나친 행동을 하고 난폭 운전, 과속 등을 하게 되므로 사고를 유발할 수 있다. 이런 사람에게는 마음이 차분해질 수 있도록 검정색이나 회색 등을 사용해서 내부를 꾸미면 뜨거운 성격이 가라앉아 무모하게 속도를 내고 싶은 충동을 완화시켜준다.

반대로 예술가, 모험가 등 직관력과 도전 정신이 필요한 사람들에게 빨간색은 매우 긍정적인 효과를 준다. 또 천성적으로 게으르거나 태만하여 행동이 처지는 사람들이 자동차 내부를 빨간색으로 꾸미면 매우 좋다. 빨간색은 운전자의 기운을 활동적으로 만들어주기 때문에 운전할 때 긴장감을 늦추지 않고 경계심을 가질 수 있어, 결과적으로 사고를 예방하고 편안하고 안정적으로 생활할 수 있게 도와준다.

★ 자동차의 색상은 운전자의 직업과 맞아야 한다

회사에서 여러 사람들이 함께 사용하는 자동차라면 책임감이 강해지고 업무를 냉정하게 처리할 수 있도록 흰색이나 베이지, 아이보리색 등 밝은 색상이 좋다. 결혼정보회사 등 이벤트 관련 직업을 가진 사람들은 화려하고 화사한 색상이 좋다. 인내를 필요로 하는 직업을 가진 사람은 옅은 파란색이나 갈색, 황금색, 커피색 등이 길하다.

창의력이 필요한 벤처기업 등 첨단 산업에 종사하는 사람들은 도전 정신이 강해지며 안정적인 흰색이나 청색, 녹색 등이 좋다. 통찰력이 필요한 사람들은 회색이나 초록색 또는 검정색이 좋다. 지능이 필요한 교육자의 경우에는 검정색이나 초록색, 파란색이 길하다.

tip

자신의 별자리와 자동차 색상

자신이 태어난 별자리에는 각각의 독특한 성격이 있다. 일테면 쌍둥이자리는 항상 쾌활하며 긍정적인 성격의 소유자로서 많은 사람들에게 호감을 준다. 사교성이 뛰어나지만 솔직한 성격이며 야망이 커서 작은 손실을 보기도 한다. 상서로운 색상은 빨간색과 분홍색이다.

사수자리는 사교적이며 애교가 있고, 눈치가 빠르다. 훌륭한 조언자의 역할을 하지만 정작 자신의 문제에 대해서는 쉽게 결정을 내리지 못하고 많은 시간을 고민하는 경우가 있다. 상서로운 색상은 검정색이다.

염소자리는 고집이 강하고 느린 듯 보이지만 실제로는 활동적인 기질을 감추고 있다. 늘 여유가 있으며 남에게 쉽게 복종하지 못하는 특성을 보이기도 한다. 염소자리에게 상서로운 색깔은 검정색과 초록색이다.

이와 같이 자신의 별자리에 맞는 색상을 자동차 색상과 내부 인테리어 색상에 맞춘다면, 하늘의 기운을 내게 좋은 방향으로 인도하여 사고를 예방하고 행복한 삶을 살아갈 수 있을 것이다.

12사인과 자동차 색상·자동차 내부의 인테리어 색상 ★

양자리	황소자리	쌍둥이자리	게자리	사자자리	처녀자리	천칭자리	전갈자리	사수자리	염소자리	물병자리	물고기자리
파란색	분홍색	빨간색	커피색	빨간색	흰색	흰색	회색	회색	검정색	연두색	초록색
분홍색	빨간색	노란색	분홍색	분홍색	분홍색	회색	검정색	검정색	초록색	초록색	파란색
보라색	보라색	흰색	흰색	커피색	초록색	검정색	분홍색	초록색	연두색	검정색	흰색

심리적인 안정감으로 사고를 예방하는 차 내부의 색깔과 장식 ★

장시간 운전하는 직업 운전자나 난폭 운전을 일삼는 사람들은 자동차 색상이나 자동차 실내의 색상을 통해서 어느 정도의 치유가 가능하다. 가장 무난한 색상은 초록색이나 파란색이다. 특히 차량에 흰색과 검정색 그리고 초록색을 혼합한 색상을 사용하면 정신이 맑아지면서 차분해지기 때문에 사고 예방에 도움이 된다.

심리적 안정을 주기 위하여 색깔을 이용하는 방법은 음양오행에 따른 색상의 조화다. 음양오행의 목, 화, 토, 금, 수의 색상으로 서로 도움을 주는 방법인데, 차량의 장식을 체질에 맞는 색으로 활용하는 것이다.

양보 운전을 하기 싫은 사람은 예의를 상징하는 녹색木을 기본색으로 사용한다. 그리고 보완색으로 검정색水과 빨간색火으로 포인트를 준다. 검정색은 지혜를 상징하고 빨간색은 교양을 상징한다. 검정색은 남들을 이해할 수 있기 때문에 예의를 키워줄 수 있으며 빨간색은 그런 마음을 표현할 수 있는 기운을 준다.

잦은 신호 위반이나 과속 등 법규를 위반하고 난폭 운전을 일삼는 사람은 신뢰를 상징하는 노란색土을 기본색으로 사용한다. 노란색은 거짓과 속임수를 치유할 수 있기에 교통법규에 대한 적응력이 높아져 사고를 예방할 수 있다. 보완색으로는 빨간색과 흰색水을 사용한다.

또 타인의 충고에 귀를 기울이지 않거나 자신의 주관이 너무 강하여 원리 원칙대로 운전하면서 교통의 흐름을 끊는 사람들이 있는데, 그런 사람들은 유연성을 키워주기 위하여 실내를 단조롭게 해주는 것이 좋다. 전반적으로 검정색으로 치장하고 장식은 부드러운 것을 많이 사용하고 실내에 레몬향 방향제를 둔다.

운전을 하면서 다른 차 운전자와 유난히 다툼을 많이 하는 사람이 있는데, 그런 경우는 초록색 바탕에 흰색이나 검정색으로 포인트를 주면 성격이 많이 누그러질 수 있다. 불타오르는 기운을 흰색과 검정색이 억제해주고, 초록색은 상대방을 이해하는 마음이 생기게 한다.

심리적인 안정감을 주는 색상 ★

증 상	치유 색상
거짓과 위선	노란색, 주황색
기회주의	초록색, 흰색
융통성이 없다	검정색, 녹색
성급하다	검정색, 노란색
불안정하다	파란색, 녹색
둔감하다	빨간색, 흰색
이기적이다	검정색, 빨간색
신경 과민	누란색, 베이지색
예의가 없다	초록색, 갈색
활기가 없다	빨간색, 초록색

직업적 특성과 색상 ★

직업적 특성	색 상
창의력이 필요한 경우	흰색, 검정색, 초록색
직관력이 필요한 경우	회색, 초록색, 빨간색
포용성이 필요한 경우	초록색, 파란색, 빨간색
인내심이 필요한 경우	파란색, 황갈색, 커피색
자애심이 필요한 경우	파란색, 검정색, 노란색

직장운이 좋아지는 풍수 인테리어 노하우

사람은 누구나 성공을 꿈꾼다. 남보다 성공하기 위해서는 첫째, 올바른 목표를 세워야 하고, 둘째, 그 목표에 따라 실행에 옮겨야 한다. 그리고 셋째, 무슨 일이든 반드시 끝까지 해내야 한다.

너무나도 당연한 말이지만 막상 어떤 일에 부딪치면 대부분의 사람들은 순간적으로 머뭇거리게 된다. 그러나 그 잠시의 머뭇거림은 훗날 너무나 다른 결과로 나타난다. 일생의 운명을 결정하는 것은 항상 어떤 한 순간의 판단력이기 때문이다.

이렇게 잡힐 듯 잡히지 않는 성공, 그것을 거머쥐기 위해서 우리는 무엇을 해야 할까? 평상시 주변의 환경을 기의 흐름에 맞게 해놓는다면 시시때때로 찾아오는 기회의 순간에 적절하게 대응하여 남보다 더 훌륭하게 사업을 성공시킬 수 있으며, 더 빨리 출세할 수 있게 된다. 풍수의 힘은 보이지 않아도 우리 주변에서 끊임없이 작용하고 있기 때문이다.

지금부터 집무실이나 사무실, 서재나 책상의 풍수 인테리어 방법에 대하여 알아보자. 이제 기회는 당신의 것이다.

★ 사업의 성공을 돕는 서재&사무실 꾸미기

사업가에게 자신만의 영역은 꼭 필요하다. 서재의 기운에 따라 행운과 불행이 좌우될 수 있으므로 올바른 인테리어 역시 꼭 필요한 것이다. 서재나 사무실은 가능하면 넓게 사용하는 것이 좋다. 수시로 찾아오는 결단의 순간에 주변에 방해받지 않고 올바른 판단을 내려야 하기 때문이다. 따라서 내부의 가구들이나 소품 등에 세심한 신경을 써야 한다.

동쪽에 창이 있으면 창 근처에 TV, 오디오, 컴퓨터 등을 놓는다. 붉은 꽃을 놓거나 그림을 걸어놓으면 동쪽을 지배하는 힘, 창의력의 기운이 상승하여 직감력을 높여준다.

남쪽에 큰 창이 있으면 길하다. 여기에 편하게 쉬면서 감각을 높일 수 있는 발코니가 있다면 금상첨화이다. 창 근처에 관엽식물을 한 쌍 놓고 주변에 흰색 테이블과 흰색 의자를 놓으면 재물에 대한 감각이 예리해진다.

서재 안에 어항이나 시든 화분 등이 있다면 즉시 다른 곳으로 치운다. 바닥재는 목재 색상의 무늬목을 깔도록 하고 카펫 색상은 녹색이 가장 좋다.

책상의 배치는 방의 중앙에 두는 것이 좋다. 책상 양옆에는 자신을 보호해주는 의미로 벽면 가까이에 나무로 만든 책장을 놓는다. 책장 안에는 전시용이 아닌, 자신에게 꼭 필요한 책들을 엄선하여 놓는다. 또 자기 사진을 두는 것도 자신감을 키우는 좋은 방법이다.

책장에 진열되어 있는 책에서 뿜어 나오는 기운을 부드럽게 순화시키기 위하여 책장 위에는 둥근 잎의 화초를 놓는다. 이때 줄기가 길게 늘어지는 것이라면 문을 여닫을 때 걸리지 않도록 주의한다.

책상 뒤에는 그림을 거는데, 자신이 잘 아는 사람이 그린 그림이 좋다. 그림은 풍경화가 좋은데 동쪽이면 일출 그림을, 남쪽은 여름 풍경의 그림을, 서쪽은 해바라기 그림이나 황금 들녘의 풍경화가 좋으며 북쪽에는 흰 눈이 소복이 쌓인 겨울의 풍경화를 건다.

만약 실내가 정사각형이나 직사각형이 아니고 방의 한쪽 모서리가 실내로 파고들었을 때는 각별한 주의가 필요하다. 공간을 떠도는 흉한 기운이 모여서 자신을 향해 나쁜 기운을 보내기 때문에 매우 흉하다. 육체적인 고통을 줄 수도 있으며 강박증에 시달려 심한 스트레스가 생길 수도 있다. 이럴 때는 모서리 부분에 키가 큰 화분을 놓아 흉한 기운을 막거나 책상의 위치를 바꾸는 것이 좋다.

★ 출세할 수 있는 서재 꾸미기

우리 주변에는 충분한 실력을 갖추고 있지만 이상스럽게도 결정적인 순간에 좋지 않은 사건이 발생하여 낙인이 찍혀 승진에 누락이 되는 사람이 있다. 그러나 실력은 별로 없는 듯 보이지만 신통하게도 중요한 고비마다 일이 풀려 두각을 나타내며 승승장구하는 사람도 있다. 물론 거기에는 여러 가지의 이유가 있겠지만 대부분 주변 환경이 좋지 않은 경우가 많다. 즉 주거 공간의 인테리어에 문제가 있는 것이다.

예로부터 풍수에서는 북동쪽을 귀신이 드나드는 귀문 방향이라고 하여 세심한 주의를 하였다. 또 남서쪽 역시 뒷 귀문 방향이라 하여 신성하게 관리했다. 따라서 북동쪽, 남서쪽에 문제가 있다면 보이지 않는 해로운 기운의 방해로 출세하는 데 많은 장애가 생기게 된다. 또 서북쪽은 남성의 힘과 재물운의 힘이 강한 방위이므로, 서북쪽과 북동쪽의 기운을 살릴 수 있는 인테리어를 하면 출세는 보장되게 된다.

서북쪽에 가장이나 자신이 사용하는 서재를 만든다. 내부 컬러는 난색 계열이 길하다. 장식장이나 책장에는 가장의 능력을 극대화시킬 수 있도록 트로피나 상장 등을 놓아두고 청소를 게을리 하지 않도록 한다. 창이나 출입문 근처에 키 큰 관엽식물을 놓으면 출세운에 좋은 영향을 준다. 만약 평상시에는 부지런하고 원만한 성격을 가지고 있는데 진급 심사 기간에 유난히 사건이나 사고로 인해 출세에 영향을 받는다면 동북쪽이나 서북쪽에 화장실이나 욕실이 있는 경우가 많다. 특히 화장실이나 욕실 내부에 물이 고이지 않도록 수리를 하고 창문을 자주 열어 환기를 시키고 환풍기로 습기가 배지 않도록 한다.

서재의 남쪽에는 편히 쉴 수 있는 의자나 소파를 두거나 관엽식물을 놓아둔다. 서쪽 벽에는 여름 바닷가의 풍경이나 남국 분위기의 그림이 길하다.

동쪽에는 원형이나 팔각형의 시계를 건다. 남서쪽에는 단순한 디자인의 화분에 빨간색이나 노란색 꽃을 둔다. 동남쪽에는 키 큰 금속제 스탠드를 한 쌍 세워놓는다.

★ 책상 배치도

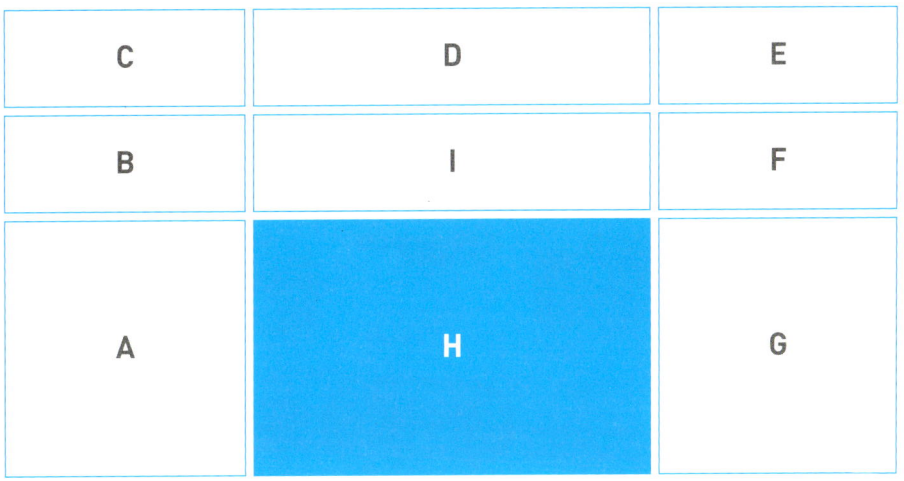

• 책상의 H 부분을 자신이 앉는 곳으로 설정하고, 책상을 가로와 세로로 3등분하여 9개의 영역으로 나눈다.

A 현재 하고 있는 일과 관계된 책 중 중요한 가치가 있는 책이나 같은 업종 관계자의 책을 놓는다. 성공한 사람의 경영 사례집 등도 좋다.

B 나무로 만든 액자에 가족사진을 놓는다. 혹은 노란색의 싱싱한 화초를 놓는다. 현재 같이 일하고 있는 직원들과 함께 찍은 사진을 놓아도 좋다(F 부분에 아이 사진을 놓아두었다면 사진보다는 화초를 놓는 것이 길하다).

C 금전출납부, 계산기, 재물을 상징할 수 있는 물건을 놓는다. 책꽂이 등을 놓는 것은 금물이다.

D 명함이나 제품 카탈로그, 또는 제품을 홍보했거나 신문 등에 홍보된 사진을 놓는다.

E 여유로움을 느낄 수 있는 사진이나 물건을 놓는다. 중요한 거래처에서 받은 선물을 놓아도 좋다. 존경하는 사람의 사진을 놓는 것도 길하다. 스탠드를 놓으려면 이곳에 놓는 것이 가장 좋다.

F 아이 사진이나 맑은 소리가 나는 종을 놓는다. 소리 나는 물건, 오디오나 카세트를 놓아도 좋다(B 부분에 가족사진을 두었다면 아이 사진을 놓지 않는다).

G 거래처 주소록, 전화번호부 등 연락처를 놓아둔다. 서랍이 있으면 그 안에 정리해놓는다.

H 검정색이나 흰색의 작업용 깔판을 놓는다.

I 책상 아래 보이지 않는 곳에 황토색이나 노란색의 종교 그림을 붙여놓는다. 단, 물이나 나무가 그려진 것은 건강을 해칠 수 있으므로 피해야 한다.

사업의 성공을 돕는 서재&사무실

Consulting

1. 책장의 기운을 부드럽게 해주는 흰색이나 노란색의 화초를 놓는다.
2. 하는 일과 관계된 책이나 같은 업종 관계자의 책을 진열한다.
3. 자신의 사진이나 사업과 관계된 제품이나 물건을 진열한다.
4. 책장의 기운을 부드럽게 해주는 붉은색이나 보라색의 화초를 놓는다.
5. 그림을 건다. 잘 아는 사람이 그린 풍경화라면 더욱 좋다.
6. 사무실의 경우는 접대용 의자를 놓는다.
7. 책상은 출입문을 정면으로 바라보지 않고 대각선 방향으로 놓는다.
8. 블라인드를 설치한다.
9. 원형의 스탠드나 키 큰 관엽식물을 놓는다.
10. 접대용 소파를 놓을 경우 자신이 앉는다.
11. 접대용 소파의 경우 손님용으로 한다.
12. 출입문 근처에 관엽식물을 놓으면 외부의 흉한 기운을 막아준다.

Point

출세할 수 있는 서재

Consulting

1. 서북쪽에 가장이나 자신이 사용하는 책상을 배치한다.
2. 커튼은 핑크 계열이 무난하다.
3. 창 근처에 키 큰 관엽식물을 놓으면 출세운이 좋아진다.
4. 내부 컬러는 난색 계열이 길하다.
5. TV나 오디오를 놓을 경우 동쪽에 놓는다.
6. 동남쪽에는 키 큰 금속제 스탠드를 세워놓는다.
7. 남쪽에는 편히 쉴 수 있는 의자나 소파를 둔다.
8. 남서쪽에 빨간색이나 노란색, 아이보리 컬러의 꽃을 둔다.
9. 책장 안에는 능력을 극대화시킬 수 있도록 트로피나 상장 등을 진열한다.
10. 책장은 원목 제품으로 하고 꼭 필요한 책만 놓는다.

기의 흐름을 좋게 하는 풍수 인테리어 테크닉

최근 우리들 주변에서 유행처럼 참선參禪, 단전호흡, 뇌호흡 등등 기와 관련된 단어들을 쉽게 접할 수 있다. TV의 동양철학과 관련된 강의를 통해서 붐을 이루게 되었다고 하는데 사실은 그렇지 않다. 기라는 것은 오래전부터 우리들 주변에 있었기 때문이다. 실제 사람들은 알게 모르게 기의 영향권에서 기의 지배를 받고 살아왔다.

기분이 나쁘다, 기운이 없다, 기가 빠졌다, 기력이 쇠하다, 기가 막힌다, 생기가 있다 등은 우리가 일상생활에서 흔히 사용하는 기와 관련된 말들이다. 이렇듯 우리 삶에 깊이 연관되어 있는 기. 기의 흐름이 원활해야 아무 탈 없이 건강하고 평화롭게 살 수 있는 것은 당연하다.

또한 기라는 것은 동양에만 있는 것이 아니다. 『성경』 '창세기' 2장 7절엔 "하느님이 흙으로 사람을 지으시고 생기를 그 코에 불어 넣으시니 사람이 생령이 된지라"라고 기록되어 있다. 또 '욥기' 27장 3절에도 "나의 생명이 아직 내 콧속에 완전히 있고 하느님의 기운이 오히려 내 코에 있느니라"라고 되어 있다.

이와 같이 서양인의 의식구조에도 기는 오래전부터 잠재되어 있었다. 그럼 지금부터 기의 흐름을 좋게 하는 풍수 인테리어에 대해 알아보기로 하자.

★ 기는 인간의 운명이다

기는 인간의 운명을 좌우한다. 기는 인간의 성격과 재능 그리고 행동 양식 등 인간의 삶을 지배하는 중요한 요인이다. 영혼은 수태의 순간 자궁 속으로 들어가 태아에게 생기를 불어넣는다. 태아의 몸속을 흐르는 기는 아이의 성격과 지능, 성장과 습성 그리고 정신 상태 등을 결정한다.

기는 지구상에 존재하는 인간들의 수만큼이나 다양한 형태로 나타난다. 기의 영향력을 예를 들어보자.

현대 과학으로 의문이 풀리지 않는 '쌍둥이 마을'이 화제가 된 일이 있었다. 전남 여수시 소라면 현천리의 중촌마을은 1989년 전체 75가구 중 35가구에서 쌍둥이를 낳아, 세계에서도 그 유례를 찾아보기 힘든 '쌍둥이 다출산'의 기록을 가진 마을이다.

서울의 한 의대에서 조사단을 파견하여 다각적인 조사를 실시한 뒤 마을의 우물에 그 비밀이 있다고 발표했다. 그러나 '쌍둥이 마을'의 의문은 풍수적으로 보아 방향과 기에 의하여 규명해야 마땅하다. 이유는 쌍둥이를 가진 35가구가 모두 일정한 방향의 가옥 구조를 갖고 있었기 때문이다. 쌍둥이를 출산한 집의 부엌들은 한결같이 쌍태산을 향하고 있었다. 부인들이 일을 많이 하는 장소의 방향이 일정한 방향으로 일치하면서 그곳의 기를 받았다는 해석이 가능하다.

사회적으로 문제가 되고 있는 직업병 역시 기의 흐름과 무관하지 않다. 탄광에서 일하는 사람들은 그곳에 형성되어 있는 기의 영향을 받을 수밖에 없다. 그 때문에 신체의 리듬이 깨시면서 직업병에 걸리게 되는 것이다.

★ 기의 실체는 무엇인가

기라는 것은 '호흡', '활력' 등으로 해석될 수 있으며 우주 만물의 작용력이기 때문에 지상의 모든 에너지에 관한 통일 원리다.

기는 생명이다. 우리는 몸을 타고 흐르는 기의 순환에 따라 생각하고, 말하고, 행동한다. 우리가 생각할 수 있는 것은 기가 뇌를 자극하기 때문이다. 우리가 활동할 수 있는 것은 신체에 기가 흐르기 때문이다. 우리가 말을 할 수 있는 것은 기의 흐름이 혀를 움직이기 때문이다. 때문에 기가 신체에 무리 없이 흘러야 건강해질 수 있다. 기가 너무 약하면 움직일 수 없다. 뇌졸중 같은 증상은 기가 신체의 한쪽으로만 흘러 생기는 질병이다.

몸 안에 있는 기의 본질은 변하지 않지만 경우에 따라서 그 상태는 바뀔 수 있다. 기는 어떤 때는 매우 좋은 상태를 유지하다가 어떤 때는 아주 저조한 상태가 되기도 한다. 컨디션 등이 거기에 해당한다. 그렇지만 기는 여전히 동일한 기일 뿐이다. 때문에 기의 흐름을 좋게 한다면 우리는 건강한 삶을 살 수 있다.

풍수는 개인의 기에 영향력을 행사할 수 있다. 풍수를 활용하면 건강과 행복, 그리고 성공을 가로막는 무형의 매듭을 풀 수 있게 된다. 물론 어느 정도의 한계가 있기는 하다. 각 개인은 태어날 때부터 어느 정도의 운명을 갖고 태어났기 때문이다. 그렇지만 내 주변의 기를 잘 다스리면 중간 정도의 운세를 갖고 태어난 사람일지라도 좋은 운을 가진 사람보다 훨씬 더 행복해질 수 있다. 우리가 매일 부딪치는 주변 환경의 기운을 나에게 유리하게 만들어준다면 기의 흐름은 상상할 수 없을 정도로 좋아질 것이다.

풍수의 목적은 주어진 상황에서 최선의 기운을 찾아내는 것. 풍수의 도움으로 우리의 환경을 바꾸어 집 안을 떠돌고 있는 흉한 기는 모두 물리치고 좋은 기운만 순환시켜서 우리의 몸과 마음이 건강해질 수 있는 행복한 삶을 살아보자.

★ **건강을 좌우하는 기의 중심점**

집 전체에서 자리를 많이 차지하지 않는 비좁은 공간일지라도 공간 자체는 살아 있는 생명체이다. 그래서 창고나 화장실, 욕실 같은 작은 공간에 흉한 기운이 몰리기 쉽다.

그런 곳들은 다른 곳에 비하여 가족의 건강에 큰 영향을 끼친다. 때문에 공간의 심장을 찾아내는 것이 무엇보다 중요하다.

방의 중심에서 보아 어느 방향에 기가 모여 있는가를 살펴야 한다. 방에서 가장 중요하고 핵심적인 부분은 방문의 위치다. 방문의 위치를 찾아내었으면 자신이 태어난 시간과 비교하여 방문의 위치가 나에게 맞는 곳인가 아닌가를 알아야 한다. 좋은 곳이면 더 좋게, 흉한 곳이면 좋은 기운으로 바꿔야 한다.

태어난 시간과 자신에게 맞는 방향은 다음과 같다.

태어난 시각	방의 중심에서 본 방향
오후 11시 30분 ~ 오전 1시 29분 (子時)	북쪽
오전 1시 30분 ~ 오전 3시 29분 (丑時)	북북동쪽
오전 3시 30분 ~ 오전 5시 29분 (寅時)	동북동쪽
오전 5시 30분 ~ 오전 7시 29분 (卯時)	동쪽
오전 7시 30분 ~ 오전 9시 29분 (辰時)	동남동쪽
오전 9시 30분 ~ 오전 11시 29분 (巳時)	남남동쪽
오전 11시 30분 ~ 오후 1시 29분 (午時)	남쪽
오후 1시 30분 ~ 오후 3시 29분 (未時)	남남서쪽
오후 3시 30분 ~ 오후 5시 29분 (申時)	서남서쪽
오후 5시 30분 ~ 오후 7시 29분 (酉時)	서쪽
오후 7시 30분 ~ 오후 9시 29분 (戌時)	서북서쪽
오후 9시 30분 ~ 오후 11시 29분 (亥時)	북북서쪽

★ 공동 공간에서의 건강의 중심 포인트

개인이 마음대로 인테리어를 바꿀 수 없는 공간인 거실, 현관, 화장실 등의 공동 장소에서 기의 중심점도 문의 위치와 공간의 위치에 의해 결정된다. 즉 출입구 부분이 복잡하거나 가구를 두기 곤란한 경우에는 작은 물건을 두거나 조명을 집중시키는 방법으로 음양을 조절한다. 동쪽과 남쪽은 양의 방향이고 서쪽과 북쪽은 음의 방향이다.

관엽식물의 음양 구분 ●

양 : 국화, 진백, 감나무, 소나무, 관음죽, 바키라, 행운목 등
음 : 무화과, 벤자민, 홍콩야자, 몬스테라, 덴팔레 등

그림의 음양 구분 ●

양 : 봄이나 여름 풍경화 그림, 하늘과 태양, 산과 초원, 남성, 바다, 직선적 느낌의 그림, 색상이 밝은 그림.
음 : 강이나 하천 그림, 가을이나 겨울 풍경화, 야경夜景, 여성, 가구나 실내를 그린 그림, 종교 그림, 어두운 색채의 그림.

액운을 물리치는 풍수 인테리어 비법

액운이란 예기치 않은 흉화재액凶禍災厄의 나쁜 기운을 말한다. 관재구설, 상부상처, 이별, 별거, 천재지변, 돌발 사고, 사기, 도난, 손재, 화재, 수재 등등 이루 헤아릴 수 없이 많은 흉액이 그것이다.

특히 한국인의 의식구조는 액운에 대하여 상대적으로 민감하게 반응한다. 때문에 연말이 되면 너나 할 것 없이 힘들었던 한 해를 무사하게 보낸 것에 대한 자축의 마음에서 망년회를 치른다. 그리고 연초가 되면 어김없이 토정비결을 본다. 물론 새해에 거는 꿈과 희망도 있지만, 행여나 액운이 찾아와서 좋은 기운을 빼앗지는 않을까 하는 마음에 궁금해하고 초조해한다. 우리나라에서 오래 살다 간 성공회 신부 리처드 러트는 이 세상에서 한국인처럼 역경이나 불행에 처절하게 반응하는 민족은 보기 힘들다고 말한 적이 있다.

우리 한국인은 의지가 강한 민족이다. 때문에 어려움과 불행을 대처하는 정성스런 마음가짐도 뛰어나다. 아직도 시골에 가면 마을의 입구에 세워져 있는 장승들, 산사의 길목이나 신성한 의미가 있는 산기슭에 어김없이 나타나는 작은 돌무더기들, 공원이나 유원지 등의 분수대에 던져진 동전 등만 봐도 어렵지 않게 그런 마음을 느낄 수 있다. 이는 모두 때와 장소를 가리지 않고 자신의 작은 염원을 빌어보는 마음의 표현이라 할 수 있다.

그런 것들을 풍수에서는 천지만물에 흐르는 도도한 음양오행의 기운을 나에게 유리하게 순화시켜, 모든 액운으로부터 보호하는 것이라고 한다. 나와 가족이 거주하는 집안의 기운을 좋게 해서 집안에 떠도는 흉한 기운으로부터 온 가족이 평화롭게 지낼 수 있는 풍수 인테리어 비법을 찾아보자.

★ 집 안에 행운과 액운이 흐르는 포인트

현관에서 집 안을 보았을 때 제일 먼저 시선이 닿는 지점을 살펴 그곳에 거울이 있다면 당장 다른 곳으로 옮겨야 한다. 길한 기운은 반발력이 크고, 흉한 기운은 끈질긴 면이 있다. 때문에 외부에서 길한 운과 흉한 운이 동시에 들어와도 좋은 기운은 거울에 반사되어 바로 나가고 흉한 기운은 어느 정도 머무르기 때문이다.

또 복잡하고 난해한 그림이 있다면 좋은 기운이 외면해서 그냥 나가기 때문에 좋지 않다. 화분이나 무거운 장식물이 버티고 있어도 좋지 않다.

다음으로 집 안의 동북쪽과 남서쪽을 살펴본다. 동북쪽과 남서쪽은 귀문 방향으로 귀신들이 출입하는 현관이다. 따라서 신성하고 깨끗하게 관리해야 한다. 먼지를 뒤집어쓰고 있는 드라이플라워, 아이들이 낙서를 해서 때가 끼고 지저분한 벽지, 쓰레기통 등이 있다면 즉시 정리해야 한다. 좋은 기운은 섬세하기 때문에 그런 곳으로는 오지 않기 때문이다.

현관에서 집 안을 보았을 때 좌측의 대각선 지점과 우측의 대각선 지점은 주역의 팔괘에서 번영과 사랑을 나타내는 장소이다. 아파트의 경우 대부분 그곳에 창고가 있기 마련이다. 때문에 온갖 잡동사니가 쌓여 있을 수 있다.

액운을 물리치기 위해서는 창고를 깨끗하게 정리하고, 이따금 문을 열어놓아 환기시켜 주면 번영의 운이 좋아져 식구들이 자신의 위치에서 최선을 다해 성공할 수 있다. 또 애정운이 상승하여 가족 간에 서로 신뢰하며 믿음을 갖는 행복한 가정이 될 수 있다.

★ 액운을 털어버리는 장소별 풍수 인테리어 포인트

현관 ● 현관은 집 안 전체의 기운을 크게 좌우하는 공간이므로, 신발장이나 이중문 등으로 정면을 가로막는 것은 좋지 않다.

현관 출입문에 맑은 소리가 나는 종이나 풍경을 달아 출입할 때마다 경쾌한 소리를 내게 해 좋은 기운이 넘치게 하자. 또 밝은 느낌의 정물화나 깔끔한 풍경화를 거는 것도 좋다. 지나치게 고급스러운 매트는 얻는 것보다 잃는 것이 많으므로 피해야 한다.

거실 ● 소파는 현관을 마주 보지 않도록 등을 지고 배치하는 것이 좋다. 가장 이상적인 배치는 소파와 현관이 대각선을 이루는 형태이다. 소파나 의자는 창을 가리지 않도록 배치한다.

젊은 사람이 지나치게 중후하고 거창한 소파나 테이블을 사용하면 흉한 기운에 물들 수 있으므로 피한다. 소파 옆에 키 큰 스탠드를 놓아두면 주변과의 마찰이나 다툼을 예방할 수 있으며 정신을 맑게 해준다.

거실에 향기가 좋은 꽃을 놓거나 아름다운 꽃이 그려진 그림을 걸어두면 기분이 좋아져 스스로 행복하다는 느낌을 갖게 된다. 그러나 드라이플라워는 풍수로 볼 때 죽은 기운을 내뿜고 있으므로 매우 흉하다.

침실 ● 침실은 액운과 길운에 직접적인 영향을 미친다. 따라서 가장 생기가 많이 모이는 곳에 침실을 배치한다. 침실의 독립성을 강조하기 위하여 구석진 곳에 배치하는 경우는 액운이 찾아오게 되므로 좋지 않다.

침대는 문을 열고 들어갔을 때 약간 비켜 있는 곳에 놓는 것이 좋으며 침대 하나만 달랑 사용하는 것은 좋지 않으므로 반드시 사이드 테이블과 함께 배치한다.

베개는 검은색이나 진한 단색은 피한다. 밝은 색상의 베개 커버를 사용하고 머리를 북쪽으로 향하고 자면 좋은 기운을 부를 수 있다.

주방 ● 가전제품 배치에서 가장 주의해야 할 것은 냉장고와 전자레인지의 위치이다. 소형 냉장고를 사용하는 경우 전자레인지를 그 위에 올려놓는 경우가 있는데 이것은 위험하다. 냉장고와 전자레인지가 가까이 있으면 화기와 냉기가 충돌해서 흉한 작용을 일으킨다. 어쩔 수 없이 냉장고 위에 전자레인지를 놓아야 한다면 두 물체 사이에 나무판을 끼우고 근처에 녹색식물을 두면 흉한 기운을 물리칠 수 있다.

부록 1

알쏭달쏭 풍수 인테리어 Q&A 40

풍수 인테리어에서 알쏭달쏭한 궁금증을 모두 풀어본다!
나만의 별자리 풍수 인테리어 Q&A

이상스럽게도 일이 꼬이는 것 같은데 이유가 뭘까?
사랑하는 사람과 더 좋은 관계를 유지할 수 있는 방법은 뭘까?
돈이 잠시도 붙어 있지 않는데 도대체 이유가 뭘까?
젊은 나이인데도 의욕이 떨어지고 힘이 처지는 이유가 뭘까?
그런 것에 대한 해답은 거주하는 공간에 1차적인 원인이 있다.
풍수에 대한 갖가지 알쏭달쏭한 궁금증 및 해답을 주제별로 풀어보자!

★ 꼭 알아야 하는 풍수 인테리어 활용법, Q&A 10

Q1

풍수 인테리어에 대하여 많은 사람들이 '비과학적이다', '미신이다' 라고 생각하고 있다. 풍수를 어떻게 이해해야 할까?

A1 풍수의 시초는 국가를 번영시키기 위하여 성과 도시의 위치를 가장 좋은 곳에 잡기 위하여 노력한 것이 그 시작이라고 할 수 있다. 사람이 살아가는 데 가장 편안하고 느낌이 좋은 장소를 찾으려고 하는 환경지리학으로 이해하는 것이 바람직하다.

Q2

풍수 인테리어를 실행하려면 어떻게 할까?

A2 풍수에서는 음양의 조화를 중요하게 생각한다. 인테리어를 할 때 실내의 분위기가 음양의 기운 중 어느 것이 더 강한지 살펴본다. 차가운 느낌이 돌면 음의 기운이 강한 것이고, 따뜻한 느낌이 들면 양의 기운이 강한 것이다. 음의 기운이 강하면 양의 기운을 보충해주고, 양의 기운이 강하면 음의 기운을 보충한다.

Q3

수맥이 인체에 끼치는 영향은?

A3 수맥에서 초자연적인 기운이 발산되는 것은 아니다. 전자파 정도의 피해를 주는데 잠을 잘 때 지속적인 영향을 주고 전파되는 속도가 빠르기 때문에 영향을 빨리 받는다. 그래서 적절하게 대응하는 방법을 찾아야 한다. 일반적으로 침대 밑에 동판을 깔기만 해도 수맥의 피해에서 벗어날 수 있다.

Q4

풍수 인테리어를 하려면 사용하던 물건을 버려야 하나?

A4 풍수에서 절대적이란 것은 없다. 때로는 최선이 아닌 차선책을 택하는 것이 풍수 인테리어의 올바른 활용법이다. 다만 집의 분위기에 비해 너무 튀거나 조잡스런 물건은 집 안의 기운을 저하시키기 때문에 처분하는 것이 좋다. 그러나 깨끗한 색상으로 페인트칠을 하거나 천이나 커버 등으로 장식하여 재사용하는 것은 무난하다.

Q5

가족사진과 명화 중에 어느 것이 풍수적으로 좋은가?

A5 가족사진과 명화는 저마다 쓰임새가 있다. 그렇지만 가족들이 거주하는 주택에서는 당연히 가족사진이 풍수적으로 더 좋다고 할 수 있다. 풍수 인테리어의 주된 목적은 가족들이 더불어서 함께 삶의 질을 높이자는 것이기 때문이다.

Q6

풍수 인테리어를 실행한 결과가 나타나는 시기는 언제인가?

A6 사람에 따라 다르다. 바로 그날 결과가 나타나는 사람이 있고, 3년이나 걸린 사람도 있다. 일반적으로 49일에서 100일 정도가 소요된다. 금방 결과가 나타나지 않아도 불안해하거나 초조해하지 말고 여유를 가지고 기다리는 자세를 가져야 한다.

Q7

녹색식물이 풍수 인테리어에서 중요한가?

A7 풍수의 기본적인 취지는 거주하는 공간을 자연적인 모습에 가깝게 만드는 것이다. 따라서 녹색식물은 사람에게 매우 유용하다. 특히 싱싱하고 잎이 무성한 것이 좋다.

Q8

꽃을 장식하라고 했을 때 조화도 괜찮은가?

A8 생화가 가장 좋으며 그 다음이 조화다. 조화는 생화에 비해 힘이 약하기 때문이다. 조화를 사용할 때에는 향수나 포푸리 향으로 기운을 북

돌아주면 목적한 바를 이룰 수 있다. 이때 반드시 화병 밑에 받침을 까는 것을 잊지 않도록 한다.

Q9

인테리어를 할 때 실내를 모두 통일시키는 것이 좋은가?

A9 아니다. 풍수 인테리어에서 왕도는 없다. 조화가 더 중요하다. 가구의 높이를 다르게 하고 패브릭에 변화를 주는 것이 기의 흐름을 매끄럽게 한다. 또 각 방의 기능을 살려 안방은 입식으로, 거실은 일본식으로 식당은 유럽풍으로 꾸몄다고 해도 전체적인 균형과 조화를 갖추었다면 이상적인 풍수 인테리어라고 할 수 있다.

Q10

집 안에 사슴, 거북이, 부엉이, 독수리 등의 박제 동물을 진열하는 것은 어떤가?

A10 당연히 흉하다. 풍수 인테리어는 살아 있는 사람들에게 좋은 기운을 주려는 것이다. 죽은 동식물에서 발산되는 음습한 기운은 인체에 매우 해롭다고 본다. 특히 어린아이의 성장에 큰 지장을 준다. 결국 밝고 긍정적인 기운을 추구하는 풍수 인테리어의 목적하고는 맞지 않다.

★ 연애운에 관한 궁금증, Q&A 10

Q1

일반적으로 연애운이 좋아질 수 있는 풍수 인테리어는 무엇인가?

A1 침대 주변에 싱싱한 꽃을 놓고 간절한 마음으로 곧 나타날 사랑하는 사람을 위하여 기도를 한다. 마음에 드는 사람을 만나면 그 사람이 살고 있는 쪽으로 전화기나 핸드폰을 놓는다. 상대방의 이름이나 사진은 동남쪽에 두도록 한다.

Q2

소개팅이나 미팅 등에서 좋은 사람을 만나고 싶은데 어떻게 해야 하나?

A2 아침에 일어나면 제일 먼저 창문을 열고 외부 기운을 흠뻑 받아들인다. 지금까지 사용하던 소지품을 깨끗한 것으로 바꿔보는 것도 괜찮다.

Q3

풍수적으로 운이 좋은 사람과 흉한 사람의 차이점이 있는가?

A3 일반적으로 운이 좋은 사람은 하얀 치아가 보이게 웃으며 옷차림이 정갈하고 깔끔하다. 그러나 운이 좋지 않은 사람은 불평불만이 많고, 자신과 남을 비교하면서 자기만 옳다고 주장하는 모습을 보인다.

Q4

혼자서 일을 하면 결과가 좋은데 파트너와 함께하면 결과가 좋지 않다. 어떻게 하면 좋을까?

A4 외부의 좋은 기운이 출입하는 귀문 방향인 동북쪽과 남서쪽 방향에 파트너의 이름이나 사진을 놓는다. 동남쪽에 오렌지색 소품이나 석류 열매 혹은 석류 그림을 걸어놓는 것도 좋다. 서북쪽에 핑크나 오렌지 컬러의 물건을 놓아두어도 좋은 효과를 얻을 수 있다.

Q5

외모, 직업, 학력, 가정환경 등의 외부 여건이 완벽한 것 같은데 아직 남자친구가 없다. 풍수 인테리어에서 도움을 받을 수 있는 방법은 없을까?

A5 자신이 사용하는 욕실의 인테리어를 별자리에 맞게 바꾼다. 욕실의 소품은 노란색이나 오렌지색 등 화사한 색상으로 하고 조명을 밝게 한다. 욕조의 물은 사용하고 난 다음에는 반드시 버리도록 한다.

Q6

파트너만 만나면 이상하게 다툼이 생긴다. 세상만사가 다 귀찮을 정도다. 심신이 지치고 컨디션도 많이 저하되었다. 풍수와 관계가 있는가?

A6 물론이다. 풍수 인테리어는 심리 상태의 길흉을 좌우하는 것이다. 힘든 상황이면 영향력이 더 크게 나타난다. 일단 침실 구석구석을 깨끗하게 청소하고 침대 밑을 정리한다. 현관에 맑은 종을 걸고 깨끗하게 관리하면 상당히 좋아질 것이다.

Q7

30대 후반의 독신 여성이다. 결혼을 하려고 풍수 인테리어 등 여러 가지 방법을 동원해 봤는데 결과가 시원치 않다. 뭐가 부족한 것일까?

A7 내부 인테리어를 바꿨는데도 효과가 없다면 외부에서 좋은 기운을 찾아야 한다. 우선 금색을 중심으로 패션 스타일링을 한다. 또한 풍수에서 긴 것은 인연을 뜻하므로 머플러, 벨트, 핸드백을 사용할 때는 가급적 긴 것을 사용하도록 한다.

Q8

좋은 인연을 찾느라 몇 번의 만남과 이별의 과정을 거쳤다. 이제는 인생의 마지막이 될 만한 사람을 만나고 싶은데 가능할까?

A8 본인이 거주하는 침실의 중앙에서 동남, 서북, 북쪽 방향에 교제운과 연애운이 좋아지는 색상인 흰색, 노란색, 핑크, 빨간색 등의 소품을 장식한다. 또 소지품도 가능하면 부드러운 색상을 사용한다.

Q9

짝사랑하는 사람이 생겨서 괴롭다. 내 마음에 맞는 사람과 좋은 감정을 가진 채 결혼하고 싶다. 흔히 북쪽에 출입구가 있으면 연애운이 좋지 않다고 하는데 살고 있는 집의 현관이 북쪽에 있다. 연애운이 나빠지는 것은 아닐까

A9 북쪽의 기운은 차갑기 때문에 불의 기운인 사랑의 기운을 꺼버릴 수 있다. 물론 북쪽 현관이라고 연애운이 무조건 나쁘다고 할 수는 없지만 다른 곳보다 사랑의 힘은 약하다. 현관에 꽃무늬, 핑크색과 흰색이 섞인 싱싱한 꽃을 두어 애정운을 키우도록 한다.

Q10

신혼부부인데도 부부 관계가 껄끄럽다. 일반적으로 부부운을 상승시키는 방법으로 커플룩, 커플링, 커플 시계 등등 같은 디자인을 사용하는 것이 좋다고 하는데, 나만의 개성을 존중하는 타입이라 별로 내키지 않는다. 꼭 그렇게 하는 것이 좋은가?

A10 꼭 그렇지만은 않지만 커플 디자인의 소품을 사용하는 것은 부부 관계가 좋아지는 데는 매우 효과적이고 긍정적인 방법이다. 다만 내키지 않는다면 개성을 존중하는 의미로 중요한 동반 모임이 있을 때만 커플 소품을 사용하고, 평상시에는 각자의 개성을 살리는 방법으로도 부부의 운을 상승시킬 수 있다.

★ 재물운에 관한 궁금증, Q&A 10

Q1

배우자의 성격이 여려서 부탁을 받으면 쉽게 거절하지 못해서 남들에게 이용을 당하는 편이다. 친구나 친지의 달콤한 말에 돈을 빌려주면 항상 떼여서 부부 갈등의 원인이 된다. 성격은 고칠 수 없겠지만 풍수 인테리어로 도움을 받을 수 있을까?

A1 돈 문제와 관련하여 남에게 이용당하지 않고 속지 않으려면 동남쪽, 서북쪽에 초록색의 장식품을 놓는다. 초록색의 종교적 물건이나 상징물이라면 더욱 좋다. 이때 재물을 상징하는 금색 소품을 함께 넣어두는 것도 좋다. 풍수적으로 종교와 관련된 신의 도움을 받을 수 있는 방법이다.

Q2

배우자는 영업 사원이다. 상담을 하고 난 다음에 본 계약을 하려면 이상하게 해약이 되는 경우가 많다. 최근 신분이 바뀔 정도의 큰 계약을 눈앞에 두고 있는데 혹시나 잘못될까 봐 전전긍긍이다. 좋은 방법이 없을까?

A2 먼저 집 안의 남서쪽, 북쪽, 북동쪽에 지저분한 물건이 있다면 모두 치우고 깨끗하게 청소한다. 또한 침실의 머리맡에 오렌지색 소품이나 석류 열매를 걸어놓거나 일출 사진을 걸어놓으면 좋은 결과를 얻을 수 있다.

Q3

동업자의 태도 때문에 너무 신경이 쓰인다. 어떤 때는 기분 좋은 모습을 보이는데, 어떤 때는 얼음장처럼 싸늘한 태도를 보이곤 한다. 휘둘리는 느낌이 들어 갈등이 많으며 일이 손에 잡히지 않는다. 어떻게 하면 좋을까?

A3 본인의 지갑이나 소지품에 음양의 조화를 상징하는 물건을 지니고 다닌다. 음양의 조화는 곧 정신적인 안정을 가져다주며 남의 기분에 일희일비되는 일도 사라지게 된다. 라벤더와 은색 소품을 이용하면 좋다.

Q4

샐러리맨 생활을 정리하고 독립을 한다. 처음으로 풍수 인테리어를 하려고 하는데 사업운을 좋게 하는 방법이 있을까?

A4 너무 큰 기대는 실망을 부를 수 있으므로 당장 실행이 가능한 쉬운 것부터 시작한다. 현관을 깨끗하게 청소하고 출입문에는 종을 단다. 거실의 동남쪽에 에어컨이나 선풍기를 놓으면 교제운이 좋아진다. 처음 시작하는 경우에는 큰 것보다는 작은 소품 하나라도 신중하고 세심하게 신경 쓰는 것이 좋다.

Q5

배우자의 금전 관리가 엉망이다. 충동구매로 카드를 지나치게 사용한다. 배우자를 변화시킬 수 있는 풍수적 비법이 있을까?

A5 침실의 서쪽 방위에 흰색 소품 3개, 노란색 소품 2개, 파란색 소품 1개의 비율로 놓는다. 수도에서 물이 새는 곳은 없는지 검토하고 싱크대의 배수구를 평상시에도 꼭 닫아놓는다.

Q6

교제운이 좋은 방향으로 사무실을 옮기려고 한다. 길흉과 관련된 방향은 사무실의 위치에서 보는 것인가, 자택의 위치에서 보는 것인가?

A6 양쪽 모두를 고려하는 것이 좋다. 그렇게 할 수 없는 경우 차선책으로 사무실 소재지로부터 이사하는 방위를 살펴보는 것이 좋다.

Q7

물심양면으로 도와주었던 거래처 직원이 다른 회사로 가게 되었다. 그 직원과 다시 인연을 맺고 싶어서 함께 찍은 사진을 놓아두는 등 풍수 인테리어를 적용했는데도 효과가 없다. 어떻게 해야 할까?

A7 일정 기간이 지났는데도 효과가 없다면 그 사람과의 좋은 인연은 정리된 것으로 생각하는 것이 좋다. 더 좋은 인연을 만날 수 있도록 그 사람과 관련된 사진이나 물건을 치우고 교제운을 좋게 하는 풍수 인테리어 방법을 다시 시작한다. 곧 더 좋은 인연을 만날 수 있을 것이다.

Q8

형제들이 함께 사업을 하고 있다. 사업의 규모가 커지면서 갈등을 빚고 있는데 각자 원만하게 독립할 수 있는 방법은 없는가?

A8 형제들의 책상이나 사무실을 향해서 거울을 놓는다. 형제들의 기운과 영향력이 거울에 반사되어 본인에게 직접 전달되지 않을 것이다. 자연스럽게 형제 간의 갈등을 줄고 결국은 각자의 길을 가게 된다.

Q9

집의 현관하고 회사 출입구가 북쪽에 위치하고 있는데 영향이 있을까?

A9 북쪽의 기운은 재물운을 상징하는 위치이므로 매우 좋다. 다만 관리 상태가 좋지 않으면 길한 기운이 흉하게 되므로 현관과 출입문에 대한 관리가 필요하다. 핑크색이나 흰색의 꽃무늬 디자인으로 교제운을 높여주고 현관과 침실의 입구를 매일 깨끗하게 닦아주고 문도 깨끗하게 닦는다.

Q10

부부가 함께 2층의 주택에 근무하면서 인터넷 쇼핑몰을 운영하려고 한다. 사무실은 주택을 풍수 인테리어에 맞는 방법으로 개조해서 사용하려고 하는데 1층을 사용하는 어른께서 풍수 인테리어를 믿지 않아서 고민이 크다. 부부가 사용하는 2층만 풍수 인테리어를 적용해도 되는가?

A10 물론이다. 2층만 사용하는 경우에는 계단에서 2층으로 들어서는 곳을 현관으로 생각한다. 나머지 부분은 다른 경우와 마찬가지로 경영과 관련된 기운은 서쪽, 재물과 관련된 기운은 북쪽 등으로 방향과 자신과 남편의 별자리에 맞는 풍수 인테리어 방법을 적용한다.

★ 건강운에 관한 궁금증, Q&A 10

Q1

풍수 인테리어의 기운으로 건강하게 살 수 있다는 것이 과연 가능한 것인가?

A1 물론이다. 풍수는 사람이 거주하는 공간의 기운을 좋게 해서 집 안에 거주하는 사람들에게 행운을 준다는 웰빙 환경학이다. 풍수의 결과는 건강과 관련된 기운이 가장 신속하게 나타난다.

Q2

풍수 인테리어를 하면서 조상을 잘 모시면 가족들이 행복하고 건강하게 살 수 있다고 생각한다. 그런 이유에서 음택과 성묘도 중요하지 않은가?

A2 지극히 당연하다. 가장 중요한 것은 조상을 섬기려는 순수한 마음이다. 정기적으로 묘지를 찾아가서 깨끗하게 관리하는 한편 항상 감사하는 마음을 가진다면 자손들이 염원하는 것이 자연스럽게 이루어질 수 있다.

Q3

풍수 인테리어의 관점에서 사람이 살기 좋은 터의 기준은 무엇인가?

A3 기본적으로 사람이 살기 좋은 터는 겨울의 세찬 바람으로부터 보호받을 수 있도록 산을 등지고 여름에는 더위를 피할 수 있도록 물의 기운이 보이는 곳이다. 그런 곳을 배산임수背山臨水라 한다. 세부적인 면으로 햇볕이 잘 들어오도록 일조권이 좋아야 하고 기의 흐름이 막히지 않도록 환기가 잘 되는 곳이면 기본적인 여건은 충족되었다고 할 수 있다.

Q4

풍수 인테리어에서 가구의 배치나 소품을 바꾸는 것만으로도 좋은 기운을 불러들여 삶이 건강해질 수 있다고 하는데 사실인가?

A4 그렇다. 운이 좋고 나쁨은 환경에 달려 있는데 내가 입주하고 싶은 아파트나 사무실을 내 맘대로 지을 수는 없다. 현대적 의미의 풍수 인테리

어는 주어진 여건에서 최상의 기운을 찾는 것이다. 건강한 삶을 위해서라면 주거 공간을 좋은 기운으로 바꿔야 하는데 그렇게 최선을 다하는 것이 풍수 인테리어이다.

Q5

인간이 살아가는 기본적인 조건은 '의식주'의 해결이다. 풍수 인테리어 시각에서 보충할 점은 무엇인가?

A5 '의식주'는 옷과 먹을거리 그리고 주거 공간이다. 그것은 사람들이 살아가는 3대 요소였지만 지금은 편안함을 선택하는 권리가 추가되어 대부분의 사람이 심신의 안정을 추구한다. 그것은 곧 풍수 인테리어가 추구하는 주거 공간의 기운을 편안하게 만들어 심신을 건강하게 만든다는 것과도 일맥상통한다고 볼 수 있다.

Q6

직장 여성이다. 열심히 사랑하고 직장에서도 최선을 다하고 싶다. 그렇게 하려면 무엇보다 건강해야 한다. 주택에서 어떤 부분에 관심을 가져야 할까?

A6 주택에서 사람의 건강을 지배하는 공간은 부엌이다. 따라서 부엌의 기운에 따라서 건강이 좌우된다. 부엌의 풍수 인테리어 비법은 부엌을 사용하는 사람에게 잘 맞아야 한다. 때문에 금전적인 면에 신경 쓰지 않고 내가 좋아할 수 있도록 꾸며야 좋은 기운을 받을 수 있다.

Q7

속옷이나 양말처럼 직접 피부에 닿는 물건도 중요할 것 같은데?

A7 풍수 인테리어에서 화장실이나 욕실의 중요성이 강조되는 것은 몸의 노출이 많기 때문이다. 그런 의미에서 속옷은 피부에 직접 닿는 물건이므로 건강과 직결된다. 재질의 선택, 바느질 등도 중요하지만 속옷을 두는 위치도 중요하다. 환기가 잘 되는 곳에 두는 것이 좋다. 재질은 천연제품을 고르도록 한다.

Q8

풍수 인테리어에서 몸 상태에 따라서 입는 옷을 결정하는 것이 컨디션 조절에 큰 도움이 된다고 하는데 그것은 무슨 의미인가?

A8 현대인은 사회적 동물로 항상 남을 의식하면서 살아간다. 그래서 자신보다는 남을 의식하면서 행동한다고 볼 수 있다. 그런 것은 곧 나보다 남을 배려하는 상황이라고 할 수도 있다. 그렇지만 컨디션이 저하되는 날도 남을 배려한다는 것은 무리다. 자신을 위한다는 의미로 자신이 좋아하는 특정한 색상의 옷을 입으면 기분이 다르며 결국 컨디션 조절에 큰 도움이 될 수 있다.

Q9

여성의 다이어트와 풍수 인테리어가 관련이 있는가?

A9 물론이다. 다이어트 중에는 신경이 곤두서는 일이 많아진다. 따라서 차가운 계열의 색상으로 인테리어를 해서 마음을 가라앉히는 것이 좋다. 침대 시트나 커튼을 청색이나 회색 계열로 바꾸면 다이어트에 큰 도움이 된다. 가장 주의해야 할 것은 실내는 물론이고 욕실 내부에도 물이 고여 있지 않게 관리해야 좋은 결과를 얻을 수 있다.

Q10

배우자의 성격이 급해서 자주 다툰다. 풍수 인테리어에서 북쪽으로 머리를 두고 자면 물의 기운이 불의 기운을 눌러서 성격이 차분해진다고 한다. 그런데 북쪽은 죽은 사람의 머리를 두는 곳이라고 알고 있어 찜찜하다. 정말 괜찮은가?

A10 산 사람의 머리는 남쪽을 향하고 죽은 사람은 북쪽을 향해야 하는 것은 일반적인 속설이다. 하지만 석가가 열반에 들었을 때 북쪽으로 머리를 두었다고 해서 북쪽은 좋은 위치로 해석되기도 한다. 북쪽을 바라보고만 있어도 마음이 차분해지는 것처럼 북쪽에 머리를 두고 자면 자면서 좋은 기운을 받고 불같은 성격을 충분히 조정할 수 있다.

별자리별 궁합 관계표

	양 辰	황소 巳	쌍둥이 午	게 未	사자 申	처녀 酉	천칭 戌	전갈 亥	사수 子	염소 丑	물병 寅	물고기 卯
양 辰	■	✖	■	✖	♥	♥	✖	■	♥	✖	♥	■
황소 巳	✖	■	■	♥	♥	♥	■	✖	✖	♥	✖	■
쌍둥이 午	■	■	■	♥	♥	✖	♥	■	✖	■	♥	✖
게 未	✖	♥	♥	■	■	■	✖	♥	■	✖	✖	♥
사자 申	♥	♥	♥	■	■	■	✖	■	♥	■	✖	✖
처녀 酉	♥	♥	✖	■	✖	■	■	■	♥	■	■	■
천칭 戌	✖	■	♥	✖	✖	■	■	■	■	✖	■	■
전갈 亥	■	✖	■	♥	■	♥	■	■	✖	■	♥	♥
사수 子	♥	■	✖	■	♥	■	♥	■	■	✖	■	✖
염소 丑	✖	♥	✖	✖	■	♥	■	■	♥	✖	■	♥
물병 寅	♥	✖	♥	✖	■	✖	♥	♥	■	■	■	■
물고기 卯	■	■	✖	♥	✖	■	✖	♥	✖	♥	■	■

♥ 좋아 좋아
■ 그냥 그냥
✖ 미워 미워

양자리 aries 3/21~4/20
4/21~5/20 황소자리 taurus
쌍둥이자리 gemini 5/21~6/21
6/22~7/22 게자리 cancer
사자자리 leo 7/23~8/22
8/23~9/23 처녀자리 virgo
천칭자리 libra 9/24~10/22
10/23~11/22 전갈자리 scorpio
사수자리 sagittarius 11/23~12/24
12/25~1/19 염소자리 capricorn
물병자리 aquarius 1/20~2/18
2/19~3/20 물고기자리 pisces

양자리 aries 3/21~4/20
4/21~5/20 황소자리 taurus
쌍둥이자리 gemini 5/21~6/21
6/22~7/22 게자리 cancer
사자자리 leo 7/23~8/22
8/23~9/23 처녀자리 virgo
천칭자리 libra 9/24~10/22
10/23~11/22 전갈자리 scorpio
사수자리 sagittarius 11/23~12/24
12/25~1/19 염소자리 capricorn
물병자리 aquarius 1/20~2/18
2/19~3/20 물고기자리 pisces

★ 2010년의 별자리별 대박 복권 당첨 비결

별자리	당첨 확률이 높은 날	복권 사는 시간	확률이 높은 숫자	방위
양자리	4, 9, 14, 18, 21, 25	13시 ~ 15시	1, 2, 4, 6, 7, 9	동쪽 방향
	목돈을 만질 수 있다는 유혹에 빠지면 손해를 본다.			
황소자리	4, 7, 12, 17, 20, 25	15시 ~ 17시	0, 2, 3, 5, 7, 8	서북쪽 방향
	좋은 운이지만 작은 수입에도 만족하라.			
쌍둥이자리	2, 7, 10, 14, 24, 27	07시 ~ 09시	0, 1, 3, 6, 7, 8	서쪽 방향
	새로운 일을 찾지만 뜻하지 않은 장애가 생긴다.			
게자리	1, 7, 11, 15, 20, 26	11시 ~ 13시	1, 2, 3, 6, 7, 8	남쪽 방향
	친한 사이라도 보증을 서는 것은 절대로 금물이다.			
사자자리	3, 8, 13, 17, 27, 31	07시 ~ 09시	1, 3, 4, 5, 7, 9	북동쪽 방향
	기본부터 닦는 것이 운을 연장시킬 수 있는 길이다.			
처녀자리	3, 6, 13, 16, 24, 28	21시 ~ 23시	0, 2, 4, 5, 8, 9	남서쪽 방향
	판단이 서지 않을 경우에는 그냥 하늘에 맡겨라.			
천칭자리	2, 9, 14, 16, 23, 30	15시 ~ 17시	1, 2, 4, 5, 6, 9	서쪽 방향
	정성을 기울인 만큼의 좋은 성과가 나타난다.			
전갈자리	6, 7, 12, 19, 23, 28	09시 ~ 11시	1, 3, 4, 6, 8, 9	북동쪽 방향
	사람이 많이 모인 곳에서는 말을 조심하라.			
사수자리	5, 9, 12, 18, 26, 29	15시 ~ 17시	0, 2, 3, 5, 7, 8	서쪽 방향
	서둘지 마라. 조금 더 기다리면 소식이 들린다.			
염소자리	5, 6, 11, 17, 22, 30	07시 ~ 09시	0, 1, 2, 5, 6, 7	북쪽 방향
	길몽이 흉몽 같고, 흉몽이 길몽 같은 어수선한 시기다.			
물병자리	1, 5, 10, 16, 24, 29	19시 ~ 21시	0, 3, 4, 5, 8, 9	남서쪽 방향
	새로운 집을 장만하거나 이사를 할 수 있다.			
물고기자리	3, 8, 13, 15, 21, 29	11시 ~ 13시	1, 2, 4, 6, 7, 9	남동쪽 방향
	쇠붙이와 관련된 꿈을 꾸면 약간 무리해도 되겠다.			

(확률이 높은 숫자는 각 10 단위의 끝자리 숫자만 표기한 것입니다.)

★ 2011년의 별자리별 대박 복권 당첨 비결

별자리	당첨 확률이 높은 날	복권 사는 시간	확률이 높은 숫자	방위
양자리	3, 8, 13, 18, 21, 25	13시 ~ 15시	0, 2, 4, 6, 7, 9	북동쪽 방향
	대동강 얼음이 녹듯 서서히 성장하는 운세이다.			
황소자리	6, 7, 12, 15, 21, 29	15시 ~ 17시	0, 1, 2, 5, 6, 7	서쪽 방향
	자금이 들어오더라도 필요한 곳에만 지출하라.			
쌍둥이자리	5, 9, 12, 18, 26, 29	11시 ~ 13시	1, 2, 3, 6, 7, 8	남서쪽 방향
	멈칫거릴 시간이 없다. 부지런히 달려라.			
게자리	4, 9, 14, 16, 24, 28	13시 ~ 15시	1, 2, 4, 6, 7, 9	남동쪽 방향
	지지부진한 것은 과감히 정리하라.			
사자자리	6, 7, 12, 19, 23, 28	11시 ~ 13시	1, 3, 4, 6, 8, 9	서쪽 방향
	낚싯대가 있는데 미끼 꿰는 것을 귀찮아하면 되겠는가.			
처녀자리	3, 8, 13, 17, 27, 31	07시 ~ 09시	0, 1, 2, 5, 6, 7	남쪽 방향
	인간의 힘으로 어찌할 수 없는 것이 바로 운명이다.			
천칭자리	5, 6, 11, 14, 24, 27	05시 ~ 07시	0, 2, 3, 5, 7, 8	북동쪽 방향
	멀지 않은 장래에 당신의 꿈이 실현될 수 있다.			
전갈자리	1, 7, 11, 15, 20, 26	07시 ~ 09시	1, 3, 4, 6, 8, 9	서쪽 방향
	하고자 하는 일은 많아도 이루기가 쉽지 않은 운세다.			
사수자리	2, 9, 14, 16, 23, 30	15시 ~ 17시	1, 3, 5, 6, 7, 8	서북쪽 방향
	처음에는 어려움이 있겠지만 나중에는 즐거움을 만끽한다.			
염소자리	1, 5, 10, 15, 20, 26	19시 ~ 21시	0, 3, 4, 5, 8, 9	남서쪽 방향
	생각대로 진행된다고 마음 놓지 마라.			
물병자리	2, 7, 10, 16, 24, 29	13시 ~ 15시	0, 2, 3, 5, 7, 8	동쪽 방향
	잠자는 호랑이 꼬리를 밟아 평지풍파를 일으키지 말라.			
물고기자리	4, 7, 12, 17, 20, 25	11시 ~ 13시	1, 2, 3, 4, 7, 8	북쪽 방향
	당신이 집착하는 것을 찾아내어 분석하라.			

(확률이 높은 숫자는 각 10 단위의 끝자리 숫자만 표기한 것입니다.)

★ 2008년의 별자리별 대박 복권 당첨 비결

	당첨 확률이 높은 날	복권 사는 시간	확률이 높은 숫자	방위
양자리	1, 5, 10, 14, 24, 27	15시 ~ 17시	0, 3, 4, 5, 8, 9	남동쪽 방향
	힘든 일이 닥쳐도 당황하지 말고 변화에 적응하라.			
황소자리	3, 6, 13, 16, 23, 30	07시 ~ 09시	1, 3, 4, 7, 8, 9	서쪽 방향
	다른 구상이 떠오르더라도 목적했던 일을 계속 추진하라.			
쌍둥이자리	2, 9, 14, 17, 20, 25	15시 ~ 17시	0, 2, 5, 6, 7, 9	북쪽 방향
	집착하지 말고 버릴 것은 과감하게 버려라.			
게자리	5, 9, 12, 15, 20, 26	19시 ~ 21시	1, 2, 4, 6, 7, 9	동쪽 방향
	당첨운이 있으니 주식에 투자하거나 복권 등을 사라.			
사자자리	3, 8, 13, 18, 21, 25	11시 ~ 13시	0, 3, 4, 5, 8, 9	남서쪽 방향
	성공을 거두려면 자신에게 먼저 투자하라.			
처녀자리	4, 7, 12, 19, 23, 30	09시 ~ 11시	1, 3, 4, 5, 7, 9	북동쪽 방향
	현실을 직시하라. 미련을 버릴 때 성공한다.			
천칭자리	1, 7, 11, 16, 24, 29	09시 ~ 11시	0, 1, 2, 5, 6, 7	서쪽 방향
	동물과 관련된 꿈을 꾸면 매우 길몽이다.			
전갈자리	4, 9, 14, 16, 24, 28	05시 ~ 07시	1, 2, 3, 6, 7, 8	남서쪽 방향
	생각하지 않은 돈이 들어올 때, 도박이나 투기는 금물이다.			
사수자리	3, 8, 13, 18, 26, 29	11시 ~ 13시	1, 3, 5, 6, 8, 9.	서쪽 방향
	재운이 약하다. 도박성 있는 투자는 무리다.			
염소자리	2, 7, 10, 17, 22, 30	15시 ~ 17시	0, 2, 3, 5, 7, 8	남쪽 방향
	내일은 또다시 내일의 태양이 뜬다.			
물병자리	5, 6, 11, 17, 27, 28.	07시 ~ 09시	0, 1, 3, 4, 7, 8	서북쪽 방향
	새로운 아이디어가 적중하여 큰돈을 벌게 된다.			
물고기자리	6, 7, 12, 15, 21, 29	13시 ~ 15시	1, 2, 4, 6, 7, 9	북동쪽 방향
	아까워도 할 수 없다. 버릴 것은 버려라.			

(확률이 높은 숫자는 각 10 단위의 끝자리 숫자만 표기한 것입니다.)

★ 2009년의 별자리별 대박 복권 당첨 비결

	당첨 확률이 높은 날	복권 사는 시간	확률이 높은 숫자	방위
양자리	2, 9, 12, 18, 26, 29	19시 ~ 21시	0, 1, 2, 5, 6, 7	서쪽 방향
	이른 새벽에 까치가 우니 귀인을 만나리라.			
황소자리	5, 9, 14, 16, 23, 30	15시 ~ 17시	1, 2, 4, 6, 7, 9	동쪽 방향
	욕심 부리지 마라. 작은 욕심 때문에 족쇄가 채워진다.			
쌍둥이자리	1, 9, 16, 18, 21, 25	17시 ~ 19시	0, 2, 4, 5, 7, 9	남서쪽 방향
	유혹을 이기지 못하면 크게 타격을 받는다.			
게자리	4, 5, 10, 16, 24, 29	07시 ~ 09시	0, 1, 3, 5, 6, 8	서쪽 방향
	어른들을 만나는 꿈을 꾸면 길몽이다.			
사자자리	4, 8, 13, 17, 27, 31	07시 ~ 09시	1, 2, 4, 5, 7, 8	북동쪽 방향
	새로운 것이 꼭 좋은 것은 아니다. 구관이 명관이다.			
처녀자리	1, 6, 13, 14, 24, 28	13시 ~ 15시	0, 3, 4, 5, 8, 9	서쪽 방향
	운이 상승세를 치고 있다. 새로운 일을 시작하라.			
천칭자리	2, 8, 13, 15, 21, 29	11시 ~ 13시	1, 3, 4, 6, 8, 9	남서쪽 방향
	손해를 입히고 사라졌던 사람한테 연락이 온다.			
전갈자리	3, 7, 10, 12, 24, 27	21시 ~ 23시	1, 2, 3, 6, 7, 8	북동쪽 방향
	작더라도 탄탄한 기초를 닦는 것이 중요하다.			
사수자리	3, 7, 12, 17, 20, 25	09시 ~ 11시	0, 2, 3, 5, 7, 8	서북쪽 방향
	결혼한 사람들과 관계된 꿈은 길몽이다.			
염소자리	5, 6, 14, 17, 22, 30	15시 ~ 17시	1, 2, 4, 6, 7, 9	남동쪽 방향
	일확천금보다 현실에 최선을 다하도록 하라.			
물병자리	6, 7, 11, 19, 23, 28	13시 ~ 15시	0, 2, 3, 6, 8, 9	북쪽 방향
	아이들과 관계된 꿈을 꾸거나 남에게 들으면 조심해야 한다.			
물고기자리	3, 7, 11, 15, 20, 26	11시 ~ 13시	1, 3, 5, 6, 8, 9	남쪽 방향
	운이 왔다. 사방에서 재물이 들어오리라.			

(확률이 높은 숫자는 각 10 단위의 끝자리 숫자만 표기한 것입니다.)

양자리 aries 3/21~4/20
4/21~5/20 황소자리 taurus
쌍둥이자리 gemini 5/21~6/21
6/22~7/22 게자리 cancer
사자자리 leo 7/23~8/22
8/23~9/23 처녀자리 virgo
천칭자리 libra 9/24~10/22
10/23~11/22 전갈자리 scorpio
사수자리 sagittarius 11/23~12/24
12/25~1/19 염소자리 capricorn
물병자리 aquarius 1/20~2/18
2/19~3/20 물고기자리 pisces

양자리 aries 3/21~4/20
4/21~5/20 황소자리 taurus
쌍둥이자리 gemini 5/21~6/21
6/22~7/22 게자리 cancer
사자자리 leo 7/23~8/22
8/23~9/23 처녀자리 virgo
천칭자리 libra 9/24~10/22
10/23~11/22 전갈자리 scorpio
사수자리 sagittarius 11/23~12/24
12/25~1/19 염소자리 capricorn
물병자리 aquarius 1/20~2/18
2/19~3/20 물고기자리 pisces